개정판

이영욱·이혜윤 지음

유튜버를 위한 — 저작권 — 100문 100답

개정판

이영욱·이혜윤 지음

유튜버를 위한 — 저작권 — 100문 100답

길찾기

서문

    1980년대 칼라TV가 처음 등장했습니다. 그러자 사람들이 즐겨보던 흑백TV는 그 이후 더 이상 경쟁이 되지 않고 밀려났습니다. 그 이전에는 무성영화를 대치하여 유성영화가, 라디오를 대치하여 TV가 나오면서 똑같은 과정을 겪었다고 합니다. 지금 유튜브를 보면 유튜브가 TV를 대체하는 때가 온 건가? 싶을 정도의 변화의 시대가 된 것 같습니다.

    그 중심에는 유튜브 콘텐츠를 만드는 유튜버들이 있습니다. 그런데 잘 생각해보면 유튜브 콘텐츠를 만들어서 방송하고, 수익을 받고… 하는 일은 참 엄청난 일입니다. 과장을 조금 보태어, 1명의 개인이 작은 방송국을 운영하는 것과 비슷하죠. 그렇다면 방송국에서 생길 수 있는 모든 일과 문제들을 개인이 처리하고 해결해야 한다는 소리인데!

    이 책은 이런 관점에서 유튜브와 관련해서 생길 수 있는 여러 법적 쟁점을 다루었습니다. 주된 내용은 유튜브 콘텐츠를 '만들면서' 생길 수 있는 문제들이지만, 그 외에 상표법이나 노동법, 세법 같은 것도 조금이라도 법적인 문제가 생길 수 있다면 다루려고 했습니다.

    어떤 분은 이 책의 내용이 쉽다고 생각하실 수도 있고, 어떤 분은 어렵다고 생각하실 수도 있을 듯 합니다. 기본적인 시각은 유튜브 콘텐츠를 처음 만드는, 법에 대한 사회 일반인의 상식 정도를 가진 사람을 대상으로 하였습니다. 가급적 쉽게, 하지만 실무상 생길 수 있는 문제들을 빠짐없이 다루고자 노력하였습니다.

    또한 알듯말듯한 이론서가 아닌, 실제 필드에서의 실용서가 되기 위해서 가급적 서식이나 계약서 샘플들을 많이 수록하였습니다(부록).

    물론 유튜브와 관련된 쟁점은 기존에 전혀 없던 새로운 문제들도 많고, 뚜렷한 답을 내기 어렵거나, 현행 법이나 판례상 명백하지 않거나, 케이스 바이 케이스라는 식으로 결론을 내릴 수 밖에 없는 문제들도 있었습니다.

    그러나 하나의 기준을 세우는 것만으로도 의미가 있을 수 있다는 생각으로 책을 썼고, 실제 유튜버 활동을 잘 모르면서 이런 책을 쓰면 안되겠다는 생각에 유튜브 영상을 몇편 만들어 올려보기까지 하면서 고생을 좀 했습니다.

우리 민족은 역사적으로도 음주가무를 좋아하는 민족이었다고 하고, 현재 세계에서 K-POP, K-DRAMA, 웹툰이 맹활약을 하듯이 엔터테인먼트에 뭔가 남다른 소질이 있는 민족인 듯 합니다. 그렇다면 유튜브 또한 세계에 우리 민족의 끼와 창조성을 보여줄 절호의 큰 스테이지가 아닐까요? 그 핵심에 있을, 많은 유튜버들의 활약을 기대하는 마음이고, 이 책이 조금이라도 도움이 되면 영광이겠습니다.

개정판에서는 우리나라 최대의 MCN 중 하나인 '샌드박스'에서 오랜 기간 법무팀장을 하신 경험이 있는 이혜윤 변호사님이 합류하여 새로운 내용으로 업데이트를 하고 꼭 필요한 내용들을 보강해서 더욱 충실한 책이 되었습니다.

항상 필자들을 응원하고 성원해준 각자의 가족들께 감사의 말씀을 드립니다. 책의 전부 또는 관련 부분을 잘 읽고 검토해주시며 아낌없는 귀한 조언을 해주신 유튜브랩의 박현우 대표님, MCN협회 전 사무국장 유진희 부장님, 박용호 노무사님, 정용기 변리사님(상표), 김철진 변리사님, 전호윤 세무사님, 한국음악콘텐츠협회의 김현숙 소장님, 신정철 과장님, 음악실연자연합회 박기태 전문위원님, 김성록 팀장님, SBS 안재형 부장님께도 감사드립니다.

성실히 책의 그림을 크게 도와주신 김윤경 작가님께도 감사의 말씀을 드립니다. 미팅을 두번이나 해주시고 기꺼이 스페셜 페이지를 그려주신 이말년 작가님, 많은 좋은 조언을 주신 청강대 이종범 교수님께도 깊은 감사를 드립니다.

이 책을 시작하게 해주시고 끌어주신 길찾기 원종우 대표님과 이열치매 팀장님 등 임직원 분들께도 진심으로 감사드립니다.

이영욱

목차

유튜브 콘텐츠의 소유자와 보호방법

1. '유튜버'는 누구일까요? · 24
2. 다른 사람과 함께 유튜브 콘텐츠를 만들었다면, 누가 권리자일까요? · · · · · · · · · · · · · · · 26
3. 내 유튜브 콘텐츠, 우리나라 저작권법이 보호해줄까요? · 28
4. 내 유튜브 콘텐츠, 외국에서도 보호받을 수 있나요? · 30
5. 내 유튜브 콘텐츠, 저작권 등록을 해야 하나요? · 32
6. 유튜브 콘텐츠의 저작권 등록은 구체적으로 어떻게 하나요? · · · · · · · · · · · · · · · · · · · 34
7. 외국에서 보호를 받으려면 저작권 등록을 해야 하나요? · 36
8. '이 유튜브 콘텐츠는 내 것이다' 콘텐츠 ID 소유권 주장(CID)은 무엇인가요? · · · · · · · 38
9. 다른 사람의 콘텐츠 ID 소유권 주장을 인정할 수 없다면? · 40
10. 내 유튜브 콘텐츠의 '포맷'도 보호받을 수 있나요? · 42
11. 내 유튜브 콘텐츠의 아이디어를 특허로 낼 수 없을까요? · 44

유튜브 콘텐츠 만들기 -총론-

12. 유튜브 콘텐츠의 저작권, 대체 어떤 건가요? · 48
13. 저작권에도 제한이 있다고요? · 50
14. '인용금지'가 없으면 인용해도 되나요? · 52
15. 상업적으로 쓰지만 않으면 인용 좀 해도 되지 않나요? · 54
16. 이미 공표된 저작물의 인용은 가능하다고 하던데요? · 56
17. 공정이용(fair use)이 뭔가요? · 58
18. 출처표시는 어떻게 하면 되나요? · 60
19. 무료로 저작물을 이용할 수 있는 사이트가 있다던데요? · 62
20. 유료로 저작물을 이용할 수 있는 사이트는 어떻게 이용하나요? · · · · · · · · · · · · · · · · 64
21. 저작권 문제가 없다고 표기된 저작물을 이용할 때 주의해야 할 사항이 있을까요? · · · 66
22. CCL이란 무엇인가요? · 68
23. CCL, 어떻게 이용하면 되나요? · 70
24. 국가나 지자체의 저작물을 사용할 때 주의할 점은 무엇일까요? · · · · · · · · · · · · · · · · 72
25. 아무리 노력해도 저작자를 찾을 수 없을 때는 어떻게 해야 하나요? · · · · · · · · · · · · · 74
26. 돌아가신 분의 저작물, 내 유튜브 콘텐츠에 써도 될까요? · 76

유튜브 콘텐츠 만들기 -분야별로 나눠보기-

27. 폰트, 대체 뭐가 문제인가요? · 80

28. 저작권 문제가 없는 폰트는 어떤 게 있을까요? · 82
29. '개인용' 폰트를 유튜브에서 쓰면 안 되나요? · 84
30. 폰트를 정식으로 구매한 사람이 만들어준 영상도 문제가 될까요? · · · · · · · · · · · 86
31. 유튜브에서 이미지 사용, 뭘 조심해야 할까요? · 88
32. 저작권 문제가 없는 이미지, 어떻게 찾을까요? · 90
33. 구입한 그림을 보여주는 것도 조심해야 한다고요? · 92
34. 누가 찍어도 그렇게 나올 사진인데, 이것도 문제가 될까요? · · · · · · · · · · · · · · · 94
35. 내 유튜브 콘텐츠 배경에 우연히 찍힌 미술품, 우연히 들린 음악, 문제가 될까요? · · · 96
36. 유튜브 음악 사용, 무엇이 문제가 되나요? · 98
37. 이미 나와 있는 음반의 노래를 유튜브 콘텐츠에 사용하려면 어떻게 해야 하나요? · · · 100
38. 기존의 유명한 노래를 내가 '커버곡'으로 부른다면? · 102
39. 돌아가신 지 오래된 작사/작곡자의 곡을 유튜브에 써도 문제가 될까요? · · · · · 104
40. 유료 사이트에서 구매한 음악, 유튜브 콘텐츠에 쓸 수 있나요? · · · · · · · · · · · · 106
41. 라이선스를 확인하지 않아서 채널이 삭제됐다니? · 108
42. 게임 속의 영상을 인용해도 될까요? · 110
43. 게임을 플레이하는 영상으로 유튜브 콘텐츠를 만들어도 될까요? · · · · · · · · · · 112
44. 다른 사람의 게임플레이 영상으로 유튜브 콘텐츠를 만들면 문제가 될까요? · · · 114
45. 다른 영화나 드라마를 일부 인용할 때 주의할 점은 어떤 것이 있을까요? · · · · · 116
46. 옛날 영상물을 재가공해 새로운 영상물을 만들어도 될까요? · · · · · · · · · · · · · 118
47. 유명 시나 소설로 콘텐츠를 만들면 문제가 될까요? · 120
48. 책 소개 유튜브 콘텐츠, 어떤 문제가 있을까요? · 122
49. 신문기사, 서적을 비판하는 유튜브 콘텐츠는 무엇을 주의해야 할까요? · · · · · · 124
50. 신문기사 이용과 공정이용 실제 사례 · 126

유튜브 콘텐츠 만들기 -기타-

51. AI로 콘텐츠 만들기와 유튜브의 AI 정책 · 132
52. 유튜버가 허락 없이 나와 관련된 내용을 AI 생성 콘텐츠로 만들면 어떻게 해야 하나요? · · · 134
53. 버추얼 유튜버에게도 법적 지위가 있나요? · 136
54. 유튜브 콘텐츠에 나온 내 자녀가 나중에 그것을 삭제해 달라고 한다면? · · · · · · 138
55. 내 유튜브 콘텐츠에 우연히 찍힌 행인 1, 초상권 침해인가요? · · · · · · · · · · · · · 140
56. 패러디 콘텐츠를 만들려고 하는데 괜찮을까요? · 142
57. '오마주'는 괜찮을까요? · 144
58. 움짤, 짤방은 문제가 없을까요? · 146

59. 콘텐츠 중 유명인의 유행어 등을 이용해도 될까요? · 148
60. 코스프레를 해도 괜찮을까요? · 150
61. 유튜브 안에서 다른 유튜브 콘텐츠를 인용해도 괜찮을까요? · · · · · · · · · · · · · · · · 152
62. 리액션 콘텐츠는 문제가 없을까요? · 154
63. 유튜브 콘텐츠에서 상표가 붙은 상품을 다루면 상표권 침해인가요? · · · · · · · · 156
64. 상품을 비판적으로 소개하면 명예훼손이 될까요? · 158
65. '내 유튜브 채널, 상표로 등록할 수 있을까요? · 160
66. 상표등록에 문제가 생겼을 땐 어떻게 하나요? · 162
67. 협찬을 받고 상품을 소개할 때 뭘 주의해야 할까요? · 164
68. 유튜브 콘텐츠에서 PPL은 어떻게 하나요? · 166
69. 광고 계약서는 어떻게 써야 할까요? · 168

유튜브 내의 보호수단

70. '유튜브 커뮤니티 가이드라인'은 무엇인가요? · 174
71. 유튜브 커뮤니티 가이드라인' 위반이라는데, 어떻게 대응해야 하나요? · · · · · · · · · · · · · · · · · · 176
72. 유튜브에 '노란 딱지'가 붙었다! 왜 붙었을까요? · 178
73. 유튜브의 '부정클릭방지', 무엇을 조심해야 할까요? · 180
74. 저작권 침해를 당했을 때, 유튜브 내에서 신고를 하는 방법은 뭔가요? · · · · · · · 182
75. 저작권 침해 신고, 이후에 철회하려면 어떻게 하죠? · 184
76. 내 유튜브 콘텐츠가 저작권 침해라는 유튜브의 통지를 받았는데 어떡하나요? · · · · · · · 186
77. 나의 명예를 훼손하는 유튜브 콘텐츠, 유튜브에 어떻게 조치를 요구하죠? · · · · · · · 188
78. 내 유튜브 콘텐츠에 달린 악플, 어떻게 대처할까요? · 190
79. 유튜브 콘텐츠에서 욕을 하면 어떻게 될까요? · 192
80. 유튜브의 성인 콘텐츠, 어떻게 처리되나요? · 194

우리나라 법의 보호수단

81. 유튜브에서 발생한 저작권 침해, 우리나라 법에 따른 조치도 가능할까요? · · · · · · · · · 1200
82. 모든 저작권 침해가 형사고소 대상인가요? · 202
83. 내 유튜브 콘텐츠가 저작권 침해라는데, 어떻게 대응하면 좋을까요? · · · · · · · · 204
84. 통고서를 어떻게 써야 할까요? · 206
85. 합의서를 어떻게 써야 할까요? · 208
86. 유튜브 콘텐츠, 어떤 경우에 우리 법상 명예훼손이 되나요? · · · · · · · · · · · · · · · · 210
87. 유튜브 콘텐츠, 우리 법상 어떤 규제가 적용되나요? · 212

함께 콘텐츠 만들기 · 계약 · 세금

88. 에이전시 계약서(MCN계약서)는 어떤 것인가요? · 216
89. 에이전시 계약을 하고 만든 유튜브 콘텐츠, 누구의 것이 되나요? · 218
90. 유튜브 콘텐츠, 다른 사람을 고용해서 만들면? · 220
91. 고용한 측에 귀속되는 유튜브 콘텐츠, 고용관계는 어떻게 판단하나요? · 222
92. 아르바이트를 써서 유튜브 콘텐츠를 만들었을 때 주의해야 할 점은 어떤 게 있을까요? · 224
93. 고용한 직원에게 유튜브 콘텐츠 '건당' 방식으로 임금을 줄 수 있나요? · 226
94. 직원에게 콘텐츠 제작이 끝날 때까지 야근하라고 요구할 수 있나요? · 228
95. 직장생활을 하면서도 투잡으로 유튜버를 할 수 있을까요? · 230
96. 외주로 유튜브 콘텐츠를 만들었다면 권리는 어떻게 되나요? · 232
97. 고용은 아니지만, 다른 사람을 참여시켜 유튜브 콘텐츠를 만들었다면 권리는 어떻게 되나요? · 234
98. 시나리오 계약서는 어떻게 작성하나요? · 236
99. 제작 참여 계약서는 어떻게 작성하나요? · 238
100. 출연 계약서는 어떻게 작성하니요? · 240
101. 타인의 저작물을 쓰고 싶을 때는 어떤 계약을 해야 하나요? · 242
102. 다른 사람으로부터 양도받은 저작물로 다른 저작물을 만들 수 있을까요? · 244
103. 유튜브에서 받는 돈, 세금은 어떻게 처리하나요? · 246
104. 유튜브 후원 기능을 통하지 않은 후원을 받으면 어떻게 하나요? · 248
105. 세금을 내기 전 비용처리는 어떻게 해야 하나요? · 250
106. 개인, 개인사업자, 법인사업자 차이가 뭔가요? · 252

부록

1. 표준근로계약서 · 256
2. 저작권 등록 예시 · 257
3. 통고서 · 260
4. 합의서 · 261
5. MCN 계약서 · 262
6. 시나리오 집필 계약서 · 272
7. 영상물 제작 참여 계약서 · 277
8. 영상물 출연 계약서 · 281
9. 저작권 양도 계약서 · 286
10. 저작권 이용 허락 계약서 · 290
11. 광고 콘텐츠 제작 계약서 · 294

주의사항

- 유튜브는 매우 능동적으로, 수시로 정책을 바꾸고 있습니다. 따라서 이 책에서 설명하는 유튜브의 정책은 예고 없이 바뀔 수 있습니다.
- 이 책의 만화 사례들은 가상적인 것으로서, 등장하는 인물, 회사, 사실관계 등은 실제의 그것이 아닙니다.
- 이 책에서 소개하는 법령과 판례의 입장은 이후 법령이나 판례가 바뀌면서 바뀔 수 있습니다.
- 이 책은 주로 유튜브 콘텐츠 제작을 중심으로 한 법적 쟁점에 대한 책자로서, 유튜브의 모든 것에 대해서 설명한다고 할 수 없습니다.
- 이 책의 설명은 한국의 법령에 기초한 것입니다. 그러므로 국제적인 쟁점이나 외국법의 적용에 대해서는 결론이 달라질 수 있습니다.
- 이 책은 일반적인 가이드에 불과합니다. 따라서 구체적인 사안과 적용에 대해서는 변호사 등 전문가와 상의하시기 바랍니다.
- 이 책의 첨부 계약서는 일반적이고 최소한의 내용으로 구성되었습니다. 따라서 이를 실제 적용하거나 계약에 사용할 때에는 변호사 등 전문가의 도움을 받으시기 바랍니다.

등장인물
―
이 책에 등장하는
가상 유튜버들

송송이네의 Q&A

유튜브 콘텐츠의 소유자와 보호방법 ·········	28, 32, 34
유튜브 콘텐츠 만들기 / 총론 ················	68, 70
유튜브 콘텐츠 만들기 / 분야별로 나눠보기 ···	106, 108
유튜브 콘텐츠 만들기 / 기타 ················	138
유튜브 내의 보호수단 ······················	194
우리나라 법의 보호수단 함께 콘텐츠 만들기·계약·세금 ·············	216, 218

재민과 나영의 Q&A

유튜브 콘텐츠의 소유자와 보호방법 ·········	42
유튜브 콘텐츠 만들기 / 총론 ···············	56, 62, 66, 72, 76
유튜브 콘텐츠 만들기 / 분야별로 나눠보기 ···	94
유튜브 콘텐츠 만들기 / 기타 ···············	154
유튜브 내의 보호수단 ·····················	190
우리나라 법의 보호수단	
함께 콘텐츠 만들기·계약·세금 ·············	242, 244, 250

상균과 준태의 Q&A

유튜브 콘텐츠의 소유자와 보호방법 ········· 26, 44
유튜브 콘텐츠 만들기 / 총론
유튜브 콘텐츠 만들기 / 분야별로 나눠보기 ····· 88, 112, 114
유튜브 콘텐츠 만들기 / 기타 ················ 136
유튜브 내의 보호수단 ···················· 182, 184
우리나라 법의 보호수단 ·················· 200, 206, 208
함께 콘텐츠 만들기·계약·세금 ············· 246

럭셔리 예지의 Q&A

유튜브 콘텐츠의 소유자와 보호방법
유튜브 콘텐츠 만들기 / 총론
유튜브 콘텐츠 만들기 / 분야별로 나눠보기 ···· 120
유튜브 콘텐츠 만들기 / 기타 ················ 156, 158, 160, 162, 164, 166, 168
유튜브 내의 보호수단
우리나라 법의 보호수단
함께 콘텐츠 만들기·계약·세금 ············· 230

승식과 용준의 Q&A

- 유튜브 콘텐츠의 소유자와 보호방법 ········ 24, 38, 40
- 유튜브 콘텐츠 만들기 / 총론 ················ 52
- 유튜브 콘텐츠 만들기 / 분야별로 나눠보기 ··· 86
- 유튜브 콘텐츠 만들기 / 기타 ················ 150
- 유튜브 내의 보호수단 ························ 178
- 우리나라 법의 보호수단
- 함께 콘텐츠 만들기·계약·세금

인영, 희진, 누리의 O&A

유튜브 콘텐츠의 소유자와 보호방법
유튜브 콘텐츠 만들기 / 총론 ·················· 48, 50
유튜브 콘텐츠 만들기 / 분야별로 나눠보기 ··· 80, 82, 84, 90, 98, 100, 102
유튜브 콘텐츠 만들기 / 기타 ·················· 146
유튜브 내의 보호수단
우리나라 법의 보호수단
함께 콘텐츠 만들기·계약·세금

후덕과 후인의 Q&A

유튜브 콘텐츠의 소유자와 보호방법
유튜브 콘텐츠 만들기 / 총론 · · · · · · · · · · · · · · · 60, 74
유튜브 콘텐츠 만들기 / 분야별로 나눠보기 · · · 92, 104, 118, 122
유튜브 콘텐츠 만들기 / 기타
유튜브 내의 보호수단
우리나라 법의 보호수단 · · · · · · · · · · · · · · · · · · · 202, 210
함께 콘텐츠 만들기·계약·세금

고연과 영민의 Q&A

유튜브 콘텐츠의 소유자와 보호방법
유튜브 콘텐츠 만들기 / 총론 ················ 58
유튜브 콘텐츠 만들기 / 분야별로 나눠보기 ··· 96
유튜브 콘텐츠 만들기 / 기타 ················ 140, 142, 148
유튜브 내의 보호수단
우리나라 법의 보호수단 ···················· 204
함께 콘텐츠 만들기·계약·세금 ··············· 220, 222, 228, 234, 236, 238, 252

만태, 상준, 용용의 Q&A

유튜브 콘텐츠의 소유자와 보호방법 ·········	30, 36
유튜브 콘텐츠 만들기 / 총론 ················	54, 64
유튜브 콘텐츠 만들기 / 분야별로 나눠보기 ···	110, 116
유튜브 콘텐츠 만들기 / 기타 ················	132, 134, 144
유튜브 내의 보호수단 ······················	180, 186, 192
우리나라 법의 보호수단	
함께 콘텐츠 만들기·계약·세금 ···············	232, 240

내가 우리나라 No. 1. 정치 유튜버

민웅

희영

민웅과 희영의 Q&A

유튜브 콘텐츠의 소유자와 보호방법
유튜브 콘텐츠 만들기 / 총론
유튜브 콘텐츠 만들기 / 분야별로 나눠보기 ···· 124, 126
유튜브 콘텐츠 만들기 / 기타 ················ 152
유튜브 내의 보호수단 ······················ 176, 188
우리나라 법의 보호수단
함께 콘텐츠 만들기·계약·세금 ················ 224, 226, 248

유튜브 콘텐츠의 소유자와 보호방법

1. '유튜버'는 누구일까요?
2. 다른 사람과 함께 유튜브 콘텐츠를 만들었다면, 누가 권리자일까요?
3. 내 유튜브 콘텐츠, 우리나라 저작권법이 보호해줄까요?
4. 내 유튜브 콘텐츠, 외국에서도 보호받을 수 있나요?
5. 내 유튜브 콘텐츠, 저작권 등록을 해야 하나요?
6. 유튜브 콘텐츠의 저작권 등록은 구체적으로 어떻게 하나요?
7. 외국에서 보호를 받으려면 저작권 등록을 해야 하나요?
8. '이 유튜브 콘텐츠는 내 것이다' 콘텐츠 ID 소유권 주장(CID)은 무엇인가요?
9. 다른 사람의 콘텐츠 ID 소유권 주장을 인정할 수 없다면?
10. 내 유튜브 콘텐츠의 '포맷'도 보호받을 수 있나요?
11. 내 유튜브 콘텐츠의 아이디어를 특허로 낼 수 없을까요?

1. '유튜버'는 누구일까요?

누가 유튜버일까요? 유튜버는 어떤 사람일까요? 이것은 법적인 질문은 아닙니다. 즉, 법적으로 누가 유튜버라고 정해진 것은 없습니다. 그렇기 때문에 유튜브 콘텐츠에 출연한 사람, 유튜브 콘텐츠 대본을 쓴 사람, 유튜브 콘텐츠를 촬영한 사람.. 모두를 유튜버라도 해도 틀린 말은 아니죠. 사안에서 승식 씨, 승식 씨의 '아는 동생', '다른 후배' 이들을 모두 유튜버라고 해도 틀린 말은 아닐 겁니다.

하지만 우리가 '유튜버'라고 말한다면 아마도 해당 콘텐츠(영상물)을 주도적으로 만들어서 콘텐츠의 진정한 '권리자'가 될 만한 사람을 말하는 것이겠죠.

우리 저작권법은 이런 내용을 다소 법적인 개념으로 풀어쓰고 있는데요, 이런 사람을 '영상제작자'라고 하고, 영상제작자의 의미를 '영상저작물의 제작에 있어 그 전체를 기획하고 책임을 지는 자'라고 설명합니다(저작권법 제2조 제14호. '저작권법'은 이하에서 법 이름의 표기를 생략합니다).

두 가지가 중요한데요, '기획한다'와 '책임을 진다'는 부분입니다. '기획'은 그렇게 어렵지 않죠? '이렇게 영상을 한번 만들어보자.'고 결정하고 계획을 짜는 일(planning)을 말합니다. '책임을 진다'는 것은 '자신의 경제적 부담으로 영상저작물을 제작하는 것', 즉 '경제적인 수입·지출의 주체가 된다는 것'을 말합니다.[1]

자, 그렇다면 유튜브 콘텐츠에 출연한 사람, 유튜브 콘텐츠 대본을 쓴 사람, 유튜브 콘텐츠를 촬영한 사람… 이 사람들을 모두 '유튜버'라고 불러도 틀린 말은 아닙니다만, 아무래도 '유튜브 콘텐츠를 기획하고, 경제적으로 책임을 지고 유튜브 콘텐츠를 만든 사람'이 바로 '유튜버'라고 볼 수 있겠습니다.

해당 사례에서 '아는 동생'이 해당 유튜브 콘텐츠를 기획하고, 나름 비용과 시간을 들여서 장치와 설비를 세팅하고, 촬영자를 구하고, 출연자까지 섭외했다면(촬영자, 출연자에게는 따로 사례를 했겠죠?), 한 명만 꼽는다면 아마 '아는 동생'이 유튜버로 제일 적당한 사람인 듯합니다.

2. 다른 사람과 함께 유튜브 콘텐츠를 만들었다면, 누가 권리자일까요?

나 혼자 유튜브 콘텐츠를 만든다면 누가 권리자인지 따질 필요가 없죠. 그렇지만 조금만 더 규모가 커지면, 다른 사람과 함께 콘텐츠를 만들어야 하는 상황이 될 수 있습니다. 이는 평등한 관계(공동창작)일 수도 있고, 내가 누굴 지시하는 관계(고용 또는 외주)일 수도 있겠죠. 우선 전자의 경우를 봅니다.

사례처럼 상균씨가 준태씨와 함께 유튜브 콘텐츠를 만든 경우, 양자가 서로 머리를 맞대고 만들어서, 누가 어떤 부분을 만들었는지 나눌 수도 없고 각자가 만든 부분을 정확히 구별하기도 힘든 경우가 보통이겠죠? 이런 경우의 결과물을 저작권법에서는 '공동저작물'이라고 합니다.

이렇게 만들어진 공동저작물을 이용(행사)하려면? 저작권법상 양자가 '합의'를 해야 합니다(제15조, 제48조). 둘이 만들었으면 두 명이 합의해야 하고, 세 명이 만들었으면 세 명이 합의해야 합니다. 전원의 동의 없이 일부의 결정으로 콘텐츠를 이용할 수는 없다는 것이죠.

만약, 일부가 다른 공동저작자의 허락 없이 행사를 해버리면 어떻게 될까요? 이럴 경우 민사상 책임은 지겠지만, 우리 대법원은 형사책임은 지지 않는다고 합니다. 즉, 처벌은 받지 않습니다.[2]

모두가 사이가 좋을 때야 무슨 문제가 있겠습니까만, 사이가 나빠지거나 하면 정말 곤란할 수 있겠죠? 예를 들어서 한쪽에서 아무 이유 없이 심술을 부리면서 합의(동의)를 해 줄 수 없다고 하면 어떨까요? 같이 만든 저작물을 높은 가격에 이용하고 싶다는 제3자가 나타났는데 별 이유도 없이 '나는 싫다'라고 심술을 부린다면?

저작권법에서는 이런 상황을 대비해 완충장치를 만들어 놓았는데, *"신의에 반하여 합의의 성립을 방해할 수 없다"*고 합니다(제15조, 제48조). 신의(信義)란 신뢰, 약속, 의리라는 말이지만, 여전히 모호하죠? 따라서 '처음부터 좋은 파트너를 택해야 한다'는 교훈이 나오겠네요.

이런 난처한 상황에 대비하기 위해서는 미리 서로간 간단하게라도 약속을 하는 것도 좋은 방법입니다. 예를 들어서, '이 영상물을 어떻게 쓰자'라는 식으로요.

3. 내 유튜브 콘텐츠, 우리나라 저작권법이 보호해줄까요?

내가 직접 만든 유튜브 동영상이, 다시 보면 도저히 못 볼 정도로 부끄럽고 허접할 수 있겠죠? 사실 처음부터 잘 만드는 사람이 있겠습니까? 저도 이 책을 쓰면서 처음으로 제 목소리를 입혀서 동영상을 만들어 봤는데 참…. -_-

자, 그렇다면 이렇게 내가 봐도 부끄러운 나의 유튜브 콘텐츠, 이런 것도 저작권으로 보호가 될까요? 혹시 이렇게 질 떨어지는(?) 콘텐츠는 저작권법으로 보호가 안 되지 않을까요? 이런 것까지 보호가 된다면… 너무나 많은 콘텐츠가 다 보호가 된다… 너무 엄청난 결과가 생기는 것 아닐까요?

예를 들어서 특허라면 아무 발명이나 특허가 될 자격이 있는 것이 아니고, 예전에 없었던 발명이고(신규성) 기존의 비슷한 발명보다 뭔가 현저히 나은 점이 있는 발명(진보성)이어야 하는데요. 그러나 다행스럽게도(!) 저작권법으로 보호받기 위한 기준(허들)은 상당히 낮습니다. 우리 대법원은 *"저작권법에 의하여 보호되는 저작물이 되기 위하여는 … 요건으로서 창작성이 요구되나, … 창작성이란 완전한 의미의 독창성을 말하는 것은 아니며 단지 어떠한 작품이 남의 것을 단순히 모방한 것이 아니고 작자 자신의 독자적인 사상 또는 감정의 표현을 담고 있음을 의미할 뿐"*이라고 말하고 있습니다.[3]

즉, 남의 것을 완전히 베낀 것이라면 저작물로 보호가 되지 않지만, 창작자 나름의 생각 또는 감정을 표현한 동영상이기만 하면 저작물로 보호받을 수 있다는 것이죠. 제가 강의 중 흔히 드는 예로는, 여러분이 제 수업이 듣기 지루해서 끄적이는 낙서, 집에 있는 5살짜리 조카 또는 자제분이 그린 토끼 그림도 얼마든지 저작물로 보호가 될 수 있습니다.

참고로, 허락 없이 유튜브 영상을 다운받거나 다른 사이트에 업로드하는 것은 복제권, 공중송신권(전송권) 침해입니다.[4]

송송이네가 방금 만든 유튜브 콘텐츠는 다소 부족해 보여도 당당히 저작권법으로 보호받습니다. 아파트 소유권처럼, 지식재산(지적재산)이 하나 생긴 셈입니다. 지식재산권이라는 것, 멋지지 않나요? 따라서 이제 저작권법으로 보호받기 위한 첫 관문은 넘어선 셈입니다.

4. 내 유튜브 콘텐츠, 외국에서도 보호받을 수 있나요?

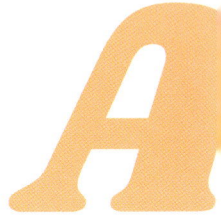

만태 씨가 창작한 '강아지의 숟가락으로 밥 먹기' 유튜브 콘텐츠는 미국, 일본, 중국에서도 보호가 될까요?

이 문제는 우리나라 사람이 만든 유튜브 동영상, 저작물이 다른 나라에서도 인정을 받는지, 즉 우리나라 국민의 저작물이 외국에서도 보호가 되는지의 문제입니다. 참고로 특허나 상표는 외국 각국에서 따로 등록하지 않으면 보호받지 못하죠(이를 '속지주의'라고 합니다).

우리나라 국민의 저작권이 외국에서 보호되는지는 자연권이나 인권처럼 그냥 인정되는 것이 아니라, 우리나라가 외국과 그러한 조약을 체결했는가에 따라 달라집니다. 다행히 우리나라는 이 분야의 국제적 보호 규범인 베른협약, 로마협약, TRIPs협정, WIPO협약 등에 모두 가입되어 있습니다.

조약을 체결한 상대방 국민(외국인)의 저작권에 대해 자국민과 같은 대우를 부여하는 것을 '내국민대우의 원칙'이라고 합니다. 저작권 관련 가장 중요한 조약인 베른협약과 TRIPs 협정은 모두 외국인에게 자국민과 같은 대우를 부여할 것을 의무화하고 있습니다. 우리가 알고 있는 어지간한 문명국은 대부분 베른협약, TRIPs협정에 가입하여 있으므로 우리나라 국민의 저작물은 외국에서도 그 나라 국민과 같은 보호를 받을 수 있습니다.

게다가 대부분의 국가에서는 저작권 발생에 형식이 필요 없다는 '무방식주의'를 채택하고 있으니, 국내에서의 창작만으로도 널리 외국에서 저작권으로 보호를 받을 수 있습니다. 참고로, 한국저작권위원회는 외국(특히 중국)에서의 원활한 보호를 위해 '저작권 인증' 제도도 두고 있습니다. 인증은 저작물의 권리자임을 확인하고 인증서를 발급하는 것으로, 해외 거래 안전 지원 및 합법 유통환경 조성을 목표로 합니다(제56조). 한국저작권위원회는 저작권 인증 사이트[5]를 운영하고 있으니 자세한 내용은 사이트를 확인하세요.

해당 사례에서 만태 씨의 '강아지의 숟가락으로 밥 먹기' 콘텐츠는 널리 외국에서도 보호를 받을 수 있겠군요.

5. 내 유튜브 콘텐츠, 저작권 등록을 해야 하나요?

제가 있는 법무법인(로펌) 이름은 '법무법인 감우'입니다. 그런데 아직 상표 등록을 생각하지 않았는데 며칠 뒤에 어떤 나쁜 변호사가 똑같이 '법무법인 감우'라는 이름의 사무실을 만든다면, 저는 그 이름을 쓰지 말라고 할 수 있을까요? 정답은 '할 수 없다'입니다.

그렇다면, 제가 정성껏 멋진 유튜브 콘텐츠를 만들었는데 아직 저작권 '등록'을 안 했다면 제 콘텐츠는 저작권법으로 보호를 받을 수 있을까요? 네. 정답은 '보호를 받을 수 있다'입니다.

등록을 해야 권리로 인정받는 특허나 상표와는 달리, 저작권은 창작만 하면 효력이 발생합니다. 거의 모든 나라에서 이런 태도를 취하고 있는데, 이를 '무방식(無方式)주의'라고 합니다. 즉, 권리 발생에 아무런 방식이 필요 없다는 것이죠. 저작권법에서는 *"저작권은 저작물을 창작한 때부터 발생하며 어떠한 절차나 형식의 이행을 필요로 하지 아니한다."* 라고 명시적으로 규정을 두고 있습니다(제10조 제2항).

그렇다면 저작권은 참 생기기 쉬운 권리죠? 만들기만 하면(창작만 하면) 권리가 발생을 하니까요. 그런데 현실적으로, 저작권 문제로 다른 사람과 시비가 붙거나 소송이 걸린다고 해보겠습니다. 내가 3개월 전에 만들어서 저작권을 가지고 있는 유튜브 콘텐츠를 남이 베껴서 저작권 침해를 한 경우를 보죠. 나는 분명 언제 내가 유튜브 콘텐츠를 만들었는지 알기 때문에 자신 있게 '당신, 3개월 전에 저작권이 발생한 내 유튜브 콘텐츠의 저작권을 침해했소. 당장 당신 콘텐츠를 삭제하세요!'라고 주장할 수 있겠죠.

그런데 법원에 가서 재판을 받을 때, 여러분의 유튜브 콘텐츠 내용을 한 번도 본 적 없는 판사가 쉽게 납득할까요? 물론 여러분 유튜브 사이트에 가보면 언제 업로드를 했는지 알 수 있겠지만, 판사가 그런 등록시점, 창작시점(저작권 발생 시점)을 쉽게 믿을 수 있을까요?

그렇기 때문에 조금 다른 목적으로 필요한 것이 '저작권 등록'입니다. 저작권 등록을 하면 저작자로 추정이 되고, 창작일과 공표일이 추정되고(제53조), 법정손해배상이 가능해지는 등(제125조의2) 저작권법상 혜택이 상당히 많습니다. 게다가 재판이나 수사 절차에서도 여러모로 유리하고 편리하죠. 그러니 저작권 등록, 한번 꼭 생각해 보세요!

6. 유튜브 콘텐츠의 저작권 등록은 구체적으로 어떻게 하나요?

내가 정성 들여 만든 유튜브 콘텐츠, 등록까지 해서 내가 공공기관의 권리증까지 받을 수 있다면 더 멋지겠죠? 우리 아버지가 가지고 있는 아파트 등기권리증보다 내 저작권등록증이 더 가치 있는 것이 될 수도 있으니까요.^^

자, 그러면 저작권 등록은 어떻게 하는 걸까요? 변호사나 법무사의 도움을 받아야 할까요? 물론 전문가의 도움을 받으면 좋겠지만, 절차가 어렵지 않아 혼자서도 등록이 가능합니다.

우선, 저작권 등록에 관하여 잘 정리된 한국저작권위원회 '저작권 등록' 사이트[6]에 가면 자세한 설명이 나와 있습니다.

유튜버를 지망하는 정도라면, 아마 직접 방문하거나 우편보다는 인터넷 등록을 선호하시겠죠? 오프라인으로 제출할 때는 1건당 3만원, 온라인으로 제출할 때는 1건당 2만원으로 인터넷 등록이 혜택도 있습니다. 위 금액에 소액의 세금이 부과됩니다.

우선 누구 이름으로 등록할 것인지 정하고, 개인/법인/개인사업자 중 누구로 등록을 할지 정하고, 신청서를 작성하고, 온라인으로 제출을 하고 수수료를 내면 간단히 끝납니다. (자세한 내용은 해당 사이트의 신청서 및 부록2. 저작권 등록 예시 참고)

온라인으로 동영상을 제출할 경우 2GB까지 업로드가 가능하고, 그 이상이 될 경우에는 DVD 등으로 제출할 수 있다고 하네요(최신 정보는 '저작권등록' 사이트 또는 하단의 전화번호로 확인하세요). 심사는 저작물로서의 요건을 갖추었는지 형식적 측면만 심사하므로 그다지 오래 걸리지는 않습니다. 즉, 이전에 비슷한 저작물이 있는지를 심사해서 탈락시키는 실질적인 심사가 아닙니다.

이렇게 절차를 마치고 등록이 되면 '저작권 등록' 사이트에 게시가 되어 검색이 가능하고요, 우편으로 저작권등록증도 송부되어 옵니다. 궁금하신 사항은 한국저작권위원회에 연락하면 친절하게 설명을 해줍니다.

참고로 우리나라는 뜻밖에(!) 저작권 등록을 무척 많이 하는 나라 중 하나라고 합니다. 세계에서 손꼽힐 정도로 등록을 많이 하고 있다네요. 여러분들 모르게, 너도 나도 등록을 많이들 하고 있다는 것이죠!

결국, 송송이 가족은 유튜브 콘텐츠를 저작권 등록할 수 있고, 한국저작권위원회 '저작권 등록' 사이트를 통해서 간단하게 가능합니다!

7. 외국에서 보호를 받으려면 저작권 등록을 해야 하나요?

앞에서 보았지만, 우리나라 국민은 베른협약, TRIPs협정 등 국제조약에 따라 대부분의 외국에서 저작권 보호를 받을 수 있습니다.

우리나라는 '무방식주의'를 취하고 있으므로 별도의 등록이 필요 없다는 것을 살펴보았습니다. 마찬가지로, 대부분의 국가는 현재 무방식주의를 채택하고 있으므로 개별 국가에서 등록 절차가 필요하지 않고, 우리나라에서 저작권이 발생하면 외국에서도 보호를 받을 수 있습니다.

각국의 저작권 보호제도, 등록제도, 침해대응 등에 관하여 한국저작권위원회는 홈페이지를 통해서 상세한 정보를 제공하고 있습니다.[7] 예를 들어, 해당 사이트에서 소개하고 있는 일본 역시 무방식주의를 취하고 있으므로 저작물의 창작 시점에서 저작권이 발생하지만, 역시 등록제도를 두고 있습니다. 중국도 마찬가지로 무방식주의를 취하지만 등록이 가능합니다. 미국의 경우 미국민의 경우 침해소송을 제기하려면 저작권을 등록해야 하지만, 외국인이 베른협약 가입국 국민이라면 저작권 등록 없이도 소송을 제기할 수 있습니다. 해당 사이트에서는 각국의 자세한 등록 절차와 신청방법에 관해서도 설명하고 있으니 참고하시면 좋겠습니다.

물론, 확실한 보호를 위해서는 문제가 될 만한 국가에서도 저작권 등록을 해 둔다면 더욱 튼튼한 보호가 되겠죠? 또한, 저작권 등록을 하는 데 따른 각국에서의 효과는 각국의 법을 기준으로 합니다. 예컨대 우리나라의 법에 따르면 법정손해배상은 저작권 등록이 된 경우에만 가능합니다.

하지만 우리나라의 저작권 등록이 상당히 저렴하고 간단한 데 비해, 외국에서의 등록은 상당한 비용과 기간이 소요되는 것 같습니다(미국의 저작권 등록은 변호사를 통해서 하는데, 대체로 몇 달은 걸리는 듯합니다).

사례의 만태 씨는 저작권을 주장하기 위해서 나라마다 등록을 해야 할 필요는 없겠네요. 그러나 해당 국가에 저작권 등록을 하면 유리한 점은 분명 있겠습니다.

8. '이 유튜브 콘텐츠는 내 것이다' 콘텐츠 ID 소유권 주장(CID)은 무엇인가요?

　유튜브의 독특한 제도인 콘텐츠 ID 소유권 주장(Content ID claim)이란 '해당 콘텐츠가 나의 것이다' 라고 권리자가 특정 콘텐츠의 소유권을 주장하는 것을 말합니다.[8] 음악, 영화, TV 프로그램, 비디오 게임, 기타 저작권 보호를 받는 자료의 권리자가 '그 콘텐츠는 내 것이오'라고 권리 주장을 하는 것입니다.

　전통적인 저작권 개념으로는 저작물을 이용하려는 사람은 저작권자의 허락을 얻은 다음 이를 이용해야 하고, 허락 없는 이용은 저작권 침해가 됩니다. 그런데 유튜브에서는 이러한 저작권자에게 유튜브 사이트에 '이 콘텐츠는 내 콘텐츠다'라는 신고를 하도록 하고, 유튜브 사이트에 동영상을 올리는 이용자가 이를 쉽게 확인할 수 있도록 했습니다.

　다른 한편으로 해당 콘텐츠를 신고한 저작권자는 다른 제3자가 해당 콘텐츠를 유튜브에 업로드할 때, 자신의 콘텐츠가 포함된 동영상을 서비스하도록 놔 두고 광고 게재의 대가를 가져갈지, 아니면 동영상 서비스를 허락하지 않고 동영상을 차단하거나, 음을 소거하거나, 특정 플랫폼을 차단하는 등 조치를 취할지 선택할 수 있도록 하였습니다.

　물론, 저작권자는 유튜브에 자신의 CID 신고를 하지 않고, 그대로 저작권 원칙에 따라 권리 주장을 할 수도 있습니다. 즉, 허락 없이 내 콘텐츠를 올리는 사람에 대해 저작권 침해 주장을 할 수도 있습니다. 그런데 유튜브의 영향력이 워낙 커지고 대형 콘텐츠 권리자들에게 CID 등록을 유도한 결과, 이제는 많은 권리자가 유튜브의 절차를 인정하고 이에 따라 움직이고 있는 것입니다.

　콘텐츠 ID를 발급받기 위해서는 유튜브 내부 정책에 따라 일정 수준의 구독수와 채널 수를 보유하고 있어야 하며, 해당 조건을 갖춘 뒤 유튜브에 콘텐츠 ID 발급 신청 양식을 제출하면 됩니다.[9]

　그러면 이런 권리자의 콘텐츠 ID 소유권 주장에 대해서, 동영상을 올리는 사람은 어떻게 대응하면 될까요? 아무런 조치를 취하지 않거나(이때는 광고 수익을 얻지는 못하겠죠), 음악에 대해 소유권 주장이 제기된 경우 음악을 삭제하거나 교체하거나, 수익을 배분하면 됩니다.

　또는 권리자의 CID 주장이 이유가 없다면, 이의를 제기하면 됩니다. 이에 대해서는 다음 장에서 자세히 보죠.

9. 다른 사람의 콘텐츠 ID 소유권 주장을 인정할 수 없다면?

내가 유튜브에 게시한 콘텐츠가 타인의 콘텐츠를 포함했기 때문에 콘텐츠 ID 소유권 주장을 당한다면 수긍할 수 있겠지만, 그런 것도 아닌데 엉뚱하게 타인으로부터 콘텐츠 ID 소유권 주장을 당하는 경우에는? 이의제기를 하면 됩니다.[10]

이의를 제기할 때는 저작권 침해 신고 내용을 확인하여 누가 그러한 주장을 했는지 확인하고 이에 대해서 이의를 제기하면 되고, 이의제기를 하면 저작권 소유자(CID 신고자)에게 알림이 전달됩니다. 이 사례에서는 승식 씨가 이의제기를 하면 되는 거죠.

이의제기를 하면 저작권 소유자(CID신고자)는 30일 이내에 조치해야 하는데, ① 아무런 조치를 취하지 않거나, ② 소유권 주장을 취소하면 별문제 없이 종료되겠죠.

③ '동영상 게시 중단'을 요청하면 '저작권위반 경고 절차'로 넘어가게 됩니다.[11] 해당 사례에서 승식 씨의 이의제기 후 신고자가 게시 중단을 요청한 경우죠.

④ 저작권 소유자(CID 신고자)가 '소유권 주장 유지'를 한다면 동영상 게시자는 항소할 수 있습니다(이의제기 → 항소).

해당 사례에서 승식 씨가 이의제기 후 신고자가 소유권 주장을 유지하면, 승식 씨가 항소해야 하는 것이죠. 승식 씨의 항소에 대해 저작권 소유자(CID 신고자)는 다시 30일 이내에 조치해야 합니다. 저작권 소유자(CID 신고자)가 ① 아무런 조치를 취하지 않거나, ② 소유권 주장을 취소하면 별문제 없이 종료되겠죠.

③ '동영상 즉시 삭제 요청'을 하면 사용자(이용자)의 계정에는 저작권위반 경고가 주어집니다. 사용자는 이에 대해서 다시 '반론통지'를 제출할 수 있습니다. 그러면 저작권 소유자(CID 신고자)는 10영업일 이내에 콘텐츠 게시 중단 유지를 위한 법적 조치에 들어갔다는 증거를 유튜브에 제출해야 합니다.[12]

④ '동영상 게시 중단 요청 예약'을 하는 경우, 사용자(이용자)는 7일 이내에 항소를 취소하여 게시 중단을 막을 수 있습니다.

꽤 복잡한 절차죠? 미국법의 특성이 강하게 반영된 것으로 보이는데, 그래도 반론과 소송 제기 등에 관해서 나름대로 합리적인 해결책을 잘 마련한 것으로 보입니다. 이런 일을 해야 하는 상황은 생기지 않으면 좋겠습니다만.^^;

10. 내 유튜브 콘텐츠의 '포맷'도 보호받을 수 있나요?

내가 고심고심해서, 기존에 보지 못했던 굉장히 절묘한 동영상 포맷(format)으로 유튜브 콘텐츠를 만든다면 우리 법상 보호가 가능할까요?

이 문제는 국내외에서 많은 논의가 되고는 있는데, 아직은 다소 모호해서 단언하기는 힘듭니다. 대법원은 2017년 SBS의 방송 프로그램 '짝'을 본뜬 영상물인 '쫙'에 대한 소송에서, 저작권의 보호 범위를 넓히는 취지의 판시를 했습니다.[13] 즉, 대법원은 "*리얼리티 방송 프로그램의 창작성 여부를 판단할 때에는 프로그램을 구성하는 … 개별 요소들이 일정한 제작 의도나 방침에 따라 선택되고 배열됨에 따라 구체적으로 어우러져 프로그램 자체가 다른 프로그램과 구별되는 창작적 개성을 가지고 있어 저작물로서 보호를 받을 정도에 이르렀는지도 고려(해야 한다).*"라고 판시했습니다. 위 판결은 일정한 포맷은 저작권법으로 보호받을 수 있음을 시사한 점에 의미가 있겠습니다.

우리나라에서 포맷을 법적으로 보호받는 방법과 관련해 가장 가까운 법으로는 아무래도 저작권법을 들 수 있을 것이고(위 대법원 사안과 같이), 그 외에 부정경쟁방지 및 영업비밀의 보호에 관한 법률(이하 '부정경쟁방지법') 제2조 제1호 타목[14], 파목[15], 민법(일반 불법행위)으로도 보호를 주장할 가능성이 충분합니다.[16]

특히 부정경쟁방지법 제2조 제1호 파목에서는 "*그밖에 타인의 상당한 투자나 노력으로 만들어진 성과 등을 공정한 상거래 관행이나 경쟁질서에 반하는 방법으로 자신의 영업을 위하여 무단으로 사용함으로써 타인의 경제적 이익을 침해하는 행위*"를 부정경쟁행위로서 금지하고 있습니다.

현실적으로는 특히 국제 거래에서 포맷은 엄연히 거래 대상이 되고 있고, 예를 들어서 방송 프로그램의 자세한 내용과 형식을 매뉴얼화하여 상당한 금액에 거래가 이루어지고 있습니다. 이는 특정한 법적 근거가 있다기 보다는 안전한 방송과 권리 확보를 위해서 이루어지고 있는 것이지요.

결론적으로 모든 포맷이 법적 보호를 받는다고 단언할 순 없지만, 사안에 따라 가능성은 충분하니, 사례의 재민 씨와 나영 씨는 전문가와 상의해 보시는 것이 좋겠습니다.

11. 내 유튜브 콘텐츠의 아이디어를 특허로 낼 수 없을까요?

내가 만든 유튜브 콘텐츠의 기발한 아이디어, 혹시 특허로 보호가 가능할까요? 즉 유튜브 콘텐츠의 아이디어를 '발명'으로 보호받을 수 있을까요?

앞의 만화 사례에서 상균 씨와 준태 씨가 만든 유튜브 콘텐츠 그 자체는 저작권법으로 보호받을 수 있겠죠. 하지만 저작권법으로 보호할 수 있는 것은 구체적인 동영상의 표현뿐이거든요. 그래서 다른 사람이 상균 씨와 준태 씨 콘텐츠의 '구체적 표현'을 따라 하지만 않는다면 얼마든지 다른 애완동물 사료 시식회 동영상을 찍을 수 있죠.

그런데, 더 나아가 '사람이 애완동물 사료 시식회를 한다'는 아이디어 자체를 보호받을 수 있을까요? 보호받을 수 있다면 그 아이디어를 사용하기만 하면 무조건 침해가 될 테니까 보호의 범위가 훨씬 넓어지겠죠.

우선 저작권을 보겠습니다. 저작권법에는 '아이디어-표현 이분법'이라는 기본적인 원칙이 있습니다. 아이디어-표현 이분법(idea-expression dichotomy)이란 '저작권은 표현에만 미치고, 그 표현의 바탕이 되는 아이디어에는 미치지 않는다'는 원칙. 즉, 저작권법상 '아이디어'는 보호되지 않고 '표현'만 보호된다는 원칙을 말합니다. 아이디어는 제한 없이 공유되고 소통되어야 한다, 그렇기 때문에 그것을 특정인의 것으로만 보호할 수 없다는 원칙을 말하죠. 따라서 아이디어를 저작권법으로 보호받기는 힘듭니다.

그러면 이런 아이디어를 특허를 낼 수는 없을까요? 이것도 힘들 것 같습니다. 특허법상 특허는 '자연법칙을 이용한 기술적 사상의 창작'이어야 하는데[17] 유튜브 콘텐츠는 자연법칙을 이용하여 창작된 기술적 사상으로 보기 힘들기 때문입니다. 유튜브 콘텐츠는 사람의 정신적 활동을 이용하여 만든 창작물이겠지요.

물론 동영상을 제작, 편집하는 기술이나 동영상을 전송하는 기술은 특허의 대상이 되지만, 이것은 창작자가 아닌 유튜브 서비스를 하는 구글에서 특허권을 주장할 수 있는 영역이고, 실제로 특허 검색을 하면 구글은 이러한 특허를 많이 출원해 놓고 있습니다.

다만, 최근에는 가치 있는 아이디어라면 보호해 줘야 한다는 논의가 강하게 나오고 있습니다. 그래서 민법(불법행위 법리)으로 보호 가능성을 인정하는 듯한 판례가 나온 바 있습니다.[18] 또한 앞에서 보았지만, 부정경쟁방지법 2조 제1호 타목, 파목으로도 보호받을 여지가 있겠습니다.

따라서 상균 씨와 준태 씨는 아쉽게도 특허 출원을 할 수는 없겠네요.

미주

1. 오승종, '저작권법', 전면개정판, 박영사(2016), 1106면.
2. 대법원 2014. 12. 11. 선고 2012도16066 판결.
3. 대법원 1995. 11. 14. 선고 94도2238 판결.
4. 한국저작권위원회 저작권상담팀, 'Q&A로 알아보는 저작권 상담사례', 한국저작권위원회(2016), 188면.
5. https://cras.copyright.or.kr
6. https://www.cros.or.kr
7. 한국저작권위원회 '해외저작권가이드' 사이트 참조. https://www.copyright.or.kr/business/koreacopyright/guide/index.do
8. 유튜브 고객센터, 'Content ID 소유권 주장 알아보기' 참조. https://support.google.com/youtube/answer/6013276
9. 토이푸딩(김세진, 박종한), '나의 첫 유튜브 프로젝트', 다산북스(2019), 373면.
10. 이하의 설명은 유튜브 고객센터, 'Content ID 소유권 주장에 대한 이의 제기' 참조. https://support.google.com/youtube/answer/2797454?hl=ko
11. 이후 유튜브 고객센터의 '저작권 위반 경고' 절차에 들어가 경고 소멸을 기다리거나, 신고 철회를 요청하거나, '반론통지'를 제출할 수 있다. https://support.google.com/youtube/answer/2814000
12. 유튜브 고객센터, '저작권 반론 통지 제출하기' 참조. https://support.google.com/youtube/answer/2807684
13. 대법원 2017. 11. 9. 선고 2014다49180 판결.
14. 타. 사업제안, 입찰, 공모 등 거래교섭 또는 거래과정에서 경제적 가치를 가지는 타인의 기술적 또는 영업상의 아이디어가 포함된 정보를 그 제공목적에 위반하여 자신 또는 제3자의 영업상 이익을 위하여 부정하게 사용하거나 타인에게 제공하여 사용하게 하는 행위. 다만, 아이디어를 제공받은 자가 제공받을 당시 이미 그 아이디어를 알고 있었거나 그 아이디어가 동종 업계에서 널리 알려진 경우에는 그러하지 아니하다.
15. 파. 그 밖에 타인의 상당한 투자나 노력으로 만들어진 성과 등을 공정한 상거래 관행이나 경쟁질서에 반하는 방법으로 자신의 영업을 위하여 무단으로 사용함으로써 타인의 경제적 이익을 침해하는 행위
16. 이용민, '콘텐츠 라이선싱– 포맷 라이선싱을 중심으로', 한국사내변호사회/한국엔터테인먼트법학회 발표자료(2019), 19면.
17. 특허법 제2조 제1호.
18. 서울고등법원 1998. 7. 7. 선고 97나15229 판결, 대법원 2010. 8. 25.자 2008마1541 결정.

유튜브 콘텐츠 만들기

총론

12. 유튜브 콘텐츠의 저작권, 대체 어떤 건가요?
13. 저작권에도 제한이 있다고요?
14. '인용금지'가 없으면 인용해도 되나요?
15. 상업적으로 쓰지만 않으면 인용 좀 해도 되지 않나요?
16. 이미 공표된 저작물의 인용은 가능하다고 하던데요?
17. 공정이용(fair use)이 뭔가요?
18. 출처표시는 어떻게 하면 되나요?
19. 무료로 저작물을 이용할 수 있는 사이트가 있다던데요?
20. 유료로 저작물을 이용할 수 있는 사이트는 어떻게 이용하나요?
21. 저작권 문제가 없다고 표기된 저작물을 이용할 때 주의해야 할 사항이 있을까요?
22. CCL이란 무엇인가요?
23. CCL, 어떻게 이용하면 되나요?
24. 국가나 지자체의 저작물을 사용할 때 주의할 점은 무엇일까요?
25. 아무리 노력해도 저작자를 찾을 수 없을 때는 어떻게 해야 하나요?
26. 돌아가신 분의 저작물, 내 유튜브 콘텐츠에 써도 될까요?

12. 유튜브 콘텐츠의 저작권, 대체 어떤 건가요?

유튜브 콘텐츠와 가장 관련이 있는 법은 '저작권법'이고, 권리는 '저작권'이죠. 그러면 이번엔 저작권, 저작권법이 뭔지 좀 생각해볼까요?

저작권은 특이하게 여러 낱개 권리들의 묶음으로 이루어져 있는데, 공표권(제11조), 성명표시권(제12조), 동일성유지권(제13조), 복제권(제17조), 공연권(제18조), 공중송신권(제18조), 전시권(제19조), 배포권(제20조), 대여권(제21조), 2차적저작물작성권(제22조)이 여기에 해당합니다.

해당 권리를 행사하려면 권리자의 허락을 얻어야 하는데, '복제권'이라고 한다면 '복제를 하기 위해서는 저작권자의 허락을 얻어야 한다'는 식입니다. 예를 들어, 소설로부터 영화를 만드는 권리는 2차적저작물작성권이라고 하는데, 소설로 영화를 만들기 위해서는 (즉 2차적저작물을 만들기 위해서는) 원저작권자인 소설 저작권자의 허락을 얻어야 합니다.

저작권의 이런 지분적 권리들은 성격상 크게 '저작인격권'과 '저작재산권'으로 나뉩니다. 저작인격권은 저작자의 인격과 관련된 권리로, 공표권, 성명표시권, 동일성유지권이 그것입니다. 이 저작인격권은 저작자에게만 따라붙는(일신에 전속하는) 성격을 갖고 있습니다. 따라서 상속이나 양도가 인정되지 않죠.

저작재산권은 나머지, 즉 복제권, 공연권, 공중송신권, 전시권, 배포권, 대여권, 2차적저작물작성권입니다. 저작인격권과는 달리 인격이 아닌 재산적 성격을 갖고 있어서 양도, 상속이 가능합니다.

그렇다면 유튜브와 가장 관계가 깊은 권리는 무엇일까요? '공중송신권'이고, 공중송신권 중에서도 '전송권'입니다. 여러 사람이 개별적으로 선택한 시간과 장소에서 접근할 수 있도록 제공하고, 송신하는 것을 말하죠.

사례에서 희진 씨가 인영 씨 허락 없이 콘텐츠 복제를 하면 저작권 중 복제권을 침해하는 것입니다. 그리고 콘텐츠에 이름을 표시하지 않고 행사한다면 저작권 중 성명표시권을 침해하는 것이 되죠. 희진 씨나 인영 씨 모두 틀린 건 아니네요.

그러면 우리가 만든 유튜브 콘텐츠에 대해서 행사할 수 있는 권리 목록을 알게 되었죠? 공표, 성명표시, 동일성 유지, 그리고 복제, 공연, 공중송신(전송, 방송, 디지털음성송신), 전시, 배포, 2차적저작물작성![1]

13. 저작권에도 제한이 있다고요?

저작권법은 '원칙-예외' 구조를 갖고 있는데, 요약하면 저작권법에 규정된 개별 권리를 이용하는 행위를 하면 저작권 침해가 되고(원칙), 저작권법에 규정된 경우에 한하여 저작권 침해가 아닌 것이 된다는 식입니다(예외).

예를 들어, 저작권자의 허락 없이 복제 행위를 하면 저작권 중 복제권 침해가 되지만(원칙), 그 복제가 영리 목적 없이, 개인적으로 이용하거나 가정 등 한정된 범위에서 이용하는 경우에는 복제를 해도 된다(예외)[2]는 식입니다.

그러면 저작권 제한 사유 중 유튜버와 관련되는 것은 무엇이 있을까요? 공공저작물의 자유이용(제24조의2), 공표된 저작물의 인용(제28조), 영리를 목적으로 하지 아니하는 공연·방송(제29조), 사적이용을 위한 복제(제30조), 미술저작물등의 전시 또는 복제(제35조), 저작물의 공정한 이용(제35조의3) 정도로 보입니다.

특히 빈번히 이용될 수 있는 조항은 제28조(공표된 저작물의 인용)인데 해당 조항에선 "**공표된 저작물은 보도·비평·교육·연구 등을 위하여는 정당한 범위 안에서 공정한 관행에 합치되게 이를 인용할 수 있다.**"라고 규정합니다.

또 다른 하나의 조항은 제35조의3(저작물의 공정한 이용)인데, 해당 조항에서는 "**1. 이용의 목적 및 성격, 2. 저작물의 종류 및 용도, 3. 이용된 부분이 저작물 전체에서 차지하는 비중과 그 중요성, 4. 저작물의 이용이 그 저작물의 현재 시장 또는 가치나 잠재적인 시장 또는 가치에 미치는 영향**" 등을 고려해서 공정이용이 될 수 있는지를 판단한다고 합니다.

그런데 위 '공표된 저작물의 인용'이나 '저작물의 공정한 이용(공정이용)' 조항 내용을 보면 매우 모호하고 넓은 의미의 용어들로 쓰여 있고, 실제로 해석도 매우 어렵습니다. 그렇다면, '예외'를 주장해야 하는 입장(주로 유튜버의 입장)에서는 함부로 이 조항들을 믿었다가는 낭패를 볼 수 있겠네요.

사례에서는 희진 씨가 한 수 위! 맞네요! 위 조항들의 구체적인 적용에 대해서는 이 책의 다른 부분에서 함께 살펴보시죠~.

14. '인용금지'가 없으면 인용해도 되나요?

저작권법은 저작자의 권리로 아래 것들을 규정합니다: 공표권, 성명표시권, 동일성유지권(이상 '저작인격권'), 복제권, 공연권, 공중송신권(전송권, 방송권, 디지털음성송신권), 전시권, 배포권, 대여권, 2차적저작물작성권.(이상 '저작재산권') 저작자의 허락 없이 그러한 행위, 즉 복제, 공연, 전송 등을 해서는 안 된다는 것을 말하죠.

저작자가 '이런 이런 행위를 해서는 안 된다'고 말해야 그런 권리가 발생할까요? 아닙니다. 그런 권리는 그냥 처음부터 발생하는 것입니다. 참고로 소유권도 마찬가지입니다. 소유권은 그 자체로 소유권의 행사를 방해하는 것을 배제하는 '방해배제청구권'이 있습니다. 다만 타인의 행위를 방치할 수야 있겠죠.

그렇기 때문에, '인용 금지'라는 말이 있든 없든 기본적으로 권리자의 허락 없이 인용을 해서는 안 됩니다. '인용 금지'라고 쓰여 있다면 당연한 내용을 다시 한번 강조하는 것 정도에 불과하고요.

그렇다면 사례의 경우 '불펌 금지', '인용 금지'라는 말이 없다고 해도, 기본적으로 '펌'이나 '인용'을 해서는 안 됩니다. '펌'과 '인용'을 하면서 그대로 갖다 쓰는 경우 복제권 침해가 일어나고, 약간 변형해서 쓴다면 2차적저작물작성권 침해가 일어나니까요. 또, 그런 과정에서 전송을 하고, 전시를 하면 역시 관련 권리도 침해하게 되죠.

다만, 저작권법에서는 예외적으로 저작권이 제한되는 경우를 규정하고 있고, 저작자가 저작권의 효력을 주장할 수 없는 경우도 있습니다(예 : 저작자가 사망 후 70년이 지난 경우). 이런 경우에는 당연히 그러한 복제, 전송 등 행위도 자유롭게 할 수 있죠. 이러한 내용은 이 책의 곳곳에서 좀 더 자세히 살펴보겠습니다.

사례의 경우 해당 이미지에 '불펌 금지', '인용 금지'라는 말이 없다고 해도 승식 씨는 이를 마음대로 갖다 쓰면 안 됩니다. 승식 씨는 앞으로 볼 'CCL'에 따라 인용하는 등 저작권자가 허락한 이용 방법과 조건의 범위 하에서 이용해야 합니다.

15. 상업적으로 쓰지만 않으면 인용 좀 해도 되지 않나요?

만태 씨가 유튜브 콘텐츠에서 남의 저작물을 이용할 때, 상업적으로만 이용을 안 하면 문제가 안 될까요?

실제로 많은 저작권 침해 사건에서 침해자들이 흔히 하는 항변이 그런 것이거든요. 제가 예전에 담당했던 사건 중 인기 만화가 분을 대리하여 만화 저작권 침해 단속을 한 적 있는데요, 그때 동호회 카페에서 그 만화가 분의 만화 수천 편을 보여주고 계신 나이 지긋한 아저씨가 계셨습니다. 그분께 '이렇게 저작권 있는 만화를 카페에 올려놓으시면 안 됩니다. 다 내려주세요'라고 좋게 말씀드렸더니 '아니, 우리끼리 친목을 다지는 카페에서 보는 건데 이런 것까지 문제 삼으면 어쩌냐'라고 오히려 항의를 하시더라고요. -_-

그러면 법적으로 한번 볼까요? 저작권법은 기본적으로 저작권자의 허락 없이 저작권자의 권리를 침해하면 침해가 되고, 예외적으로 제한규정에 해당할 경우 저작권 침해가 되지 않는다는 '원칙-예외' 구조를 가지고 있습니다. 저작물을 저작자의 허락 없이 복제하면 복제권 침해가 되지만, '사적 이용을 위한 복제'라는 예외사유에 해당하면 복제권 침해가 안 된다는 것이죠.

예외사유는 저작권법에 정해져 있는데, '비상업적 이용 시 저작재산권의 제한'이라는 사유는 존재하지 않습니다. 즉, 비상업적으로 이용하지 않으면 허락 없이 저작권을 이용할 수 있다는 규정은 없습니다.

그래서 대법원은 '미네르바 글 무단 이용' 사건에서 *"저작물 복제로 인한 저작재산권 침해죄는 저작물을 무단으로 복제하면 곧바로 성립되며, 영리목적 유무는 죄의 성립에 영향이 없다."*라고 판시하였습니다.[3]

흔히 '돈을 벌지 않으면 저작권 침해가 되지 않는 것 아니냐?', '상업적으로 이용하지만 않으면 저작권 침해가 안 되는 것 아니냐?'라고 생각하기 쉽지만, 이는 큰 오해입니다.

결국, 만태 씨가 유튜브 콘텐츠로 돈 한 푼 못 벌었다고 해도, 그런 사용은 저작권 침해가 되니 주의해야겠습니다.

16. 이미 공표된 저작물의 인용은 가능하다고 하던데요?

유튜브 콘텐츠를 만들면서 기존의 괜찮은 사진이나 그림, 음악, 동영상 등을 인용하고 싶을 수 있습니다. 관련하여 가장 빈번하게 인용할 수 있는 규정을 볼까요?

이것은 제28조(공표된 저작물의 인용)로서 *"공표된 저작물은 보도·비평·교육·연구 등을 위하여는 정당한 범위 안에서 공정한 관행에 합치되게 이를 인용할 수 있다."*라는 내용입니다. 유튜브 콘텐츠 제작과 관련하여 내용을 살펴볼까요?

우선, 이용하려는 저작물은 '공표된 저작물'이어야 합니다. 공표되지 않은 저작물은 이 규정에 따라 이용할 수 없습니다만, 우리는 공개된 저작물을 인용하는 경우가 보통이니까 별로 문제는 안 될 것 같습니다.

다음, '보도·비평·교육·연구 등'을 위해서 인용해야 하는데, 여기의 '보도·비평·교육·연구'는 예를 든 것이니('등'이 있죠?) 이것도 크게 문제 될 것 없습니다.

그 다음! '정당한 범위'가 뭘까요? 이 부분이 참 애매하고, '몇분의 일' 식으로 정해진 것이 없습니다. 법원에서 사안별로(케이스 바이 케이스로) 판단을 할 수밖에 없죠. 흔히 말하는 기준은 '양적 부종성', '질적 부종성'이라는 것으로써, 만드는 유튜브 콘텐츠와 인용하는 저작물의 관계를 봤을 때, 만드는 콘텐츠가 주(main)가 되고 인용되는 저작물이 종(sub)이 되어야 한다는 것입니다.4

'공정한 관행'은 무얼까요? 인용되는 저작물을 명료하게 구분할 수 있고, 인용 시 가급적 원형 그대로 인용해야 한다는 것입니다. 인용하면서 적당히 내 것인 양, 또는 변형을 해서 인용을 해서는 안 됩니다.

또한, 이 경우 출처를 명시해야 합니다(제37조 제2항). 그렇지 않으면 처벌을 받고, 성명표시권 침해도 될 수 있습니다.

그렇다면 나영 씨는 공표된 유명 작가의 고양이 캐릭터 일러스트를 인용할 수 있겠습니다. 다만, 나영 씨의 콘텐츠 중 많은 부분을 차지하지 않도록 하고, 작가님 작품을 명확히 구분하여 인용하면서, 명확히 원작자 이름을 표시하여야 하겠습니다.

17. 공정이용(fair use)이 뭔가요?

유튜브를 보면 저작권 소개 콘텐츠가 많은데, 가장 많이 언급되는 내용이 '공정이용'인 것 같습니다. 공정이용(fair use) 조항은 2011년 우리 저작권법에 들어온 일반조항적 성격의 제한 규정입니다. 원래 우리 저작권법은 개별적인 제한 사유만을 두었었는데, 저작권법이 개정되면서 이런 개별 제한 조항에 해당하지 않아도 저작권 침해가 되지 않는 '일반조항'이 들어온 것입니다. 한번 해당 조항을 원문 그대로 보시죠.

> **제35조의5(저작물의 공정한 이용)**
> ① 제23조부터 제35조의4까지, 제101조의3부터 제101조의5까지의 경우 외에 저작물의 일반적인 이용 방법과 충돌하지 아니하고 저작자의 정당한 이익을 부당하게 해치지 아니하는 경우에는 저작물을 이용할 수 있다.
> ② 저작물 이용 행위가 제1항에 해당하는지를 판단할 때에는 다음 각 호의 사항등을 고려하여야 한다.
>   1. 이용의 목적 및 성격
>   2. 저작물의 종류 및 용도
>   3. 이용된 부분이 저작물 전체에서 차지하는 비중과 그 중요성
>   4. 저작물의 이용이 그 저작물의 현재 시장 또는 가치나 잠재적인 시장 또는 가치에 미치는 영향

요컨대, 개별 저작권 제한 사유에 해당하지 않아도 '이용의 목적 및 성격' 등 요건들이 충족되면 저작권 침해가 되지 않을 수 있다는 것입니다.

그런데 위 조항을 잘 읽어봐도 좀 어렵죠? 해당 조항은 조항 자체의 내용도 애매모호하고 실제 적용례도 예측할 수 없는 것으로 악명이 높습니다. 따라서 미국 전문가들도 '이 조항에 따르면 저작권 침해가 안 되겠지'라고 쉽게 믿지 말라고 충고합니다.[5] 이러한 점 때문에 최근 한국저작권위원회에서는 실제로 미국에서 문제가 되었던 공정이용 사례들을 정리한 책자를 내기도 하였습니다.[6]

그런데 유튜브에 소개된 많은 저작권 관련 유튜브 콘텐츠들이 이 공정이용 조항에 따라 설명을 하면서 너무 쉽게 '문제가 안 된다'는 식으로 단정을 내리는 듯한데, 다소 위험해 보이네요.

따라서 사례의 지나 씨와 고연 씨는 공정이용 조항에 따라서 문제가 되지 않을 거라고 쉽게 생각해서는 안 되고, 사안마다 매우 신중해야 하겠습니다.

18. 출처표시는 어떻게 하면 되나요?

유튜브를 보면 다른 자료들을 인용하면서 출처를 표시하지 않은 사례들이 많더군요. 오히려 대부분? 그런데 이래도 괜찮을까요?

저작권은 그 재산적 측면의 권리인 '저작재산권'과 인격적 측면의 권리인 '저작인격권'으로 이뤄져 있습니다. 저작물의 원본, 복제물, 공표 매체에 이름을 써야 한다는 '성명표시권'은 저작인격권 중 하나입니다(제12조).

저작재산권 제한 사유에 해당하는 경우에도 출처를 명시해야 하고(제37조), 이를 위반 시 처벌을 받습니다. 따라서 유튜브 콘텐츠를 만들면서 다른 저작물을 갖고 와서 쓴다면 해당 저작물의 저자 이름을 표시해 주어야 합니다. 이름을 어떻게 써 주면 좋을까요?

저작권법은 저작물을 이용하는 자는 "저작자가 그의 실명 또는 이명을 표시한 바에 따라 이를 표시하여야 한다. 다만, 저작물의 성질이나 그 이용의 목적 및 형태 등에 비추어 부득이하다고 인정되는 경우에는 그러하지 아니하다."라고 합니다(제12조 제2항). 또, "출처의 명시는 저작물의 이용 상황에 따라 합리적이라고 인정되는 방법으로 하여야 하며, 저작자의 실명 또는 이명이 표시된 저작물인 경우에는 그 실명 또는 이명을 명시하여야 한다."라고 합니다.(제37조 제2항)

현실적으로 유튜브 콘텐츠에서 성명을 표시한다면 어떻게 해야 할까요?

원칙적으로는 해당 저작물이 인용되는 하단에 저작자의 실명 등을 표시하는 것이 가장 좋을 것 같습니다. 즉, 유튜브 영상 중 등장하는 저작물 하단에 조그맣게 저작자를 표시하는 것이죠.

그러나 저작물이 계속해서 여러 크기와 형태로 불규칙하게 인용되는 유튜브 콘텐츠의 특성 상 위와 같은 개별 표기가 어렵거나 산만할 수 있습니다. 이때는 '저작물의 성질이나 이용의 목적 및 형태 등에 비추어 부득이하다고 인정되는 경우', '합리적으로 인정되는 방법'에 따를 수 있을 것인데, 유튜브 콘텐츠 설명란('더 보기'를 누르면 나오는 부분)에 순서대로 인용되는 저작물의 명칭과 저자를 표시하면 되겠습니다.

해당 사례에서 후덕 씨는 해당 사진, 그림이 나올 때마다 그 밑에 조그맣게 저작자를 표시해 주고, 그것이 힘들면 설명란에 써 주면 되겠네요(출판사는 안 써도 됩니다). 참고로 음악은 저작자(작사가, 작곡가), 실연자의 이름을 표시해 줘야 합니다(제12조, 제66조. 음반제작자는 안 써도 됩니다).

19. 무료로 저작물을 이용할 수 있는 사이트가 있다던데요?

재민 씨가 유튜브 콘텐츠에서 다른 사람의 저작물을 인용할 때는 이용해도 문제가 없는 저작물을 이용하거나, 이용할 수 있는 권리를 확보하는 것이 필요합니다. 예전에 저작권 개념이 없던 때는 그냥 '설마 문제 되겠어?'라며 저작권 침해도 많이 했고, 실제로 크게 문제도 안 되었죠. 하지만 이제는 시대도 바뀌었고, 세계인들이 모두 볼 수 있는 유튜브 공간에서라면 최대한 원칙에 따라 행동하는 것이 좋겠죠?

다행스럽게도 이런 요구에 맞춰, 자유롭게 이용 가능한 저작물을 제공하거나 일정 조건에 따르기만 하면 이용 가능한 저작물을 한데 모아놓은 사이트들이 있습니다.

우리나라의 대표적인 사이트로는 한국저작권위원회 '공유마당' 사이트[7]가 있습니다. 해당 사이트에서는 이미지, 영상, 음악, 어문, 폰트 등 5개 카테고리로 나누어서 자유 이용이 가능하거나 일정 조건에 따라 이용 가능한 저작물을 소개하고 있습니다. 또한, 뒤에서 볼 공공저작물 사이트[8]도 있죠.

가장 접근하기 쉬운 이미지, 사진 검색 외국 사이트로는 구글 이미지 사이트[9]가 있습니다. 해당 사이트에서는 검색 시 '사용권한' 필터링이 가능합니다. 그래서 '라이선스로 필터링 안 함', '사용 또는 공유 가능', '사용 또는 공유 가능(상업적 용도 포함)', '사용, 공유 또는 수정 가능', '사용, 공유 또는 수정 가능(상업적 용도 포함)' 중 하나를 골라서 검색 결과를 얻을 수 있습니다.

또한, 여러 무료 이미지 사이트들이 있는데 대표적인 것이 '픽사베이' 사이트[10]입니다. 해당 사이트에서는 이용허락(라이선스) 조건을 최대한 단순화시켜서, 금지된 예외사유가 아니면 인쇄물, 디지털 어떤 형태로든 상업적/비상업적으로 출처를 밝히지 않고 사용하거나 변형을 할 수 있다네요. 다만, 이미지를 재배포/판매하거나, 출력해서 판매하거나, 왜곡된 목적으로 사용하거나, 특정 브랜드 상품이나 서비스에 관하여 오해를 줄 수 있는 형태로 사용해서는 안 된다고 합니다.[11,12]

이런 사이트는 이미지, 사진 외에도 음악, 동영상 등으로 점점 확대되고 있는 듯하니, 잘 검색해서 라이선스 조건을 확인하고 이용해야 하겠습니다.

나영 씨, 재민 씨도 이런 사이트들을 열심히 검색해서 지혜롭고 알차게 필요한 자료들을 찾으면 되겠네요.

20. 유료로 저작물을 이용할 수 있는 사이트는 어떻게 이용하나요?

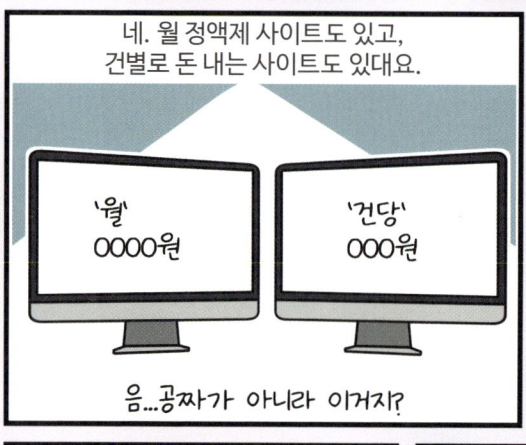

현재는 무료로 이용 가능한 이미지/동영상 사이트도 많이 있지만, 사실 예전에는 유료 이미지/동영상, 콘텐츠를 제공하는 서비스(사이트)가 중심이었습니다. 이런 유료 이미지 제공 서비스는 '스톡이미지'라고도 부르는데, 가장 유명한 스톡이미지 사이트는 '게티이미지'가 아닐까 싶네요.

이런 사이트는 크게 나누면 하나하나 개별 콘텐츠를 이용할 때마다 콘텐츠별 가격을 내고 이용하는 건별 이용방식과 매월 일정 금액만 내면 제한 없이 이용할 수 있는 기간별 이용방식으로 나뉘어 있습니다.

중요한 것은 개별 콘텐츠의 라이선스(이용조건)에 따라 이용을 하는 것입니다.

이미지의 경우 크게 RM(Right Managed), RF(Royalty Free)로 나뉘며, 전자의 경우 사용자, 사용 목적, 사용 기간 등을 엄격히 정해서 그에 따라서만 이용할 수 있고, 후자의 경우 한 번만 구입하면 자유롭게 이용할 수 있는 것이 보통입니다(다만 이때도 상업적 판매의 경우는 제외합니다).

이런 것은 사이트마다, 콘텐츠마다 복잡하고 세세하게 규정되어 있으므로, 결국 개별 사이트 내용을 꼼꼼히 확인하고 이용해야 합니다. 라이선스 조건은 메일 등으로 제공되는 경우도 많지만, 잘 보관하는 것이 좋겠고요.

유료 사이트의 단점은? 역시 돈을 지불해야 한다는 것이겠죠. 장점은? 저작권 문제로부터 자유롭고, 번거롭게 신경쓸 일이 줄어든다는 것이겠죠.

해당 사례에서 만태 씨와 상준 씨는 약관이나 사이트 게시 내용을 꼼꼼히 읽고 유료 사이트를 이용하면 좋겠습니다. 또한, 이렇게 유료 사이트를 이용하면 신경쓸 일도 줄어들고 자신이 원하는 더욱 풍성한 콘텐츠를 만들 수 있으므로 어쩌면 비용과 시간이 더 줄어들 수도 있겠죠?

21. 저작권 문제가 없다고 표기된 저작물을 이용할 때 주의해야 할 사항이 있을까요?

앞에서 살펴보았지만, 인터넷에는 자유롭게 이용할 수 있는 자료를 제공하는 사이트들이 있어서 참 고맙죠. 그런데 이런 사이트들을 믿고 이용하면 아무런 문제가 없을까요? 답은 그렇지 않다! 입니다.

예를 들어서, A라는 사람의 저작물을 B라는 사람이 마치 자신의 것처럼, 사람들에게 공짜로 쓰라고 공개한다고 생각해 보죠. 이 B의 말만 믿고 이용을 한 사람들은 아무 문제가 없을까요? 그렇다면 A는 매우 억울하겠죠?

또, 여러분이 정성을 들여 만든 저작물을 C라는 사람이 자기 것처럼, 사람들에게 '마음대로 사용하세요'라고 공개해 놓은 경우, C의 말만 믿고 이용을 한 D가 아무 책임이 없다고 한다면 여러분은 굉장히 억울하겠죠.

이 경우, 저작권법적으로 보면 D가 고의 또는 과실이 없어도 금지 청구의 대상이 됩니다. 그러나 손해배상은 조금 달라서, 고의, 과실(즉, 정말 권리자가 올린 것인지 확인하지 않은 주의의무 위반)이 있는 경우에만 손해배상 책임을 지게 됩니다.

물론 사안별로 잘 살펴봐야 하겠습니다만, '자유이용 가능하다'라는 조건까지 붙은 저작물을 믿고 이용했다면 고의는 없고, 과실도 인정되기 힘들 것입니다. 그리고 침해를 안 순간 저작물의 이용을 중지한다면 별 문제가 없겠죠.

그래서 정말로 신중하게 저작물을 이용하겠다면, 인용하는 저작물의 라이선스 조건을 확보해 놓는 것이 좋습니다. 만약 나중에 권리자가 나의 저작권 침해를 주장할 때, 해당 캡처를 제시하면서 항변할 수 있으니까요.

사례에서 재민 씨와 나영 씨는 이용조건을 잘 확인하고, 해당 내용도 잘 보관하면 좋겠네요. 나중에 진정한 저작권자가 중지 요구 등을 하면 재민 씨, 나영 씨는 이용을 즉시 중지하고 라이선스 조건을 제시하면 되겠습니다.

22. CCL이란 무엇인가요?

유튜브 콘텐츠를 제작하며 다른 사진, 동영상, 음악, 텍스트가 필요할 때 가장 쉽게 생각할 수 있는 것은 인터넷 자료들이죠? 그러면 이 자료들을 이용할 때마다 SNS 계정 주인, 블로그, 카페 등의 주인에게 모두 연락을 해서 허락을 받아야 할까요? 이러면 이용관계가 너무 복잡해지겠죠?

해결책 중 하나가 CCL(Creative Commons License)인데, 듣기엔 생소할지 모르지만, 보면 금방 '아 그거!'라고 아실 겁니다. CCL은 저작자가 자신의 저작물을 다른 이들이 미리 제시한 조건에 따라 쓸 수 있도록 하는 약식 이용허락(라이선스) 규약 또는 약관이라고 생각하면 됩니다. 즉, CCL은 저작권 이용허락계약의 일종으로서, 약관으로 볼 수 있겠습니다.13

저작권자가 자신의 저작물을 인터넷에 게시할 때 약식의 이용허락 조건인 CCL을 기재하고(청약), 이용자가 해당 조건에 따라 저작물을 이용하면(승낙), 간단한 이용허락 계약이 체결되었으니 저작권 침해 문제는 없겠죠. 한국에서 CCL은 '사단법인 코드'에서 운영, 관리하고 있습니다.14

CCL의 주요 조건을 살펴보면 아래와 같습니다.

저작자 표시(Attribution)
저작자의 이름, 출처 등 저작자를 반드시 표시해야 한다는 조건.
이 조건이 기재되어 있으면 저작물을 복사하거나 다른 곳에 게시할 때도 반드시 저작자와 출처를 표시해야 한다.

비영리(Noncommercial)
저작물을 영리 목적으로 이용할 수 없다는 조건.
따라서 영리목적의 이용을 위해서는 저작권자와 별도의 계약이 필요하다.

변경금지(No Derivative Works)
저작물을 있는 그대로 이용해야 한다는 조건.
따라서 저작물을 변경하거나 저작물을 이용해 2차 저작물을 만드는 것이 금지된다.

동일조건변경허락(Share Alike)
2차 저작물 창작을 허용하되, 2차 저작물에 원 저작물과 동일한 라이선스를 적용해야 한다는 조건.

자, 그렇다면 송송이네 가족은 위 CCL에 따라서 인용만 하면 나중에 곤욕을 치를 일은 없겠네요. 실제로 어떤 식으로 적용이 될지는 다음 장에서 볼까요?

23. CCL, 어떻게 이용하면 되나요?

CCL은 인터넷상 콘텐츠 이용 시 매우 간편하고 유용한 도구입니다. 그러면 실제로 CCL 라이선스가 어떻게 표시되고 그 의미는 무언지 살펴볼까요?

우선, 상당히 너그러운 라이선스의 예를 볼까요?

이 조건에 따르면 : 저작자와 출처를 표시하기만 하면 영리적(상업적) 이용이 가능하고, 이 저작물을 변경하거나 이를 이용해 2차적저작물을 만들 수도 있으며, 2차적저작물의 라이선스도 마음대로 정해도 된다는 내용입니다. 결국, 저작자와 출처만 표시한다면, 별다른 제한 없이 자유롭게 이용할 수 있습니다.

가장 엄격한 라이선스의 예를 살펴볼까요?

이 조건에 따르면 : 저작자와 출처를 표시해야 하고, 영리적(상업적) 이용을 할 수 없으며, 이 저작물을 변경하거나, 이를 이용해 2차적저작물을 만들 수 없다는 것입니다.

그렇다면, 아무런 제한이 없는, 완전 자유 사용을 하도록 해주는 CCL도 있을까요?

이 조건에 따르면 : 'Public Domain' 즉 공유의 영역에 있다, 관련된 모든 권리 주장을 포기한다는 표시입니다.

CCL 표시가 없는 인터넷 콘텐츠는 어떨까요? '마음대로 써도 된다'가 아니고, 원칙으로 돌아가서 '저작자의 허락 없이 이용할 수 없다'가 됩니다.

그러면 해당 사례의 송송이 가족도, 저작물에 기재된 CCL 표시를 잘 보고 그에 따라 이용한다면 별문제가 없겠습니다.

저작물을 이용할 때, 조건을 캡처해두면 좋겠다는 이야기는 앞서 몇 번 언급했죠?

24. 국가나 지자체의 저작물을 사용할 때 주의할 점은 무엇일까요?

중앙 정부 기관이나 지방자치단체의 콘텐츠를 유튜브에 쓰고 싶은 경우에 어떻게 해야 할까요? 이런 경우에도 돈을 내고 허락을 받아야 할까요? 정부나 지자체는 우리 세금으로 운영되는 곳이고 그곳의 저작물도 우리 세금으로 만든 것인데 돈을 또 내야 한다니 억울하지 않나요? 그래서 저작권법은 이런 저작물은 국민이 자유롭게 쓸 수 있도록 제한 사유를 두고 있습니다. 즉, 저작권법에서는 '국가 또는 지방자치단체가 업무상 작성하여 공표한 저작물', '계약에 따라 저작재산권의 전부를 보유한 저작물'을 (국가안전보장에 관한 정보 등 몇 가지 예외적인 경우를 제외하면) 허락 없이 이용할 수 있다고 규정합니다(제24조2 제1항). 공공기관의 경우에도 마찬가지로 '공공기관이 업무상 작성하여 공표한 저작물'이나 '계약에 따라 저작재산권의 전부를 보유한 저작물'은 저작물의 이용 활성화 시책을 수립, 시행하도록 했습니다(제24조의2 제2항). 특정 조직이 공공기관인지의 여부는 법에 따라 지정되는 것으로, 인터넷 검색을 하면 알아볼 수 있습니다.

여전히 규정이 어렵죠? 이런 공공저작물의 내용을 확인하고 이용 여부를 알아볼 수 있는 사이트가 있는데, 바로 '공공누리' 사이트'입니다(http://www.kogl.or.kr).

해당 사이트에서는 국가, 지방자치단체, 공공기관이 저작권을 보유한, 자유이용이 가능한 저작물을 검색할 수 있는 형태로 소개하고, '추천공공저작물' 등을 적극적으로 알려주기도 합니다. 위 사이트에서는 자유이용이 가능한 공공저작물에 관하여, 앞에서 본 'CCL'과 비슷하게 '공공저작물 자유이용 허락 표시제도'를 통해 소개하고 있습니다. 각 기관 사이트에 가서도 해당 표시를 확인하고 이에 따라 이용하면 됩니다. 자세한 내용은 위 '공공누리' 사이트를 확인하세요.

그렇다면 재민 씨, 나영 씨는 위 공공누리 사이트에 가서 이미지를 검색하고, 조건에 따라 이용한다면 국가, 지자체, 공공기관의 저작물을 부담 없이 이용할 수 있겠네요.

제1유형	제2유형	제3유형	제4유형
OPEN 공공누리 출처표시	OPEN 공공누리 공공저작물 자유이용허락	OPEN 공공누리 공공저작물 자유이용허락	OPEN 공공누리 공공저작물 자유이용허락
출처표시	출처표시+상업적이용금지	출처표시+변경금지	출처표시+상업적이용금지+변경금지

25. 아무리 노력해도 저작자를 찾을 수 없을 때는 어떻게 해야 하나요?

후덕 씨처럼 유튜브 콘텐츠를 만들면서 어떤 저작물을 꼭 이용하고 싶은데, 저작자와 연락이 안 되고 연락처도 알기 힘들다면, 어떻게 해야 할까요?

이 경우 내가 아무리 노력해도 저작자를 알 수 없으니 그냥 써도 될까요? 아닙니다. 기본적으로는 아무리 노력해도 저작자를 알 수 없다면 쓰면 안 됩니다. 저작물을 이용하려면 저작권자의 허락을 받아야 하기 때문입니다.

실제로 제가 법률상담을 하면서, 불과 20여 년 전에 소설과 영화로 꽤 이름을 떨친 작품을 연극과 뮤지컬로 만들려 했는데 도저히 원작자를 찾기 힘들다는 상담을 받은 사례도 있었습니다. 너무 뻔하고 쉽게 찾을 수 있을 것 같은데(한두 다리 건너면 다 수소문이 될 것 같은데) 그게 안 되는 것을 보고 깜짝 놀랐습니다.

그러면 저작자의 연락처를 알 수 없다면 어떻게 할까요? 저작권법은 이런 경우 '법으로 정해진 허락', 즉 법정허락을 받도록 했습니다.

저작권법에서 정해진 규정은 '저작재산권자 불명인 저작물의 이용'(제50조)입니다. 해당 규정에서는 *"누구든지…상당한 노력을 기울였어도 공표된 저작물…의 저작재산권자나 그의 거소를 알 수 없어 그 저작물의 이용허락을 받을 수 없는 경우에는…문화체육관광부장관의 승인을 얻은 후 문화체육관광부장관이 정하는 기준에 의한 보상금을 공탁하고 이를 이용할 수 있다."*라고 규정합니다.

이때는 법규에서 정해진 보상금을 '공탁'하고 저작물을 이용하면 됩니다. 권리자에게 실제 이용허락료를 지불하는 것이 아니라 정해진 보상금을 공탁하는 것이죠. 나중에 저작권자가 '왜 내 허락도 없이 저작물을 이용했느냐?'라고 따지면 '나는 이미 법정허락을 받았다'고 주장해서 침해 책임을 피할 수 있는 것이죠.

관련된 자세한 내용은 한국저작권위원회가 운영하는 '권리자 찾기 정보시스템'을 확인하시면 됩니다(www.findcopyright.or.kr).

그렇다면 사례의 후덕 씨는 허락 없이 '고고~'할 것이 아니라, '권리자 찾기 정보시스템'에 가서 절차에 따라 보상금을 공탁하고 저작물을 이용해야 하겠습니다.

26. 돌아가신 분의 저작물, 내 유튜브 콘텐츠에 써도 될까요?

원저작자가 존재했지만, 지금은 저작권이 소멸한 저작물은 저작권의 제한 없이 이용할 수 있습니다.

현재 우리 저작권법상 원작자가 사망한 후 70년이 되면 저작권(보다 정확히 말하면 저작재산권)이 소멸하기 때문에 저작물을 자유롭게 사용할 수 있습니다. 예를 들어 조선시대(1910년 이전) 창작된 그림은 아마도 화가가 사망한 후 70년이 넘었을 것이므로, 자유롭게 쓸 수 있을 것입니다.

역사적으로 보면 최초의 저작권법이라고 할 수 있는 영국 앤 여왕법(Statute of Anne, 1710)이 공표된 이후 저작권의 보호 기간은 점점 늘어났는데, 현재와 같이 저작권의 보호 기간이 저작자의 사후 70년이 된 것은 주로 미국의 입김(?) 때문입니다. 미국에서는 미키마우스의 저작권 보호 기간이 만료되려고 할 때마다 저작권의 보호 기간이 늘어난다고 하죠.

보호 기간을 사후 70년으로 하는 개정법은 2011년 6월 30일 개정되었는데, 부칙[15]상 이 법 시행 이전에 보호되는 권리가 소멸된 경우, 이전 법의 적용을 받게 되었습니다.

그래서 따져 보면 개정법 이전은 저작권 보호 기간이 저작자 사후 50년이므로, 2013년 7월 1일을 기준으로, 1962년 12월 31일 이전 사망자는 저작권의 보호 기간이 소멸하였습니다.[16] 다소 복잡하지만, 결론만 요약하면 '1963년 1월 1일 이전에 돌아가신 분들의 저작물은 사용해도 문제가 없다!'입니다.

그리고 또 하나, 사망 후 70년이면 저작권이 소멸된다고 할 때 저작권은 정확히 말하면 '저작재산권'이 소멸했다는 의미이고, 저작인격권도 소멸하는지는 명확한 규정이 없으므로 가급적 이름은 표시해 주면 좋습니다(성명표시권).

사례에서 재민 씨는 인용하려는 사람이 언제 사망했는지 확인한 다음, 1963년 1월 1일 이전에 돌아가신 저자라면 에세이를 낭독해도 문제없겠습니다.

미주 ▶ⓒ

1. '대여권'은 '상업적 목적으로 공표된 음반'과 '상업적 목적으로 공표된 프로그램'에만 인정된다(제21조).
2. 저작권법 제30조(사적이용을 위한 복제)
3. 대법원 2014. 5. 29. 선고 2013도7228 판결.
4. 다만, 좀 특수한 사안이지만, 대법원은 포털의 섬네일 이미지처럼 오로지 타인의 저작물을 인용하는 경우에도 본 규정을 적용하기도 하였다. 대법원 2006. 2. 9. 선고 2005도7793 판결.
5. Neil Weinstock Netanel, 'Copyright's Paradox', Oxford University Press(2008), 66면.
6. 김인철, '미국 저작권청 Fair Use Index', 한국저작권위원회(2019)
7. https://gongu.copyright.or.kr
8. http://www.kogl.or.kr
9. https://images.google.com
10. https://www.pixabay.com
11. 라이선스 조건은 바뀔 수 있으니 잘 확인해야 한다. https://pixabay.com/ko/service/license/
12. 허팝, 강전희, 안정기, '허팝과 함께하는 유튜브 크리에이터 되기', 한빛미디어(2017), 131면 이하에서는 'pixabay', 'PIXLP', "PicMonkey", "WeVideo", 'freesound' 등 사이트를 소개하고 있다. 김혜주, '된다! 김메주의 유튜브 영상 만들기', 이지스퍼블리싱(2018), 187면 이하에서는 이미지, 영상, 배경음악, 효과음, 폰트로 장르를 나누어 다수의 무료 사이트를 소개하고 있다.
13. 김윤명, '1인 미디어 시대의 저작권 100문 100답', 지앤선(2016), 88면.
14. http://ccl.cckorea.org 본문 내용 중 많은 부분은 이 사이트에서 인용한 것으로, CCL에 관한 자세한 내용을 소개하고 있다.
15. 2011. 6. 30. 개정 저작권법 부칙 제2조. 한-EU FTA 발효일인 2011. 7. 1.부터 2년째 되는 날인 2013. 7. 1. 시행.
16. 1962. 12. 31. 사망자의 경우, 다음 해인 1963. 1. 1.부터 계산하여 50년이 되는 2012. 12. 31. 보호기간이 만료된다.

유튜브 콘텐츠 만들기

분야별로 나눠보기

27. 폰트, 대체 뭐가 문제인가요?
28. 저작권 문제가 없는 폰트는 어떤 게 있을까요?
29. '개인용' 폰트를 유튜브에서 쓰면 안 되나요?
30. 폰트를 정식으로 구매한 사람이 만들어준 영상도 문제가 될까요?
31. 유튜브에서 이미지 사용, 뭘 조심해야 할까요?
32. 저작권 문제가 없는 이미지, 어떻게 찾을까요?
33. 구입한 그림을 보여주는 것도 조심해야 한다고요?
34. 누가 찍어도 그렇게 나올 사진인데, 이것도 문제가 될까요?
35. 내 유튜브 콘텐츠 배경에 우연히 찍힌 미술품, 우연히 들린 음악, 문제가 될까요?
36. 유튜브 음악 사용, 무엇이 문제가 되나요?
37. 이미 나와 있는 음반의 노래를 유튜브 콘텐츠에 사용하려면 어떻게 해야 하나요?
38. 기존의 유명한 노래를 내가 '커버곡'으로 부른다면?
39. 돌아가신 지 오래된 작사/작곡자의 곡을 유튜브에 써도 문제가 될까요?
40. 유료 사이트에서 구매한 음악, 유튜브 콘텐츠에 쓸 수 있나요?
41. 라이선스를 확인하지 않아서 채널이 삭제됐다니?
42. 게임 속의 영상을 인용해도 될까요?
43. 게임을 플레이하는 영상으로 유튜브 콘텐츠를 만들어도 될까요?
44. 다른 사람의 게임플레이 영상으로 유튜브 콘텐츠를 만들면 문제가 될까요?
45. 다른 영화나 드라마를 일부 인용할 때 주의할 점은 어떤 것이 있을까요?
46. 옛날 영상물을 재가공해 새로운 영상물을 만들어도 될까요?
47. 유명 시나 소설로 콘텐츠를 만들면 문제가 될까요?
48. 책 소개 유튜브 콘텐츠, 어떤 문제가 있을까요?
49. 신문기사, 서적을 비판하는 유튜브 콘텐츠는 무엇을 주의해야 할까요?
50. 신문기사 이용과 공정이용 실제 사례

27. 폰트, 대체 뭐가 문제인가요?

센스 있는 예쁘고 인상적인 자막만으로도 콘텐츠가 확 좋아 보이죠? 그래서 예능 프로그램들도 자막에 신경을 많이 쓰고요.

우리 법상 손으로 쓴 글자는 저작물로서 보호되지만, 컴퓨터로 생성되는 글자체(폰트)는 '저작물'이 아니라 '컴퓨터프로그램' 또는 '디자인'으로 보호됩니다. 그런데 현재 우리 저작권법은 컴퓨터프로그램도 보호하므로, 결국 폰트도 저작권법으로 보호가 되죠. 다소 복잡하죠?

한편, 폰트를 디자인권 등록을 하면 디자인보호법으로 보호가 되는데, 폰트의 '사용'은 면책이 되므로[1], 실무상 폰트의 보호는 저작권법에 의한 보호가 문제가 됩니다.

폰트는 상당한 비용과 시간을 들여 만든 컴퓨터프로그램으로서, 이용방법과 조건을 걸고 이용을 허락하고 있으니 이용자는 이용허락 조건에 따라 이용하면 됩니다. 유료로 판매하는 폰트를 정식으로 구매하지 않고 불법적으로 다운로드 받거나 복사해서 사용하면 저작권 침해(컴퓨터프로그램의 저작권 침해)입니다.

그런데 흔히 오해하는 점은 특정 폰트가 사용되어 찍혀 나온 결과물이 저작권 침해가 되는가의 여부입니다. 폰트는 컴퓨터프로그램으로 보호받기 때문에, 폰트의 직접 이용(복제, 전송 등)이 아닌, 폰트가 사용된 결과물(영상, 동영상)은 저작권법으로 보호받지 못합니다.[2] 이는 폰트 파일이 이용된 결과물인 이미지 파일을 이용한 것이지, 폰트 파일을 이용한 것이 아니기 때문입니다. 이에 대해서는 뒤에서 자세히 봅니다.

최근 정부에서 발간된 '글꼴 파일 저작권 바로 알기' 문서를 인터넷에서 쉽게 찾을 수 있는데, 폰트 관련 문제를 상당히 폭넓게, 알기 쉽게 다루고 있으니 참고하시면 좋겠습니다.

해당 사례의 희진 씨가 폰트들을 함부로 불법 다운로드받거나 다운로드한 폰트를 사용하면 위험할 수 있겠네요. 안전하게 저작권 문제가 없는 폰트만 사용하세요!

28. 저작권 문제가 없는 폰트는 어떤 게 있을까요?

폰트를 이용할 때는 이용허락 조건(라이선스 조건), 즉 사용범위를 잘 살펴서 그것에 따라서 이용하면 됩니다.

고맙게도 이용허락 조건에 아무런 제한이 없는 폰트들을 제작, 배포하는 업체들이 늘고 있습니다. '무료 폰트'라고 부르는 이러한 폰트들은 대체로 상업적 이용까지 허락하면서 다른 사람에게 대가를 받고 파는 것(유상판매)만을 금지하고 있습니다.

한국저작권위원회에서는 '김훈체', '은영체', '박경리체' 등을 배포하고 있습니다. 네이버, 다음, 구글 등 포털사이트에서도 '나눔체' 등 많은 폰트의 제작, 배포를 오래전부터 시행하고 있습니다. 많은 지방자치단체들 또한 무료 폰트를 제작, 배포하고 있고, 일부 사기업들도 이런 활동에 동참하고 있습니다.

사이트를 통해 폰트를 배포받으면 라이선스 조건, 즉 사용범위를 잘 보고 사용해야 하겠습니다.

예전에 문제가 되었던 사례를 하나 보겠습니다. 아래아 한글, 마이크로소프트 등 오피스 프로그램을 설치할 때 번들로 제공되어 자동 설치되는 폰트 파일을 동영상에 사용해도 될까요? 2014년 판례에서 법원은 이렇게 폰트 회사의 폰트가 워드 또는 오피스 프로그램에 번들로 제공되어 자동 설치되는 경우, 프로그램 제작자에게 서체 파일에 대한 라이선스를 부여한 폰트 회사들이 이런 과정을 묵시적으로 허락하였으므로 동영상에 자막으로 사용해도 저작권 침해가 아니라고 보았습니다.[3]

그러나 판례도 바뀔 수 있고, 위 사례를 일반화시키기도 힘들 것 같습니다. 이 문제는 프로그램 설치 시 약관을 확인해야 하는데, 폰트를 해당 프로그램의 사용에만 한정하고 있는 경우에는 다른 프로그램에서 사용한다면 약관 위반의 문제가 생길 수 있습니다. 돌다리도 두들겨보고 건너라는 마음으로 가급적 안전하게 사용하는 것이 좋습니다. 보수적으로, 아무런 문제가 없는 폰트들을 사용하는 것이 좋겠네요.

해당 사례의 경우, 희진 씨와 인영 씨는 인터넷에서 무료 폰트를 찾아 사용하되, '개인 및 기업 사용자를 포함하여 모든 사용자에게 무료 이용을 허락하는' 폰트로 찾아 쓰면 좋겠습니다.

29. '개인용' 폰트를 유튜브에서 쓰면 안 되나요?

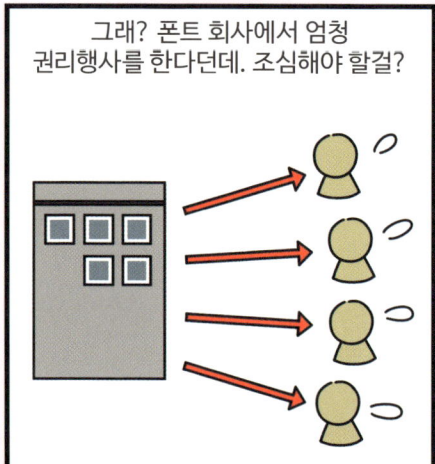

누리 씨가 책임을 질지는 두 가지를 생각해봐야 합니다.

포털에 가면 무료 폰트를 여러 종류 다운로드 받을 수 있습니다만, 해당 화면을 자세히 살펴보면 '사용범위'라고 하여 '개인이 비상업적으로 사용하는 것에 한하며, 기업이나 기관 및 단체 등의 사용자가 사용하는 것은 불가합니다.'라는 취지로 쓰여 있는 경우가 많습니다. 그러면 '개인용' 또는 '비상업적'으로 라이선스 조건이 붙어 있는 폰트를 유튜브에서 사용해도 될까요? 물론 케이스 바이 케이스이지만, 사용하면 위험하다고 생각합니다.

우선, 유튜브로 수익을 올릴 수 있음은 널리 알려져 있고, 현재는 그렇지 않다고 해도 언제든지 그럴 가능성이 있죠.

또한, '개인적 사용'이란 대체로 개인 또는 그 주위의 한정된 범위의 사람이 이용하는 정도를 예상하는 듯한데, 유튜브 영상은 인터넷으로 전 세계인 누구나 볼 수 있을 정도로 공개가 되니까요.

또한, 법적으로 안전하게 저작물을 이용하기 위해서는 가급적 이런 조건은 보수적으로 (즉, 이용자에게 불리하게/저작권자에게 유리하게) 해석함이 좋습니다. 논란의 여지가 있으면 법원까지 가서 다퉈야 하는 법적 위험성이 있죠.

하나 더, 이렇게 '비상업적' 용도로만 허락된 것을 상업적 용도로 사용하면 이것은 저작권 침해일까요, 아니면 단순히 라이선스(계약조건)의 위반일까요?

최근 대법원은 *"복제를 허락받은 사용자가 저작재산권자와 계약으로 정한 프로그램의 사용 방법이나 조건을 위반하였다고 하더라도, 위 사용자가 계약 위반에 따른 채무불이행 책임을 지는 것은 별론으로 하고 저작재산권자의 복제권을 침해하였다고 볼 수는 없다."* 라고 판시하였습니다.[4]

대법원 판례 취지를 보면, 이런 조건 위반의 경우 민법상 계약위반이 문제가 되지, 저작권 침해 문제는 아닙니다. 최초에 폰트 회사가 제시한 조건과 방법(개인적 또는 비상업적)으로 다운로드 받고, 이를 위반해 상업적으로 이용했다 해도 저작권 침해는 아니므로 '저작권법위반죄'의 형사책임은 지지 않습니다. 물론, 민사책임(손해배상 등)은 져야 할 수 있겠지요.

그렇다면 사례의 누리 씨는 계약 위반의 민사상 문제는 있을 수 있겠지만, 형사고소로 처벌이 되지는 않겠습니다.

30. 폰트를 정식으로 구매한 사람이 만들어준 영상도 문제가 될까요?

제가 저작권 쪽 변호사를 하다 보니 여러 저작권 상담을 많이 받는데요, 요즘에는 폰트 문제로 상담이 많습니다. 인터넷이 없고 책만 나오던 시절에는 폰트나 저작권이 별문제가 되지 않았는데, 이제 이런 상황이 되니 반갑기도 하지만(일이 많아져서? ^^;) 한편으로는 다소 걱정스럽기도 합니다.

해당 사례처럼, A가 폰트를 구입하여 갖고 있는데, B를 위해서 폰트를 사용한 이미지를 만들어줘서 B가 사용한 경우를 생각해보죠. 전형적으로 웹디자인 회사에서 이런 일이 있겠죠? A라는 웹디자인 회사가 상당한 돈을 주고 폰트를 구입한 다음, B라는 고객을 위해서 이미지를 만들면서 폰트를 썼고, B가 폰트가 들어간 이미지를 사용한다…. 이럴 때 폰트 회사가 B에게 '당신이 내 저작권을 침해했소!'라고 문제 삼을 수 있을까요?

두 가지로 생각해볼 수 있겠습니다. 우선, '적법하게 구입한 사람은 해당 폰트를 자기만을 위해 사용할 수 있고, 다른 사람을 위해 사용할 수 없다'는 식의 약관이나 계약이 있을 수 있겠지만, 흔하지는 않은 듯합니다. 그렇다면 A가 B를 위해 이미지를 만들어 주어도 계약 책임 문제는 없겠습니다. 만약 그런 계약이 있다면? 이때에도 폰트 회사와 계약을 한(약관에 따라 구매한) 당사자인 A가 책임을 질 문제이지, 계약 당사자가 아닌 B가 책임을 질 일은 아닙니다.

다른 측면에서도 B는 문제가 없어 보입니다. 앞서 간단히 말씀드렸지만, 우리 저작권법상 폰트는 '저작물'로 보호받지 못하고 '컴퓨터프로그램'으로 보호받습니다.

폰트가 컴퓨터프로그램으로 보호받는 결과, 폰트의 직접 이용(복제, 전송 등)이 아닌, 폰트가 사용되어 버린 결과물(영상, 동영상)은 저작권법으로 보호받지 못합니다.[5] 폰트가 적용된 결과물인 이미지 파일을 이용한 것이지, 폰트 파일을 이용한 것이 아니기 때문입니다.

따라서 사례의 용준 씨, 승식 씨(설명에서의 B)는 저작권 침해 책임을 지지는 않겠습니다. 폰트 회사에도 이런 내용을 강하게 어필해야겠죠~!

31. 유튜브에서 이미지 사용, 뭘 조심해야 할까요?

저작권법의 기본은 '타인이 만든 저작물을 쓰려면, 권리를 확보하고 이용해야 한다'는 것이고, 권리 확보 방법은 기본적으로 ① 저작권을 양도받거나, ② 저작물의 이용허락을 받는 것입니다. 타인이 만든 이미지를 쓰고 싶다면 저작권 양도를 받거나 이용허락을 받아야 하고, 그렇지 않으면 저작권 침해가 되는 것이죠.

이런 원칙을 보여주는 유명한 사건이 '비더레즈(Be the Reds)' 사건입니다. '비더레즈'는 현재 한국저작권위원회 저작권 등록 사이트에 창작 일자가 2001. 9. 5.인 미술저작물로 등록되어 있습니다(등록번호 C-2002-001966).

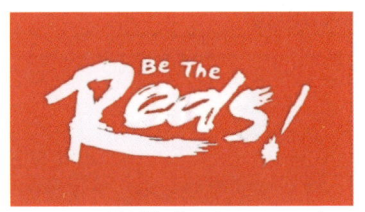

© 2002. 박영철 All Rights Reserved.

아시겠지만, 이 이미지는 2002년 월드컵 당시 티셔츠 등에 삽입되어 엄청나게 인기를 끌었고, 2002년 월드컵의 상징 같은 아이콘이 되었죠.

모 스톡 이미지 사이트에서 'Be the Reds' 이미지가 들어간 티셔츠를 입은 모델들 사진을 찍어서 유료로 판매를 했는데(이미지를 빌려줌), 이때 저작권 침해 여부가 문제가 되었습니다. 생각하기에 따라서는 '아니, 2002년 당시 누구나 입고 응원하던 티셔츠의 이미지이고, 2002년 당시를 재현하기 위해서는 누구나 생각하는 이미지인데, 이걸 저작권으로 보호한다?' 좀 의아할 수도 있겠죠.

그러나 우리 법원은 몇 차례 유죄-무죄 판단을 달리하다가 결국 대법원에서 최종적으로 "사진 촬영이나 녹화 등의 과정에서 원저작물이 그대로 복제된 경우, …원저작물이 부수적으로 이용되어 비중이나 중요성이 경미한 정도가 아니라 새로운 저작물에서 원저작물의 창작적인 표현형식이 그대로 느껴진다면 저작권 침해로 보아야 한다."라면서 저작권 침해라고 판단했습니다.[6]

이렇게 타인이 만든 저작물을 다소라도 허락('라이선스 조건', '사용범위'라고도 표시) 없이 이용하면 어이없이 저작권 침해가 될 수 있으니 유의해야 합니다.

사례의 경우 준태 씨가 타인의 이미지를 허락 없이 썼다면, 기본적으로는 타인의 저작권 침해가 될 것입니다. 이용할 정당한 권리(권원)가 있는 경우에만 써야 하는데, 이에 대해서는 이 책의 다른 부분에서 살펴보겠습니다.

32. 저작권 문제가 없는 이미지, 어떻게 찾을까요?

저작권법의 기본은 타인이 만든 저작물을 쓰고자 한다면, 권리를 확보하고 이용해야 한다는 것이죠. 이런 문제에서 자유로울 수 있는 이미지는 어떤 것이 있을까요? 몇 가지 유형을 나누어 생각해볼 수 있습니다.

① 우선 자신이 만든 저작물입니다. 타인의 저작물을 베낀 것이 아닌, 내가 창작한 저작물이라면 이용해도 저작권 문제는 없겠죠?
② 다음으로 원저작자가 존재했지만, 지금은 저작권이 소멸한 저작물입니다. 현재 우리 저작권법상 원작자가 사망한 후 70년이 되면 저작권이 소멸하기 때문에 자유롭게 사용할 수 있습니다. 앞서 말씀드렸듯이, 1963. 1. 1. 이전 사망자의 그림은 저작권이 소멸하였습니다.
③ 다음으로 인류 또는 우리 조상의 문화로서 내려오는 등으로 사실상 누구나 사용할 수 있는 영역(이를 'Public Domain'이라고도 합니다)에 있는 작품들입니다. 예를 들어서 고찰의 불화, 고구려 고분 벽화의 그림, 고려 시대 청자에 그려진 그림 등이 그러한 것이겠죠.
④ 저작자가 저작권을 포기한 저작물의 경우도 문제가 없습니다. 이런 저작물이 있을까? 의문이 생길 수 있겠지만 실제로 이런 이미지도 존재합니다.
⑤ 또는 저작자가 일정한 조건을 붙여 이용을 허락한 저작물의 경우도 문제가 없습니다. 예를 들어서 작가가 '내 이름 표시를 정확히 한다면, 상업적으로도 사용해도 된다'고 허락한 경우, 이름 표기만 정확히 한다면 문제가 없겠습니다.

하나 주의해야 할 것은 '저작자가 누군지 알 수 없는 저작물(이미지)'입니다. 이때는 저작자가 누군지 알 수 없으니 그냥 사용해도 되는 것 아니냐고요? 아닙니다. 이때에도 '법정허락' 즉, 법에서 정한 허락을 얻어야 한다고 했죠?

해당 사례의 희진 씨도 당사자의 허락(또는 법정허락)을 얻거나, 위와 같이 문제없는 저작물을 이용하면 되겠습니다.

33. 구입한 그림을 보여주는 것도 조심해야 한다고요?

타인의 그림을 유튜브 콘텐츠에서 보여주면 전송, 2차적저작물작성 등 저작권 침해 문제가 됩니다.[7] 내가 구입한 그림이라면 어떨까요? 내가 돈을 내고 적법하게 산 그림이므로 문제가 되지 않을까요?

내가 누군가의 그림을 사면 그림의 소유권만 넘어오지, 저작권이 넘어오는 것이 아닙니다. 따라서 저작권은 여전히 원저작자에게 남아 있습니다(이론상으로는 그림을 사면서 그림의 저작권도 같이 사는 것도 생각해볼 수 있겠지만, 이런 거래를 하는 경우는 없을 듯합니다).

그런데 그렇다면 내가 산 그림을 내가 다른 사람에게 보여주지도 못한다는 건가? 내가 산 그림을 갖고 미술관을 꾸며 사람들에게 보여주는 것도 안되는가? 하는 의문이 생길 수 있습니다. 네, 문제가 될 수 있습니다.

문제가 안 되는 경우는 '그림 원본'을 '실물로 전시'하는 경우입니다. 즉, *"미술저작물 등의 원본의 소유자나 그의 동의를 얻은 자는 그 저작물을 원본에 의하여 전시할 수 있다. 다만, 가로·공원·건축물의 외벽 그 밖에 공중에게 개방된 장소에 항시 전시하는 경우에는 그러하지 아니하다."*(제35조 제1항)라는 것입니다.

즉, 그림의 '원본'을 가진 사람은 실물을 전시할 수 있지만, 그 경우에도 '공중에게 개방된 장소에 항상 전시'할 수는 없습니다.

그런데 타인의 그림을 유튜브 콘텐츠에서 보여준다면, 이는 '전시'라 해도 '공중에게 개방된 장소에 항시 전시하는 것'이 되고, 유튜브의 전시는 전시가 아니라 전송, 공연에 해당하므로 저작권 침해가 되겠습니다.

따라서 사례의 후덕 씨는 복사본은 물론, 원본 그림을 갖고 있다고 해도 이 그림을 유튜브 동영상에서 보여줄 경우, 저작권 침해가 될 듯합니다. 미술관은 저작권법 규정에 따라 전시가 허용되는 사례니까 약간 경우가 다릅니다.

다만, 이 책의 다른 부분들에서 보는 바와 같이 '공표된 저작물의 인용', '공정이용' 등의 경우는 문제가 되지 않습니다. 저작권법은 전체를 알아야 통일적으로 이해할 수 있으니 어렵죠?

34. 누가 찍어도 그렇게 나올 사진인데, 이것도 문제가 될까요?

사진은 저작물의 한 종류로 저작권법에 규정되어 있습니다.(제4조 제1항 제6호) 따라서 사진을 찍은 사람의 허락 없이 사진을 사용하면 원칙적으로 저작권 침해가 될 것입니다. 그런데 정말 간단하고 누가 찍어도 그렇게 나올 수밖에 없는 사진에도 문제가 될까요?

이 점은 사진의 약간 특이한 성격 때문에 문제가 됩니다. 스마트폰의 카메라를 생각해 보면, 스마트폰만 들고 아무런 생각 없이 버튼만 눌러도 간단하게 사진이 찍히죠? 심지어 말도 잘 못 하는 아기도 이런 식으로 아무 문제 없이 사진을 찍을 수 있습니다.

저작권법상 저작물은 '인간의 사상 또는 감정을 표현한 창작물'이므로(제2조 제1호), '창작성'이 필요합니다. 그런데 이렇게 아무 생각 없이 스마트폰을 누르는 행동에는 창작성 또는 '사상 또는 감정의 표현'을 인정하기 힘들 것입니다. 따라서 사진은 독특하게 요구하는 요건이 있습니다.

즉, 대법원은 "저작권법에 의하여 보호되는 저작물이기 위하여는 … 요건으로서 창작성이 요구되는바, … 피사체의 선정, 구도의 설정, 빛의 방향과 양의 조절, 카메라 각도의 설정, 셔터의 속도, 셔터찬스의 포착, 기타 촬영방법, 현상 및 인화 등의 과정에서 촬영자의 개성과 창조성이 인정되어야 저작권법에 의하여 보호되는 저작물에 해당된다."고 합니다.[8]

예를 들어 보면, 서울 광화문 사진을 찍을 때, 렌즈를 잘 선택하고, 광화문을 생생하게 드러낼 수 있는 부분을 골라, 역광을 피하는 등 빛도 잘 고려하여 절묘한, 회심의 순간에 누른 사진은 저작물로 보호가 될 수 있습니다. 그러나 그게 아니라 그냥 세종대왕상을 중앙에 놓고 '누가 찍어도 그 정도는 나올' 사진을 찍었다면 보호되기 힘들다는 것입니다.

사례에서 재민 씨가 고른 사진이 정말 간단하고 누가 찍어도 그렇게 나올 수밖에 없는 사진이라면 저작물로 보호될 수 없으니, 허락 없이 유튜브에서 이용해도 별문제가 없겠습니다. 물론 그런 판단은 신중해야 하겠지만요~.

35. 내 유튜브 콘텐츠 배경에 우연히 찍힌 미술품, 우연히 들린 음악, 문제가 될까요?

'이런 것도 문제가 될까?' 놀라겠지만 저작권 침해가 될 수 있고 실제 사례도 있습니다. 즉, 미술저작물이 허락 없이 유튜브 콘텐츠 안에 포함되면 저작권 침해가 될 수 있습니다.

하지만 야외에 항상 전시되는 미술작품, 조각품의 경우까지 제한 없이 저작권을 인정하면 심각한 문제가 생길 수 있습니다. 이를 배경으로 사진을 찍거나 동영상을 찍어도 저작권 침해가 되거든요.

그래서 저작권법에 예외규정이 있는데, 요컨대 '가로(길거리)·공원·건축물의 외벽 그 밖에 공중에게 개방된 장소에 항시 전시하는 미술저작물'은 일정한 예외를 제외하면 복제해서 이용할 수 있다는 것입니다(제35조 제2항).

그런데 '일반 사람들에게 개방된' 건물 내에 전시된 미술저작물도 위 규정에 포함되는지, 즉 건물 로비에 걸린 미술품이 CF에 포함된 경우 저작권 침해가 되는지가 사건화되었습니다. 법원은 이 경우는 일반 사람들이 쉽게 볼 수 있는 곳이라고 할 수 없다며, 해당 규정이 적용되지 않는다, 즉 이 경우에는 미술품 저작권자의 허락을 받아야 한다고 보았습니다.[9]

그런데 2019. 10. 30. 국회에서 통과된 개정 저작권법은 제35조의3(부수적 복제 등)이라는 제목으로 "사진 촬영, 녹음 또는 녹화…를 하는 과정에서 보이거나 들리는 저작물이 촬영 등의 주된 대상에 부수적으로 포함되는 경우에는 이를 복제·배포·공연·전시 또는 공중송신할 수 있다. 다만, 그 이용된 저작물의 종류 및 용도, 이용의 목적 및 성격 등에 비추어 저작재산권자의 이익을 부당하게 해치는 경우에는 그러하지 아니하다."라는 내용을 담고 있습니다.

이 개정법 법안이 효력을 발생하면 실내나 실외 여부를 떠나 유튜브 촬영을 하면서 보이는 저작물이 부수적으로 포함되어도 문제가 안 되겠습니다. 다만 그 촬영 결과 저작권자의 이익을 해치는 정도가 되면 안 되겠네요. 어지간한 경우라면 그런 일은 없겠죠?

따라서 사례의 고연 씨는 해당 조항이 발효되는 2020년 5월 27일 이후에는 별문제 없이 유튜브를 상영할 수 있겠지만, 그 이전에는 자칫 미술가의 저작권 침해 시비에 말릴 수도 있겠습니다.

36. 유튜브 음악 사용, 무엇이 문제가 되나요?

유튜브 콘텐츠에서 영상 못지않게 중요한 것이 음악입니다. 타인이 권리를 가진 음악을 사용하려면 권리자의 허락을 받아야 하는데, 음악은 특히 권리관계가 까다로워 복잡합니다. 이런!

음악은 흔히 3중(3층)의 권리구조를 갖고 있다고 합니다.[10] 즉, 작사자/작곡자(작곡을 하거나 작사를 하는 사람), 실연자(노래를 부르고 연주하는 사람), 음반제작자(음반을 제작하는데 전체적으로 기획하고 책임을 지는 사람)를 말합니다. 즉, 이 권리자 3명(3그룹)의 허락을 모두 받아야 하므로 상당히 복잡하죠.

구분	작사자/작곡자	실연자	음반제작자
저작권법상 지위	저작권자	저작인접권자	저작인접권자

가장 간단하게 음악 문제를 해결할 방법은 유튜브에서 제공하는 '유튜브 크리에이터 스튜디오'를 이용하는 것입니다. '오디오 라이브러리'에서 다양한 형태의 무료 음악을 제공하고 있고, 장르, 기분, 악기, 저작자 표시 여부도 선택할 수 있습니다.

그 외에도 'freesound', 'bensound', 'soundbible' 등 무료로 음악을 제공하는 여러 사이트가 존재하는데요, 이런 사이트에서 음악을 골라 사용한다고 해도 허락하는 라이선스 조건을 잘 확인하고 이용하셔야 합니다.

좀 극단적인 방법으로 기존 음악을 포기하고, 새로 작사, 작곡하고 새로 연주를 한 곡을 사용한다면 저작권 침해 문제는 없겠습니다. 포털사이트 등을 잘 검색하면 적당한 대가로 이렇게 곡을 만들어 준다는 사람들도 꽤 있습니다.

또 하나의 방법으로 지적재산권이 소멸한 음원을 이용하는 방법이 있습니다. 우리 법상 저작권자(작사가, 작곡자)는 사후 70년까지(제39조 제1항), 실연의 경우는 실연을 한 다음해부터 70년간, 음반의 경우 음반을 발행한 다음해부터 70년간 저작인접권이 존속합니다. (제86조 제2항) 따라서 작사가, 작곡가, 실연자, 음반제작자의 권리 보호 기간이 모두 소멸한 음원을 사용한다면 역시 문제가 없겠습니다.

해당 사례에서 인영 씨는 유튜브 크리에이터 스튜디오의 오디오 라이브러리에서 음악을 찾거나 또는 다른 방법으로 문제없는 음악을 찾아봐야겠네요.

37. 이미 나와 있는 음반의 노래를 유튜브 콘텐츠에 사용하려면 어떻게 해야 하나요?

유튜브 콘텐츠에 들어가는 음악이 매력적이라면 콘텐츠도 가치가 올라가겠죠?

앞에서 보았지만, 음악은 '3중(3층)의 권리구조'가 있어 권리관계가 상당히 복잡합니다. 즉, ① 작사자/작곡자(작곡을 하거나 작사를 하는 사람), ② 실연자(노래를 부르고 연주하는 사람), ③ 음반제작자(음반을 제작하는데 전체적으로 기획하고 책임을 지는 자)의 권리가 동시에 존재하죠. 문학, 그림과 같은 경우 창작자 1인의 권리만 있는 것과 비교가 됩니다.

기존 유명 곡을 나의 콘텐츠에 넣으려면 ① 작사자/작곡자, ② 실연자, ③ 음반제작자로부터 모두 허락을 받아야 합니다. 그런데 음악은 이용 형태가 매우 다양하므로 '신탁단체'라는 곳이 큰 역할을 합니다. 권리자가 자신의 권리를 신탁단체에 맡기면, 그때부터는 원래 권리자는 권리를 잃고, 신탁단체가 권리 주체가 되어 이용허락도 해주고, 이용료를 징수한 다음 관리비를 공제하고 분배하는 것입니다.

유튜브는 많은 신탁단체와 협약을 체결하여 복잡한 권리문제를 해결하고 있습니다.[11] 즉, 신탁단체(권리자)와 협약을 체결해서, 유튜브 이용자가 이용한 곡이 신탁된 곡이면 음악 이용을 허락하되, 매출 또는 광고수익 등을 유튜브가 신탁단체에 분배하는 식입니다. 한편, 권리자가 사용을 금지하는 곡도 있고요.

유명한 한국 곡을 사용하려면 어떨까요? 한국음악저작권협회 담당자가 공식 채널에서 밝힌 내용에 따르면, 원래 있던 곡(기존 음원)을 그대로 쓰면 ① 작사자/작곡자, ② 음반제작자, ③ 유튜브의 3자가 영상의 광고수익을 분배합니다.[12,13,14]

인영 씨의 경우, 우선적으로 유튜브에서 해당 곡이 이용 가능한지 알아보고, 그렇지 않은 상황이라면 작사가/작곡가, 실연자, 음반제작자에게 모두 허락을 얻어야 합니다.

유튜브의 '오디오 라이브러리' 페이지의 '음악 정책' 디렉토리에 가보면 매우 많은 곡의 노래 정책이 나와 있습니다. 가수 또는 노래를 검색한 후 클릭하면, 사용할 수 없는 노래인지, 사용하는 경우 원곡 그대로 혹은 리메이크곡의 재생이 가능한지, 광고가 표시되는지 등등 자세한 설명이 나옵니다.

직접 권리자로부터 허락을 얻고자 할 때는 우선 신탁단체인 한국음악저작권협회, 한국음악실연자협회, 한국음반산업협회에 먼저 알아보는 것이 편하겠습니다.[15] 해당 단체 사이트에서 개별 곡의 신탁 여부를 확인할 수 있습니다. 신탁이 되지 않았다면 개별 권리자를 찾아 허락을 받아야겠네요.

38. 기존의 유명한 노래를 내가 '커버곡'으로 부른다면?

유튜브에 커버곡으로 유명한 가수들이 있죠? 그러면 이런 커버곡을 부를 때는 권리관계가 어떻게 될까요? 음악의 경우 '3중(3층)의 권리구조'가 있어 ① 작사자/작곡자, ② 실연자, ③ 음반제작자의 권리가 동시에 존재하죠. 유명 곡을 그대로 사용하는 경우와, 유명 곡을 내가 부르는 경우 차이는 뭘까요? 그렇죠! 직접 노래를 연주하고 부른 사람의 '실연' 부분을 쓰지 않는다는 것입니다.

그 결과, 유명 곡을 그대로 사용하는 경우는 ① 작사자/작곡자, ② 실연자, ③ 음반제작자 3자의 허락을 모두 받아야 합니다. 하지만 내가 직접 부르는 경우는 ① 작사자/작곡자, ③ 음반제작자의 허락만 받으면 되고, ② 실연자의 허락을 받을 필요는 없습니다. 실연자의 가창이나 연주를 쓰는 것이 아니니까요.

다행스럽게도 유튜브에서는 많은 음악권리자(신탁단체)들과 권리관계를 해결해 놓았습니다. 따라서 많은 작사자/작곡자, 음반제작자의 권리문제는 이렇게 유튜브와 체결된 협약 관계에 따라서 해결이 될 듯합니다.

한국음악저작권협회 담당자가 유튜브 채널을 통해 밝힌 내용은 다음과 같습니다.[16] 원래 있던 곡(기존 음원)을 그대로 쓰는 경우는 ① 작사자/작곡자, ② 음반제작자, ③ 유튜브의 3자가 영상의 광고수익을 분배한다고 합니다. 새로이 연주, 가창을 한 커버 영상의 경우는 ① 작사자/작곡자, ② 업로더(커버곡을 부른 사람), ③ 유튜브의 3자가 영상의 광고수익을 분배한다고 합니다.

그렇다면 누리 씨가 커버곡을 부르는 유튜브 콘텐츠를 올리는 경우, 어느 정도의 수익을 분배받을 수 있겠지만, 또한 상당 부분은 작사가/작곡가, 유튜브가 가져가겠네요.

참고로 음악이 전부가 아닌 콘텐츠에서 기존 음악을 사용한 경우에도, 위 구조에 따르면 음악을 얼마 사용하였건 간에 업로드한 유튜버는 하나도 수익을 얻지 못하는 결과가 되어 부당하다는 의견이 있습니다.[17] 이는 차후 개선되어야 할 문제로 보입니다.

39. 돌아가신 지 오래된 작사/작곡자의 곡을 유튜브에 써도 문제가 될까요?

귀에 못이 박히시겠지만, 음악의 경우 '3중(3층)의 권리구조'가 있어 ① 작사자/작곡자, ② 실연자, ③ 음반제작자의 권리가 동시에 존재하죠. 음반에 수록된 음악을 그대로 갖다 쓰려면 작사자/작곡자, 실연자, 음반제작자 모두의 허락을 받아야 합니다.

음반으로 나온 모짜르트의 음악을 쓰려면 어떨까요? 모짜르트는 1756년에 태어나서 1791년에 사망했으니(불과 35세 동안 그렇게 많은 주옥같은 명곡들을 남겼다니!), 이미 사망한 후 70년이 훨씬 지난 '모짜르트'가 작사-작곡자로 권리를 주장할 여지는 없습니다.

따라서 직접 모짜르트의 곡을 연주하여 유튜브 콘텐츠로 만들어 방송해도 아무런 문제가 없습니다.

그런데 음반의 경우 ① 작사자/작곡자(모짜르트)의 문제는 해결되었어도, ② 실연자(음악을 부르거나 연주한 사람), ③ 음반제작자(연주를 음반으로 만든 사람)의 문제는 그대로 남습니다. 이들은 '저작인접권자'로서 저작권자와 보호 기간이 약간 다릅니다.

기본적으로 실연의 경우 실연을 한 다음해부터 70년간, 음반의 경우 음반을 발행한 다음 해로부터 70년간 저작인접권이 보호됩니다. (제86조 제2항) 그렇다면 실연이 되거나 음반이 발매된 후 70년이 지나지 않았다면 여전히 실연자 또는 음반제작자의 권리를 침해하는 것이 됩니다.

조금 오래된 음반, 예컨대 1987. 7. 1. 이전의 연주, 음반(이때는 '저작권'으로 보호)은 저작자 생존 기간 및 사후 30년간, 1987. 7. 1.부터 2013. 7. 31.까지의 연주, 음반은 실연, 발행을 한 다음해부터 50년간, 2013. 8. 1. 이후의 연주, 음반은 실연, 발행을 한 다음해부터 70년까지 보호 기간이 적용됩니다. 다만 이 문제는 여기서 모두 설명하기 힘든 다소 복잡한 세부 내용이 있으므로, 실제 사용하려고 할 때 개별적으로 좀 더 알아보셔야 할 듯합니다.[18]

사례의 후덕 씨는 연주자와 음반제작자 문제는 생각하지 못했네요. 후덕 씨 콘텐츠가 문제가 된 것은 연주자, 음반제작자의 저작인접권을 침해했기 때문이므로, 그런 문제까지 해결된 음반의 곡을 찾아야 하겠습니다.

40. 유료 사이트에서 구매한 음악, 유튜브 콘텐츠에 쓸 수 있나요?

유튜브 콘텐츠에서 사용하는 음악! 항상 유튜버들을 고민하게 하는 문제죠. 좋고 풍성한 음악이 있다면 훨씬 매력적인 유튜브 콘텐츠를 만들 수 있을 것입니다.

멜론, 지니뮤직 등 음악 서비스 사이트에서 음악을 이용하는 관계는 '이용허락'의 법률관계입니다. 이용허락을 받은 자는 허락받은 이용방법 및 조건의 범위 안에서 그 저작물을 이용할 수 있습니다(제46조 제2항).

그렇다면 사이트의 이용허락 범위는 어떻게 확인할 수 있을까요? 가장 확실한 것은 해당 사이트의 이용약관을 확인하는 것입니다.

예를 들어서 '멜론' 유료서비스 약관[19]을 보면 회사의 유료서비스 제공 내용, 예컨대 '음악감상 전용 이용권', '다운로드 전용 이용권' 등에 관해서 설명하면서(제8조), '음악감상 전용 이용권'은 회원이 해당 이용권의 결제 완료시부터 약정 기간 동안 또는 약정 횟수만큼 음악감상 및 뮤직비디오 감상 등을 실시간으로 이용할 수 있는 유료서비스라고 설명합니다(제9조).

또한 '다운로드 전용 이용권'은 회원의 선택에 따라 회사에서 제공하는 DRM(Digital Right Management)이 적용되었거나 적용되어 있지 않은 음악 파일을 소지 기기 등에 다운로드 할 수 있는 유료서비스라고 설명합니다(제10조). 기본적으로 이 이상으로 음악을 이용할 수는 없는 것이죠. 우리가 음원 사이트에서 다운받는 여러 곡은 사적인(개인적인) 사용만 허용하는 것입니다.[20]

그런데 이러한 사이트에서 음악을 다운로드받아 나의 유튜브 콘텐츠 배경음악으로 올린다면 그런 과정에서 복제, 공중송신(전송)을 하게 되는데, 이러한 행위는 위 '다운로드 전용 이용권'의 이용방법 및 조건을 넘어서는 것입니다. 따라서 위 사이트들에서 적법하게 구매한 음악이라고 해도 이것을 유튜브 콘텐츠를 만드는 데 사용한다면 저작권 침해가 됩니다.

사례에서 송송이 엄마가 곡을 샀다고 해도, 송송이 엄마가 가진 기기에 개인적으로 다운로드 할 수 있을 뿐, 이를 유튜브 콘텐츠 배경음악으로 쓰면 저작권(저작인접권) 침해가 됩니다. 송송이 엄마는 '유튜브 크리에이터 스튜디오'의 오디오 라이브러리 등 다른 방법을 생각해 봐야 하겠네요.

41. 라이선스를 확인하지 않아서 채널이 삭제됐다니?

유튜브는 유튜버가 보유한 채널을 삭제할 수 있는 강력한 권한을 갖고 있습니다. 그래서 유튜버의 채널을 삭제해 버릴 수도 있어요. 구독자 수가 아무리 많아도 다르지 않습니다. 물론 삭제를 아무렇게나 하진 않겠죠?

유튜브의 정책을 강력하게 위반했을 때만 삭제하는데요, 대표적인 것이 바로 저작권 경고입니다. 유튜브 CID를 통해 접수된 저작권 경고가 해결되지 않은 채로 3회 누적되면 채널이 삭제될 수 있어요. 만약 이미 해결된 경고가 있다면 그건 포함되지 않습니다.

그런데 유료 라이선스를 제대로 확인하지 않아서 100만 명의 구독자를 가졌던 채널이 삭제된 일이 있었습니다. 어떻게 된 일일까요?

바로 유튜버의 영상에서 썼던 '배경음악'의 라이선스가 문제였는데요, 유튜버가 처음 배경음악을 사용할 때는 라이선스를 적법하게 판매하는 사이트에서 유료로 사용권을 구입하고 그렇게 구매한 음악을 여러 영상에 사용했습니다.

정당하게 비용을 지불하고 구입했기 때문에 당시에는 문제될 게 없었고 영상 수익도 잘 발생했어요. 그런데 몇 년이 지나고 배경음악 라이선스를 판매했던 사이트에서 이용 가능한 음원 중 그 음원이 제외되었던 거예요!

하필 유튜버는 당시에 채널 운영을 한동안 쉬면서 이메일도 접속하지 않고 있었기 때문에 그 사실을 알지 못했고… 음원의 저작권자가 저작권 경고를 보낸 것도 몰랐던 거죠. 그러다 보니 저작권 경고가 3번이나 누적되었고, 결국 경고 누적으로 채널이 삭제되어 버린 겁니다.

어떻게 했을까요? 정말 다행스럽게도 채널이 삭제되자마자 거의 곧바로 삭제 사실을 알게 되어서 유튜버는 유튜브 측에 해명 메일과 당시 라이선스 구입 내역 등을 원 권리자 및 유튜브 측에 보냈고, 저작권 경고를 한 당사자에게도 잘 해명을 하고 오해를 풀어서 채널이 복구되었습니다.

채널이 복구된 건 참 다행이지만 다시는 이런 일이 없어야겠지요. 라이선스를 주고 구입한 경우, 라이선스가 기간 만료가 되는 건 아닌지, 이용 조건이 바뀌는 건 아닌지 확인해야 겠죠? 참고로 삭제된 채널이 복구되는 것은 '복불복'이라고 하니 꼭 주의하세요!

42. 게임 속의 영상을 인용해도 될까요?

요즘 나오는 대작 게임은 멋지고 환상적인 동영상들을 포함하는 경우가 많습니다. 기술이 발전해서 이제 내가 게임 동영상을 보는 건지, 영화를 보는 건지 헷갈릴 정도더군요. 실제로 많은 게임이 영화화되기도 했죠.

게임의 동영상도 저작물의 요건만 갖추면 당연히 저작물이 됩니다. 우리 법원은 '최소한의 창작성', 즉 낮은 정도의 창작성만을 요구한다고 말씀드렸죠? 그렇다면 별다른 어려움 없이 게임 동영상도 게임 제작자(제작사)의 저작물이 될 것 같습니다.

이런 게임 동영상을 임의로 자신의 유튜브 콘텐츠를 만드는 데 가져다 쓴다면 게임 제작자의 저작권 침해가 되겠죠. 최악의 사례지만, 유명 유튜버 한 분은 게임 저작권 경고로 인해 70만 구독자가 있는 채널이 삭제되기도 하였습니다.

저작재산권의 제한(공표된 저작물의 인용, 공정이용 등)은 다른 설명에서 보는 바와 같습니다.

다만, 게임 회사에 따라서는 정책적으로 이를 문제삼지 않거나 더 나아가 적극적으로 이용을 허락하는 경우도 있습니다.[21,22] 게임 제작자 입장에서는 돈을 주고라도 광고를 하고 홍보를 하고 싶은데, 대신 광고, 홍보를 해주는 것을 마다할 이유가 없다 – 이런 논리가 아닐까 합니다.

따라서 게임 동영상을 무단 이용하면 저작권 문제가 생길 수 있지만 게임에 따라서는 이를 허락하고 장려하기도 한다고 정리할 수 있겠습니다. 다만, 워낙 다양한 경우가 있어서 뭐라고 딱 잘라 말하기는 쉽지 않네요.

더 꼼꼼히 한다면, 게임 제작사에 메일을 보내서 관련 내용을 확인하거나, 게임 제작자가 이런 허락을 한다는 공개된 내용을 캡쳐해서 갖고 있다가 문제가 생길 때 제시한다면 더 완벽한 대비가 되겠죠?

그러면 만태 씨와 용용 씨 입장에서는 어떻게 하면 될까요?

우선, 게임 제작사가 이런 허락을 하는지 여부를 해당 회사 홈페이지, 고객센터, Q&A 등을 통해 알아보는 것이 좋겠습니다. 다음으로 해당 내용이 명확하지 않다면 전화를 하거나 이메일을 보내서 알아보면 좋겠네요. 최선을 다해서 알아봤는데도 알 수 없다면? 그런 콘텐츠는 안 올리는 것이 좋겠네요.

43. 게임을 플레이하는 영상으로 유튜브 콘텐츠를 만들어도 될까요?

게임은 유튜브의 가장 인기있는 콘텐츠 중 하나죠. 게임을 좋아하는 매니아들이 많은 만큼, 게임플레이를 하는 유튜브 동영상들도 많습니다.

준태 씨의 환상적인 게임 플레이, 유튜브 콘텐츠로 만들어서 사람들에게 보여줘도 될까요? 게임회사 입장에서는 어떨까요? 이렇게 게임플레이를 보여주면 자연스럽게 게임 홍보가 될 것도 같지만, 한편으로는 게임을 깨면서 전진해 나가는 것이 게임의 중요한 재미이므로 게임이 어떻게 진행되는지를 숨기고 싶은 제작사도 분명 있을 것 같습니다.

게임플레이를 하는 장면을 유튜브로 내보내면 게임 회사의 저작권 침해가 될까요? '게임'은 인간의 사상 또는 감정을 창작적으로 표현한 것이므로 저작물이라고 생각되고, 우리 법원도 당연히 게임도 저작물임을 전제로 저작권 침해 판단을 하고 있습니다.[23]

게임 영상이 '영상저작물'인지에 대해서는 다소 의견다툼이 있으나,[24] 대체로는 영상저작물이라고 보고 있는데, 그렇다면 게임은 저작자(영상제작자)가 만든 영상저작물이기 때문에 게임 플레이를 보여주기 위해서는 별도의 허락을 얻어야 합니다.[25] 일본이나 한국의 전문가도 게임 플레이를 인터넷으로 보여주는 것은 제작사의 복제권, 공중송신권(전송권) 침해로 보고 있습니다.[26,27]

한편, 이것은 '영리를 목적으로 하지 않는 공연, 방송'(제29조)이므로 문제가 없는 것 아닌지 문제됩니다. 그러나 유튜브 콘텐츠를 보여주는 것은 '전송'이 포함되어 있고, 앞에서 말씀드린 것처럼 유튜브 방송은 잠재적으로 영리적 성격을 갖고 있으므로 문제가 될 것 같습니다.

그렇다면 사례의 준태 씨, 상균 씨가 게임 플레이를 보여주기 위해서는 게임사의 허락을 얻어야 할 것 같습니다.

다만, 회사 방침으로 게임 플레이를 보여주기를 허락하는 게임사도 있다고 했죠? 명시적인 허락이 없을 때는 여러 방법으로 알아보거나, 게임사에 문의하는 것이 좋겠고요, 이렇게 알아봐도 허락 여부가 불분명하면 안 올리는 것이 좋겠습니다.

44. 다른 사람의 게임플레이 영상으로 유튜브 콘텐츠를 만들면 문제가 될까요?

유명 게이머들은 어느 분야의 스타 못지않게 인기를 누리고 있죠. 그런데 상균, 준태 씨가 '메두사 팀'의 게임플레이를 보여준다면 어떨까요?

우선 게임사의 저작권 침해 문제가 있는데, 사례에서는 다행히 해당 게임사가 유튜브에 보여주는 것을 허락했다고 하네요.

다음으로 게이머의 권리 문제도 있죠? 이 문제는 주로 게이머를 저작인접권을 가지는 '실연자(performer)'로 볼 수 있느냐의 문제입니다. 실연자란 '저작물을 연기·무용·연주·가창·구연·낭독 그 밖의 예능적 방법으로 표현하는 자' 또는 '저작물이 아닌 것을 이와 유사한 방법으로 표현하는 실연을 하는 자'를 말합니다(제2조 4호). 실연자도 성명표시권, 동일성유지권, 복제권, 배포권, 공연권, 전송권 등 저작권자와 별로 다르지 않은 권리를 갖습니다(제60조~74조).

게이머를 실연자로 보아야 할까요? 고도의 개성과 예술적 기능이 개입된다는 점에서 실연자로 보아야 한다는 견해도 있고, 승패를 목적으로 이루어지는 경기를 예능적 방법의 표현으로 보기 어려우므로 실연자로 볼 수 없다는 견해도 있습니다.[28]

그런데 게이머를 실연자로 보지 않더라도, 프로게이머의 플레이를 허락 없이 보여주는 것은 민법상 불법행위[29]거나 부정경쟁행위[30] 등이 될 듯 합니다.

그런데 실제 게임 플레이가 문제가 되는 경우는 리플레이(재방송)보다 라이브 방송인 듯 합니다. 스포츠 경기처럼, 라이브 게임 방송이 훨씬 재미있고 스릴 넘치는데, 라이브 방송은 별도 대회주관사가 있거나 방송사가 주관하는 경우가 많습니다. 이때는 대회주관사의 영상물 귀속에 관한 약관이 적용되거나 영상저작물 특례조항(제100조)이 적용되어 게이머가 아닌 대회주관사나 방송사의 허락을 얻어야 할 것입니다.[31] 이는 이 책의 다른 부분에서 살펴봅니다.

따라서 상균 씨, 준태 씨는 '메두사 팀' 또는 대회주관사, 방송사의 허락을 얻어야 할 것으로 보입니다. 그런데 이미 예전에 끝난 게임이라면 대회주관사, 방송사도 너그러울 것 같고, 대중적 인기를 누리는 유명 게이머라면 관대하게 자신의 플레이를 보여주려고 할 것 같네요.

45. 다른 영화나 드라마를 일부 인용할 때 주의할 점은 어떤 것이 있을까요?

유튜브에 다른 동영상 자료들을 넣는 것은 매우 흔한 일이라 이게 왜 문제? 라고 생각하실 수도 있겠네요. 하지만 실제로 이런 것이 문제가 된 사례가 있고, 실제로 문제가 될 수 있습니다.

2003년경 개봉된 영화 '해피 에로 크리스마스'에, 이전에 개봉된 일본 영화 '러브레터'의 장면 중 일부가 영화속 등장인물이 '러브레터'의 비디오를 보는 장면으로 삽입된 사건에서, '러브레터' 제작사측이 저작권 침해를 주장하였습니다.

그러나 법원은 '공표된 저작물의 인용(제28조)'을 들어서 저작권 침해를 부정했습니다. 이유를 보면 *"인용부분의 표현형식상 인용저작물과 피인용저작물은 명료하게 구분되어 그것들이 별개의 저작물임을 쉽게 알 수 있다. 영화 상영시간 110분 중에서 인용된 부분은 30초 가량으로 극히 일부이다. 가장 유명한 대사인 '오겡끼데스까, 와타시와 겡끼데스'[32]는 공중의 영역에 근접해 있다."*고 설명했습니다. 또한 법원은 *"'러브레터' 영화가 개봉된 지 상당한 기간이 경과해서 인용이 되어도 영화의 시장 가치가 감소되거나 수요가 대체되지는 않을 것"*이라고도 덧붙였습니다.[33]

다른 영상 저작물을 인용한다면, 인용하는 '공표된 저작물'(유명한 영상물을 인용하는 경우가 대부분이겠죠?)을 가급적 적게 인용하고, 여러분이 만드는 유튜브 콘텐츠가 주(main)가 되도록 하고, 인용되는 부분을 잘 구분하며, 출처를 정확히 기재해야 하겠습니다.

사례의 만태 씨는 자신의 콘텐츠에서 인용하는 부분이 많은 비중을 차지하지 않도록 하고, 인용하는 부분을 명확히 나눠주고, 인용 영화를 정확히 표시해 준다면 문제가 될 여지가 줄어들겠습니다.

그런데 저작권법이 어려운 부분! '정당한 범위'가 무언지? '주종'에서 '주'는 무엇이고, '종'은 무엇인지? 이런 것들이 어렵죠. 그런데 저작권법 자체가 '저작권자의 보호'와 '저작물의 공정한 이용 도모'를 조화시키려는 목적이 있어서(제1조), 이렇게 개별 사안마다 저작권 침해 여부를 개별적으로 판단하는 작업은 어쩔 수 없이 필요할 것 같습니다.

46. 옛날 영상물을 재가공해 새로운 영상물을 만들어도 될까요?

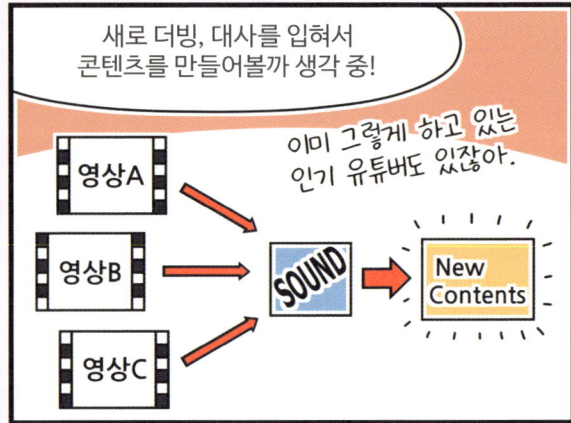

후덕 씨가 기존 영상들을 편집하고 가공해서 새로운 영상물을 만들려고 하는군요. 이렇게 기존에 존재하던 영상물에 재미있게 더빙을 입혀서 유명한 유튜버들이 있죠? 그러나 글쎄요… 별 문제없을까요? 남의 저작물을 사용하는 것이니 저작권 문제가 자연히 생기겠죠.

우선, 누가 만들었는지 알 수 있고 저작권이 계속 있는 저작물이라면 당연히 해당 사람에게 허락을 구해야 하겠습니다.

저작재산권이 소멸한 영상물을 이용한다면 문제가 없겠죠. 현행 법에 따르면 영상저작물의 저작권은 현재 공표 후 70년이 지나면 소멸하는데, 이전의 규정에 따르면 이 기간이 공표 후 50년으로 더 짧았습니다. 보호기간을 70년으로 늘리는 개정법은 2011. 6. 30에 개정되었는데, 개정이 되면서 부칙34상 이 법 시행 이전에 보호되는 권리가 소멸된 경우 이전 법의 적용을 받게 되었습니다.

앞에서도 보았지만, 관련 내용을 따져보면 1963년 이전 공표된 영상저작물의 저작권 보호기간은 공표 후 50년입니다. 그러므로 1962. 12. 31. 이전 공표된 영상저작물은 저작권의 보호기간은 소멸하였습니다. 그렇다면 다행스럽게 1963. 1. 1. 이전에 공표된 영상물을 이용한다면 별 문제가 없겠네요.

다만, 이 경우에도 성명표시권 문제는 남아있으니 원작의 창작자(또는 제작자)는 정확히 표시해 주어야 하겠습니다. 동일성유지권 침해 문제 관련, 원작의 동일성은 어쩔 수 없이 손상되겠지만, 예술의 자유, 표현의 자유를 감안할 때 크게 문제가 되지 않을 듯합니다. 물론 개개의 건마다 판단이 필요할 수 있으니, 개별 영상물마다 전문가와 상의를 하는 편이 가장 정확합니다.

저작재산권이 소멸하지 않았는데, 허락을 할 사람을 찾지 못하는 경우도 있을 수 있겠죠? 이때는 '법정허락' 제도를 이용하면 되는데, 이것은 이미 살펴보았습니다.

47. 유명 시나 소설로 콘텐츠를 만들면 문제가 될까요?

내 유튜브 콘텐츠에 좋은 시나 소설 등이 있다면 더욱 부드럽게 운치 있는 콘텐츠가 되겠죠. 아니면 시나 소설을 낭송하는 것만으로도 유튜브 콘텐츠를 꾸밀 수 있을 것이고요.

우선 시나 소설 전체를 인용하는 것은 명백한 타인의 저작물 이용이므로 허락을 얻어야 합니다. '이외수 트윗글' 사건에서는 저작자 허락 없이 트위터 글을 모아서 책을 낸 사람을 저작권법위반죄로 처벌했습니다.[35]

한 명 한 명 저자의 허락을 받는 것은 힘들겠죠? 이 문제는 신탁단체를 통해서 어느 정도 해결이 가능합니다. '문예학술저작권협회'에서는 문학작품의 신탁관리를 하고 있는데 상당수의 (다소 오래된) 작품들은 이곳에 신탁이 되어 있으니 이쪽으로 문의하시면 됩니다.

작품의 일부를 옮길 때에도 허락을 받아야 할까요? 저작권법에서는 *"공표된 저작물은 보도·비평·교육·연구 등을 위하여는 정당한 범위 안에서 공정한 관행에 합치되게 이를 인용할 수 있다."*라고 규정합니다(제28조). '정당한 범위 안에서' 인용해야 하므로 인용하는 저작물(즉 유튜브 콘텐츠)이 주가 되고, 인용되는 저작물(시, 소설)이 종이 되도록 하고, 출처를 명시해 주어야 합니다(제37조).

축약(요약)으로 인용을 할 때는 2차적저작물작성권 또는 동일성유지권 침해 문제도 생길 수도 있습니다. 법원은 만화 줄거리를 요약하거나 영문 글을 요약한 것이 2차적저작물작성권 침해라고 보았습니다.[36] 요약시 원작을 훼손하거나 왜곡한다면 동일성유지권 침해 문제도 생길 수 있습니다.

사례의 예지 씨는 이 상황을 어떻게 풀어야 할까요? 우선, 용기를 내서 저자나 출판사에 연락을 해서 허락을 얻어보면 어떨까요? '문의했더니 뜻밖에 많은 출판사가 선선히 허락을 해주더라'는 경험담도 보았습니다. 저자나 출판사 입장에서도 서적 판매에 도움이 될 테니 너그럽게 허락을 해줄 수도 있겠죠.

그것이 힘들다면 예지 씨는 원본 내용을 훼손하지 말고, 자신의 콘텐츠에서 가급적 인용 부분을 낮은 비율로 유지하며, 결론 부분은 숨겨주는 등 다소 센스를 발휘하고, 원 서적을 정확히 표시한다면 침해 가능성을 최소로 줄일 수 있겠습니다.

48. 책 소개 유튜브 콘텐츠, 어떤 문제가 있을까요?

후덕 씨가 만들려는 것은 영화를 소개하는 프로그램처럼 만화를 소개하는 유튜브 콘텐츠가 되겠군요. 동화책이나 보통의 책 소개도 마찬가지로 생각하면 될 듯 하고요.

우선, 저작권자 본인으로부터 허락을 받으면 아무런 문제가 없습니다. 따라서 가급적 동의를 받도록 해 보세요. 누구 동의를 받아야 할까요? 출판사가 아닌 작가(창작자)로부터 동의를 받아야 합니다. 다만, 작가에게 연락하는 것이 사실상 쉽지 않으니 출판사에 연락책 격으로 연락하는 것이죠.

동의를 받지 않으면 모두 불법일까요? 그렇지는 않습니다. 우선 고려할 조항은 '공표된 저작물의 인용'입니다. 저작권법 제28조(공표된 저작물의 인용) "공표된 저작물은 보도·비평·교육·연구 등을 위하여는 정당한 범위 안에서 공정한 관행에 합치되게 이를 인용할 수 있다."라는 규정이죠.

'정당한 범위'란 추상적인 기준이지만, 인용된 내용과 분량, 인용하는 방법, 원작의 가치를 침해하지 않는 정도가 되어야 하겠습니다. 필요한 최소한으로 인용하는 것이 좋겠죠?

'공정이용' 조항도 참고할만 한데요, "이용의 목적 및 성격, 저작물의 종류 및 용도, 이용된 부분이 저작물 전체에서 차지하는 비중과 그 중요성, 저작물의 이용이 시장 또는 가치에 미치는 영향 등을 고려해서 다른 저작물을 이용할 수 있다"고 규정합니다. 해석이 필요한 함축적인 용어들이 많아서 이해하기 쉽지 않죠?

인용되는 부분이 잘 구별될 수 있도록 하고, 저작자의 이름은 적당한 방법으로 꼭 적어주는 것이 좋겠습니다. 왜곡을 함부로 해서도 안되겠습니다만, 패러디 등은 적절한 방법과 요건을 지켜 할 수 있겠습니다.

관련해서 2022년 11월 일본 도쿄지방재판소가 영화를 10분 분량으로 요약해 유튜브에 게시한 '패스트 영화' 업로더들에게 영화사가 입은 손해 5억엔을 배상하라는 판결이 나와서 눈길을 끕니다. 일본 13개 영화사의 영화 54편을 무단으로 요약, 편집해 유튜브에 올렸다는 것인데, 저작권법 위반으로 유죄 판결까지 받았다고 합니다.[37]

해당 사례의 후덕 씨는 원작자 허락을 얻는 것이 가장 바람직하고, 허락을 얻지 못하는 경우에는 위 규정들의 기준에 따라 콘텐츠를 만들어야 하겠습니다. 후덕 씨의 콘텐츠가 원작의 너무 많은 부분을 인용해서 그 결과로 원작을 외면하게 될 정도라면, 저작권 침해 가능성이 높다고 보입니다.

49. 신문기사, 서적을 비판하는 유튜브 콘텐츠는 무엇을 주의해야 할까요?

해당 사례의 민웅 씨처럼 신문기사나 서적 등을 다루면서 비판하는 유튜브 콘텐츠도 만들 수 있겠죠. 그런데 이렇게 비판을 하면 항상 타인(신문기사, 서적)의 저작물을 이용하는 문제가 발생합니다. 이와 관련해서 언론이나 보도 장르의 저작물에는 약간 고려할 규정들이 있습니다.

우선, '사실의 전달에 불과한 시사보도'는 저작물로 보호받지 못하니 자유 이용이 가능합니다(제7조 5호). 예를 들어 '우리나라 대통령이 언제 외국 대통령을 만났다'는 내용의 신문 기사는 자유롭게 이용할 수 있습니다. 다만 해당 기사에 신문사의 의견이라거나 부가된 내용이 들어가면 그 부분은 '사실의 전달에 불과한 시사보도'를 넘는 것으로 저작권으로 보호를 받습니다.

신문, 인터넷 신문, 뉴스통신에 기재된 '정치·경제·사회·문화·종교에 관한 시사적인 기사나 논설'은 저작재산권 제한 사유에 들어가 있기는 하지만(제27조 본문), 실제로는 거의 모든 이런 매체사들이 '이용을 금지하는 표시'를 하고 있어서(제27조 단서), 저작권 보호를 받고 있습니다. 즉, 실제로는 기능을 제대로 못하는 조항입니다.

이용자의 입장에서 생각하기 쉬운 것은 '공표된 저작물의 인용(제28조)'입니다. 이에 대해서는 앞서 몇번 살펴보았지만, 인용하는 부분이 유튜브 콘텐츠의 종된 부분이 되어야지, 주된 역할을 해서는 안됩니다.

실제로 재미있는 사건이 하나 있었는데, 일본 잡지에 게재된 우리나라 여성의 누드 사진을 인용한다면서 지면의 거의 전부를 해당 사진으로 채운 사건에서, 대법원은 '정당한 범위'의 인용이 되려면 피인용저작물이 보족, 부연, 예증, 참고자료 등으로 이용되어 부종적 성질관계(인용저작물이 주이고, 피인용저작물이 종인 관계)에 있어야 하는데, 이 사건에서는 인용한 사진이 칼라로 된 양질의 사진으로 잡지 지면의 절대적 비중을 차지하는 화보 형식이고, 해설기사는 극히 일부에 그치므로 저작권 침해라고 보았습니다.[38]

또 하나 생각해야 할 것이 명예훼손의 문제입니다. 타인의 사회적 평가를 떨어뜨리는 내용은 명예훼손이 되는데, 뒤에서 다시 살펴보지요.

해당 사례에서 민웅 씨는 인용하는 '선동일보 기사'의 내용을 최소화하고, 출처를 정확히 적어 주며, 자신의 비판 내용을 충분히 넣어서 콘텐츠를 만들면 큰 문제는 없겠습니다.

50. 신문기사 이용과 공정이용 실제 사례

앞의 사례와 관련하여, 저작권의 공정이용과 관련해서 실제 있었던 사례를 볼까요?

시사 이슈에 대해서 논평하는 유튜버 ○○○은 주요한 사건, 사고를 언급하면서 자신의 생각을 이야기하는 채널을 운영합니다. 그러다 보니 자연스럽게 방송 뉴스나 신문 기사를 많이 언급하게 되는데요, 뉴스 보도나 신문 기사의 일부를 보여주고, 그 주제에 대해 설명하면서 시작하는 형태였죠.

그런데 어느 날 유튜버 ○○○의 채널에 '저작권 침해 신고'가 들어왔습니다. 이유는 '신문 기사'를 무단으로 사용함으로써 신문 기자의 저작권을 침해했다는 것이었는데요.(이때 저작재산권은 신문발행사에게 있을 확률이 높고, 저작인격권은 기자에게 있을 것입니다), 이 저작권 침해 신고에 대해서, 유튜브는 '공정이용에 해당하는 것으로 판단된다'는 이유로 저작물 침해 신고를 한 기자에게 신고에 대한 재검토를 요청했습니다.

법원의 판례는 아니지만 유튜버 ○○○이 기사를 활용한 논평 동영상에서 신문사 및 기자에게 저작권이 있는 기사를 사용한 것은 신문사 및 기자의 저작권을 침해하지 않는 공정이용에 해당한다는 유튜브 측의 판단(?)을 받게 된 것이죠.

실제로 유튜브가 제공하는 공정이용 정책을 보면, 유튜브는 저작권법에 따라 '저작권 예외'에 해당하거나 '공정 사용의 명백한 예'로 보이는 동영상은 합법적이며 권리를 침해하지 않는 것으로 간주한다고 알리고 있습니다.

또 이러한 경우 저작권 소유자가 유튜브에 동영상이 저작권 예외 또는 공정 사용에 해당하지 않는 이유를 적절히 설명하지 못한다면 유튜브는 해당 동영상을 삭제하지 않는다고 합니다. 유튜브가 아예 공정 사용에 해당한다고 명시한 영상들도 있는데요, 한 번 그 내용을 확인해 보시면 감이 오실 겁니다.

[유튜브가 공정사용이라고 한 예시]

- Young Turks의 동영상[39]은 거센 비판을 받는 광고에서 발췌한 짧은 클립을 보여주는데 해당 광고가 시청자에게 불쾌감을 준 이유에 대한 근거로 클립을 제시한 것입니다.
- Secular Talk의 동영상[40]은 정치인이 검증되지 않은 당뇨 치료법을 홍보한다고 비판하고 있습니다.
- National Organization for Marriage에서 업로드한 'No Offense'[41]는 무례한 행동을 보여주는 예로 한 유명인의 모습이 담긴 클립을 사용합니다.

미주

1. 디자인보호법 제49조.
2. 문화체육관광부·한국저작권위원회, '글꼴 파일 저작권 바로 알기'(2019), 30면. 서울북부지방법원 2015. 1. 29. 선고 2014가단13294 판결.
3. 서울중앙지방법원 2014. 5. 1. 선고 2012가합535149 판결.
4. 대법원 2017. 11. 23. 선고 2015다1017 판결.
5. 문화체육관광부·한국저작권위원회, '글꼴 파일 저작권 바로알기'(2019), 30면. 서울북부지방법원 2015. 1. 29. 선고 2014가단13294 판결.
6. 대법원 2014. 8. 26. 선고 2012도10786 판결
7. 인터넷을 통해서 저작물을 보여주는 것의 법적 성질은 '전송' 또는 '공연'이라고 본다. '전송'으로 보는 견해로 송영식·이상정, '저작권법개설', 제8판, 세창출판사(2012), 231면, 박성호, '저작권법', 제2판, 박영사(2017), 355면. '전송 또는 공연'이라고 보는 견해로 오승종, '저작권법', 전면개정판, 박영사(2016), 564면.
8. 대법원 2001. 5. 8. 선고 98다43366 판결.
9. 서울중앙지방법원 2007. 5. 17. 선고 2006가합104292 판결.
10. 박성호, '저작권법', 제2판, 박영사(2017), 385면.
11. 구글, 2010. 4. 16.자 구글 소식, '유튜브, 한국음악저작권협회와 음악저작권 보호 협약 체결'. http://googlepresskr.blogspot.com/2010/04/blog-post_16.html
12. KOMCA 채널, '[KOMCA Inside] YouTube 특집 : 내 유튜브 음악 저작권 사용료가 궁금하신 분들은 주목!! 한국음악저작권협회 유튜브 분배 안내' 참조. https://www.youtube.com/watch?v=rmT2Pf9HFZ0
13. 관계자로부터 전해 듣기로는 광고 수익 외에도 유튜브의 매출의 일정 부분도 분배한다고 하는데, 내용을 정확히 확인하기는 힘들다.
14. 실연자는 음반제작자와 처리하라는 취지인 듯하다. 유튜브가 법적 배경으로 삼고 있는 미국 저작권법에서는 전통적으로 실연자(performer)에게 저작권법상 권리를 인정하지 않았다.
15. 현재 이들 단체의 권리관리정보를 한국저작권위원회의 '디지털저작권거래소'에서 통합관리 제공하고 있다. https://www.kdce.or.kr
16. KOMCA 채널, '[KOMCA Inside] YouTube 특집 : 내 유튜브 음악 저작권 사용료가 궁금하신 분들은 주목!! 한국음악저작권협회 유튜브 분배 안내' 참조. https://www.youtube.com/watch?v=rmT2Pf9HFZ0
17. 김민정, 오피니언뉴스 2019. 3. 25.자 기사 '[김민정의 예술적인 法] 유튜버 울리는 유튜브와 음저협' http://www.opinionnews.co.kr/news/articleView.html?idxno=14850 '[김민정의 예술적인 法] 유튜버 위한 법을 기대한다.' http://www.opinionnews.co.kr/news/articleView.html?idxno=14858
18. 오승종, 저작권법(전면개정판), 박영사(2016), 984면. 987-990면.
19. 2019. 11. 기준.
20. 김태영, '친절한 쇼핑몰 상표권&저작권 가이드', e비즈북스(2012), 241면.
21. UBISOFT의 경우 '유튜브 비디오에 관한 유비소프트의 방침'이라는 게시물로서 일정한 경우만을 제외하고는 유튜브 내에서 자유롭게 이용이 가능하다는 사실을 12개의 항목으로 매우 자세히 설명하고 있다. https://forums.ubisoft.com/showthread.php/773563-Ubisoft-policy-on-YouTube-videos-updated-Jan-2016-Forums

22. 닌텐도 사이트, '네트워크서비스에서 닌텐도의 저작물 이용에 관한 가이드라인' 참조.
    https://www.nintendo.co.jp/networkservice_guideline/ja/index.html
23. 대법원 2019. 6. 27. 선고 2017다212095 판결 등.
24. 이소영, '게임과 저작권', 문화체육관광부-한국저작권위원회(2010), 33면.
25. 이소영, '게임과 저작권', 문화체육관광부-한국저작권위원회(2010), 105면.
26. 김한가희, '[일본] 저작권 전문 변호사, 동영상 사이트의 게임 방송은 저작권 침해 소지가 크다는 의견 제시', 저작권동향 제2호, 한국저작권위원회(2014) 藤田晶子 변호사의 견해.
27. ZD Net Korea 2016. 2. 24. 기사 '최승수 "게임 방송도 게임 저작권법 침해"'.
    https://www.zdnet.co.kr/view/?no=20160224193825
28. 이소영, '게임과 저작권', 문화체육관광부-한국저작권위원회(2010), 109면; 정연덕 '디지털환경에서의 실연자의 법적 보호', 한국저작권위원회(2010), 97면. 찬성론, 반대론의 주장 요지와 근거를 설명하고 있다.
29. 민법 제750조.
30. 부정경쟁방지법 제2조 제1호 카목.
31. 스타크래프트 프로리그의 중계권을 누가 갖고 있는지에 관하여 2007년경 한국e스포츠협회와 방송국 사이에 매우 복잡한 분쟁이 발생한 바 있다. 나무위키 '프로리그 중개권 사태' 참조.
    https://namu.wiki/w/프로리그%20중계권%20사태
32. '건강하세요? 나는 건강해요'라는 뜻.
33. 서울중앙지방법원 2004. 3. 18.자 2004카합344 결정.
34. 2011. 6. 30. 개정 저작권법 부칙 제2조.
35. 서울남부지방법원 2013. 5. 9. 선고 2012고정4449 판결.
36. 서울중앙지방법원 2004. 12. 3. 선고 2004노555 판결, 대법원 2013. 8. 22. 선고 2011도3599 판결.
37. 법률신문 2022. 11. 24. 기사 '[글로벌 Pick] '패스트 영화' 업로더에 5억엔 손해배상 판결'
38. 대법원 1990. 10. 23. 선고 90다카8845 판결.
39. https://www.youtube.com/watch?v=sscI7JewZhU
40. https://www.youtube.com/watch?v=LoY-4uE-fAU
41. https://www.youtube.com/watch?v=a1DWVTJ_gBo

유튜브 콘텐츠 만들기

기타

51. AI로 콘텐츠 만들기와 유튜브의 AI 정책
52. 유튜버가 허락 없이 나와 관련된 내용을 AI 생성 콘텐츠로 만들면 어떻게 해야 하나요?
53. 버추얼 유튜버에게도 법적 지위가 있나요?
54. 유튜브 콘텐츠에 나온 내 자녀가 나중에 그것을 삭제해 달라고 한다면?
55. 내 유튜브 콘텐츠에 우연히 찍힌 행인 1, 초상권 침해인가요?
56. 패러디 콘텐츠를 만들려고 하는데 괜찮을까요?
57. '오마주'는 괜찮을까요?
58. 움짤, 짤방은 문제가 없을까요?
59. 콘텐츠 중 유명인의 유행어 등을 이용해도 될까요?
60. 코스프레를 해도 괜찮을까요?
61. 유튜브 안에서 다른 유튜브 콘텐츠를 인용해도 괜찮을까요?
62. 리액션 콘텐츠는 문제가 없을까요?
63. 유튜브 콘텐츠에서 상표가 붙은 상품을 다루면 상표권 침해인가요?
64. 상품을 비판적으로 소개하면 명예훼손이 될까요?
65. 내 유튜브 채널, 상표로 등록할 수 있을까요?
66. 상표등록에 문제가 생겼을 땐 어떻게 하나요?
67. 협찬을 받고 상품을 소개할 때 뭘 주의해야 할까요?
68. 유튜브 콘텐츠에서 PPL은 어떻게 하나요?
69. 광고 계약서는 어떻게 써야 할까요?

51. AI로 콘텐츠 만들기와 유튜브의 AI 정책

요즘 가장 핫한 AI! AI기술을 이용해서 콘텐츠를 만들거나, 원래 있던 영상에 일부를 합성하여 만드는 경우가 점점 늘어나고 있습니다.

유튜브는 AI 관련 정책을 새로이 만들었는데요. 유튜브 영상을 올릴 때 실제 인물이 말하거나 하지 않은 행동을 한 것처럼 보이게 했거나, 실제 사건이나 장소의 영상을 변경했거나, 실제로 발생하지 않았는데도 진짜처럼 보이는 장면을 생성시켰다면 그 변경이 전부 또는 일부이더라도 '변경된 콘텐츠' 설정을 사용해서 이렇게 영상이 콘텐츠 편집 도구 또는 생성 도구를 통해 임의로 변경되었다는 점을 공개해야 합니다.

유튜버는 유튜브 스튜디오에서 콘텐츠를 업로드할 때 '세부정보' 란의 '변경된 콘텐츠' 체크박스를 선택하고, 공개와 관련된 질문에 답변을 해야 합니다. 만약 유튜버가 YouTube의 생성형 인공지능(AI) 효과(예: YouTube의 드림 트랙[1] 또는 드림 스크린[2])를 사용해 YouTube Shorts 동영상을 제작하는 경우에는 별도로 이러한 조치를 취하지 않아도 자동으로 AI가 사용되었다는 점을 공개하게 되어 있습니다.

이렇게 생성 도구를 이용한 변경 및 합성 사실을 표시하면 동영상 설명 입력 란에 아래 그림처럼 '콘텐츠 생성 방식'에 대한 설명이 기재됩니다.

> **콘텐츠 생성 방식**
> 변경되었거나 합성된 콘텐츠
> 상당히 수정되었거나 디지털 방식으로 생성된 사운드 또는 영상입니다. 자세히 알아보기

이 '변경된 콘텐츠'를 체크한다고 해서 동영상의 수익 창출이 제한되거나 시청자층이 제한되는 등의 불이익은 전혀 없다고 합니다.

만약 변경된 콘텐츠에 체크를 안 한 경우라면 어떨까요? 합성된 사진이나 영상임에도 불구하고 이를 체크하지 않아서 시청자들이 진짜라고 혼동할 수 있게 했다면 유튜브에서는 임의로 '변경되거나 합성된 콘텐츠'라는 라벨을 적용할 수도 있고, 계속해서 이를 위반하는 크리에이터에게는 콘텐츠 삭제, 유튜브 파트너 프로그램 참여 정지 등의 불이익을 줄 수도 있으니까 주의해야겠습니다.

52. 유튜버가 허락 없이 나와 관련된 내용을 AI 생성 콘텐츠로 만들면 어떻게 해야 하나요?

유튜버가 AI 생성 콘텐츠 또는 합성된 콘텐츠로 다른 사람의 얼굴을 변경하거나 합성하는 경우, 또는 나의 음성을 모방해서 내가 하지도 않은 말을 했다고 영상을 만들면 어떻게 될까요?

먼저 유튜브에 개인정보 침해 신고를 할 수 있어요. 내 얼굴이나 음성을 모방해 변경되었거나 합성된 콘텐츠의 삭제를 요청하고 싶다면 개인 정보 보호 요청 절차를 이용할 수 있습니다.

YouTube에서는 콘텐츠가 변경되었거나 합성되어 실제 사실로 오인될 수 있는지, 요청을 접수한 사용자를 식별할 수 있는지, 또는 유명 인사가 등장하는 경우 패러디 또는 풍자 콘텐츠인지 등의 다양한 요소를 고려한 다음 콘텐츠를 삭제한다고 합니다. 또 내 채널이나 다른 유튜버 채널의 명의를 도용하는 것으로 의심되는 채널이 있으면 해당 채널을 신고할 수도 있습니다.

물론 이런 경우 유튜브 상의 신고 이외에도 사실 적시, 허위 사실 적시 명예훼손이나 모욕으로 고소를 할 수도 있겠지요. 그럴 경우에는 유튜브 채널 운영자의 신원 확보가 중요하겠지만요.

사안의 만태 씨는 그런 행동은 자제하는 것이 좋겠네요. 누가 봐도 좀 위험한 행동이죠?

53. 버추얼 유튜버에게도 법적 지위가 있나요?

버추얼 유튜버(Virtual Youtuber) 또는 버튜버라는 단어를 들어보셨나요? 버추얼 유튜버라는 말은 2016년 일본의 크리에이터가 자신을 '버추얼 유튜버'라고 소개하면서 생긴 용어라고 합니다. 지금은 특수한 장비나 편집을 통해서 사람의 행동이나 표정을 대신하는 캐릭터로 방송을 진행하는 유튜버를 버추얼 유튜버, 버튜버라고 합니다.

버추얼 유튜버는 전 세계적으로 200명이 넘게 있다고 합니다. 특히 우리나라에서는 버추얼 유튜버 전문 MCN도 생겼고, 버추얼 아이돌도 생겼어요. '플레이브'라고 하는 버추얼 아이돌 5인조 남성 그룹은 '만찢남(만화를 찢고 나온 남자 아이돌)' 컨셉으로 활동했는데 데뷔 6개월 만에 유튜브 구독자수가 43만 명을 넘었다고 하고, 2024년 10월 기준으로 유튜브 구독자만 79.5만명이라고 합니다. 어마어마한 인기죠?

버추얼 유튜버는 실제 사람이 아니라 캐릭터 또는 아바타입니다. 그렇다면 버추얼 유튜버에 대한 악성 댓글, 성희롱을 해도 사람에 대한 게 아니니 처벌을 안 받지 않을까요?

실제로 일본에서는 구독자수가 100만 명이 넘는 버추얼 유튜버가 익명의 트위터 이용자로부터 심각한 협박 메시지를 받고 난 뒤, 발신자의 신원을 특정하기 위해 트위터를 상대로 발신자 정보 공개 청구 소송을 제기하는 일이 있었는데요, 이때 도쿄지방재판소는 **"익명의 트위터 이용자가 지칭한 대상은 아바타 배후에서 활동하는 실제 인간을 대상으로 하는 것으로 봐야 한다. 따라서 익명의 트위터 이용자가 보낸 메시지는 실제 인간의 생명, 신체에 해를 끼치겠다고 협박한 것이다"**라고 판단했습니다.

즉, 버추얼 유튜버라고 하더라도 실제 인물과 '동일성'이 있는 경우라면 실제 인물을 기준으로 보고 가해자에게 법에 근거한 처벌이 이루어질 수 있습니다.

만약 버추얼 유튜버가 그 어떤 실제 인물과도 동일성이 없는 경우라면 어떨까요? 형사상 범죄는 성립하기 어려울지 몰라도 해당 버추얼 유튜버를 제작, 운영하는 회사나 브랜드에 대한 브랜드 가치 훼손, 법인에 대한 명예나 신용 훼손이 문제될 수 있으니 조심해야 합니다.

54. 유튜브 콘텐츠에 나온 내 자녀가 나중에 그것을 삭제해 달라고 한다면?

2019년경 가장 많이 수익을 올린 유튜버들이 발표되었는데, 상당수가 어린이들이 등장하는 키즈 채널이라는 사실이 밝혀져 화제를 모았습니다. 심지어 어떤 키즈 유튜버 가정은 서울 요지에 빌딩을 구입했다는 기사까지 나왔죠.

　한편으로는, 유튜브가 미국에서 아동 콘텐츠에는 아동 대상 광고만 게재할 수 있도록 방침을 변경한다는 보도가 나면서, 아동 콘텐츠를 주로 하는 유튜버들에게는 한파가 몰아닥칠 것이라는 기사가 나오기도 하였습니다.[3, 4]

　아동들을 이렇게 유튜브 채널에 등장하도록 한 것이 문제가 될 소지는 없을까요?

　우선, 부모가 출연하기 싫어하는 자녀를 유튜브에 출연하라고 강제할 수 있을까요? 우리 민법에서는 부모와 미성년 자식의 관계를 '친권'이라고 하여 **"친권자는 자를 보호하고 교양할 권리의무를 진다"**고 규정합니다.[5] 그런데 이러한 친권은 부모의 자녀에 대한 지배권이 아니라 자녀를 위해서 자녀를 보호, 교양할 수 있는 지위일 뿐입니다.[6] 따라서 싫다는 자녀를 억지로 유튜브에 출연하도록 할 수는 없겠고, 그런 행동은 아동의 인격권이나 행동의 자유 침해겠죠. 억지로 출연시키면 아동복지법상 '아동의 정신건강 및 발달에 해를 끼치는 정서적 학대행위'로 처벌될 수도 있습니다(제17조, 제71조).

　다음, 아동이 유튜브에 출연한 후 마음을 바꿔 유튜브 콘텐츠의 게재를 중지해 달라고 할 수 있을까요? 미성년자의 법률행위는 취소할 수 있기 때문에,[7] 아동은 그렇게 요구를 할 수 있을 듯합니다! 법정대리인의 동의가 있으면 미성년자의 법률행위라도 취소를 할 수 없습니다만, 이렇게 부모와 자식 간에 약속을 하는 것은 '이해상반행위'로서 법원에 특별대리인 선임을 청구하는 등 별도의 조치가 필요하겠습니다.[8] 다만, 아동이 촬영을 한 이후 10년이 지나거나 19세(성인)가 된 뒤 3년이 지나면 취소를 할 수 없습니다.[9]

　마지막으로 노동법! 노동법에서는 15세 미만(중학교 재학 시 18세 미만)을 근로자로 사용하지 못하고, 친권자가 미성년자의 근로계약을 대리하지 못하게 하는 등 아동을 보호하고 있습니다.[10] 유튜브 출연 시 노동법 문제는 없을까요? 개별적으로 사안을 봐야겠습니다만, 이런 유튜브 출연이 '임금을 목적으로 근로를 제공하는 것', 즉 법상 노동이라고 보기는 힘들 것 같습니다.

　따라서 사례에서 송송이는 부모님이 요구해도 유튜브 출연을 할 필요는 없겠고, 나중에라도 그 유튜브 콘텐츠를 내려 달라고 요구할 수 있겠습니다. 노동법 문제는 없겠네요.

55. 내 유튜브 콘텐츠에 우연히 찍힌 행인 1, 초상권 침해인가요?

고연 씨와 영민 씨가 찍은 유튜브 콘텐츠에 우연히 길을 지나가는 사람들이 나왔다면 법적으로 문제가 될까요? 이는 찍힌 사람들의 초상권 침해의 문제입니다.

법원의 입장은 비교적 간단합니다.[11] 즉 대법원은, 사람은 누구나 '자신의 얼굴 기타 사회 통념상 특정인임을 식별할 수 있는 신체적 특징에 관하여 함부로 촬영 또는 그림묘사되거나 공표되지 아니하며 영리적으로 이용당하지 않을 권리'를 가진다, 이러한 초상권은 우리 헌법으로 보장되는 권리라고 봅니다. 또한, 대법원은 초상권의 부당한 침해는 불법행위가 되고, 피해자에게는 특별한 사정이 없는 한 정신적 고통이 따르므로, 침해자가 손해배상(위자료 지급)을 해야 한다고 합니다.

그렇다면 허락 없이 다른 사람의 얼굴을 그 사람 찍어 유튜브 콘텐츠로 방송하면 그 자체만으로도 초상권 침해가 되어 위자료 지급 책임을 져야 할 것입니다. 그렇다면! 일단 내가 찍은 유튜브 콘텐츠에 다른 사람이 나오게 하면 상당히 위험하겠습니다.

다만 손해배상액(위자료액)이 얼마가 될지는 사안마다 다를 듯합니다.

별다른 손해 없이 단지 지나가다 얼굴만 나왔다면 손해액은 매우 작을 것 같습니다. 그렇기 때문에 실제로 찍힌 사람이 소송까지 무릅쓸 것 같지도 않고, 대부분은 별문제 없이 넘어갈 것 같네요.

반면, 그런 초상이 나와서 명예가 훼손된다거나, 숨기고 싶은 것을 널리 알리게 되었다면 손해와 손해액이 커지겠죠. 성형수술을 한 사실을 알리고 싶지 않았는데, 방송국에서 '누구도 알아볼 수 없도록 해주겠다'라고 약속을 해서 인터뷰를 하였는데, 방송국에서 음성변조와 모자이크 처리를 부족하게 하는 바람에 사람들에게 인터뷰한 사람이 누군지 알려진 사건에서, 법원은 상당한 불법행위 책임을 인정하였습니다.[12]

한편 초상권 침해가 된다고 해서 형사처벌이 되지는 않습니다. 형법상 이를 처벌하는 규정이 없기 때문입니다.

사례에서 고연 씨와 영민 씨는 가급적 해당 부분을 잘라내거나 모자이크를 하는 등으로 조치를 하는 것이 좋겠습니다.

56. 패러디 콘텐츠를 만들려고 하는데 괜찮을까요?

기존 영화, 드라마의 패러디로 웹드라마를 만든다면 눈길을 끄는 유튜브 콘텐츠를 만들 수 있겠죠? 아무래도 유명 콘텐츠의 인기도와 유명세를 끌어올 수 있을 테니까요. 패러디(Parody)란 기존 작품을 모방하여 익살스럽게 표현하는 것인데, 오늘날 빼놓을 수 없는 문화의 한 장르죠.

패러디의 현실적 의미는, 성공한 패러디는 동의(허락) 없이 다른 저작물을 이용해도 저작권 침해가 아니라는 것입니다. 예를 들어 A라는 기존 작품을 잘 패러디하여 A'라는 작품을 만든 경우, 저작권법 원칙에 따르면 A'는 A와 실질적 유사성이 있는 2차적저작물로 침해가 되는데, 성공한 패러디는 허락 없이 만들어도 저작권 침해가 되지 않는다는 것이죠.

우리 법상 패러디가 다뤄진 대표적 사례는 서태지의 '컴백홈'을 패러디한 이재수의 '컴배콤' 사건인데, 법원은 패러디의 개념은 인정하면서도, '컴배콤'은 '컴백홈'에 나타난 독특한 음악적 특징을 흉내를 내 단순히 웃음을 자아내는 정도에 그치고, 상업적 목적으로 원곡을 이용하였으며, 원곡을 인용한 정도가 정도를 넘어선다는 이유 등으로 패러디를 부인하였습니다.[13]

현재의 저작권법에서 패러디는 공정이용 조항에 따라 규율될 것으로 보이는데, 해당 조항에서는 '1.이용의 목적 및 성격, 2.저작물의 종류 및 용도, 3.이용된 부분이 저작물 전체에서 차지하는 비중과 그 중요성, 4.저작물의 이용이 그 저작물의 현재 시장 또는 가치나 잠재적인 시장 또는 가치에 미치는 영향'을 고려해야 한다고 합니다. (제35조의3 제2항)

패러디는 어려운 문제이지만 여러 사례를 고려해 보면, 기준을 생각해볼 수 있습니다.

1. 원작은 가능하면 꼭 필요한 한도에서, 가급적 적게 쓸 것.
2. 패러디가 원작을 대체하여 원작의 시장적 가치를 침해해서는 안 됨. 원작의 유명세에 편승해 경제적 이익을 얻으려는 목적이어서는 곤란함.
3. 일반 사람들이 패러디임을 알 정도로 원작과 패러디는 혼동 가능성이 없어야 함.

해당 사례의 고연 씨는 이런 기준들을 잘 고려하여 패러디를 만들어야 하겠습니다.

57. '오마주'는 괜찮을까요?

유튜브 콘텐츠를 만들면서, 평소 흠모하는 예술가의 작품이나 스타일을 따라서, 그 사람을 존경하는 내 뜻을 표현하면 안 될까요? 사례에서 만태 씨처럼요.

이처럼 존경하는 예술가가 있을 때, 그를 존경하는 마음을 담아 비슷한 작품을 만드는 것을 '오마주'라고 합니다. 오마주(hommage)란 프랑스어로, '존경, 경의 감사' 또는 '그 표시로 바치는 것'이라는 뜻입니다.

오마주를 좋게만 생각하면 '누굴 존경해서 그런 작품을 만드는 건데 그것도 문제가 되나?'라고 생각할 수도 있지만, 냉정하게 생각하면 이는 그 존경을 받는 사람의 작품과 실질적 유사성을 갖춘 작품을 만드는 결과가 되어, 복제권 또는 2차적저작물작성권 침해가 될 수 있습니다.

실제로 우리나라에서 오마주가 사건으로까지 비화한 경우로는 '아이비 뮤직비디오 사건'이 있습니다.14 해당 사건에서 뮤직비디오 제작자 측은 뮤직비디오가 일본 게임 애니메이션 동영상의 오마주라고 주장하였고, 뮤직비디오의 영문 자막으로도 "The action scenes in this film is a recreation of XXX"라고 표시했다고 주장하였습니다.

그러나 법원은 위와 같은 '오마주' 항변을 전혀 고려하지 않고 저작권 침해를 인정하면서 상당히 큰 금액의 손해배상 판결을 하였습니다.

저작권법의 원칙에 따라 생각해보면, 오마주를 했다는 작품도 역시 기존 저작물을 이용한 것이고(저작권 침해 발생), '오마주'가 저작권의 제한 사유에 해당하지 않으면, 법원으로서는 침해를 인정할 수밖에 없겠죠?

사례에서도 만태 씨가 존경하는 감독님의 작품과 유사하게 작품을 만든다면, 내심으로야 그 감독님을 존경하는 뜻에서 그런 작품을 만들었다고 해도, 감독님의 저작권을 침해하는 결과가 될 수 있으니 주의해야 하겠습니다.

다만, 만태 씨가 보다 적극적으로, 자신의 작품에 'XXX 감독님을 존경하는 뜻을 담아' 등으로 적절히 표시하고, 감독님의 원작을 적절히 표시하며, '공표된 저작물의 인용', '공정이용' 등 저작권 제한 규정을 잘 검토하고 이에 따라 작품을 만든다면 책임을 피해 나갈 수도 있을 듯합니다.

58. 움짤, 짤방은 문제가 없을까요?

'짤방'은 인터넷상 속어인데 '짤림방지'의 준말로, 재미없거나 게시판 주제에 벗어난 글이 삭제(짤림)되는 것을 막기(방지) 위해 붙이는 이미지를 의미하죠. '움짤'이란 '움직이는 짤방'의 준말로서, 동영상 그림 파일(보통 GIF 파일)로 제작됩니다.

짤방이건 움짤이건, 기존의 저작물을 이용하여 일부만을 잘라내거나 편집하여 만든 것이 문제가 됩니다. 가장 유명한 짤방, 움짤은 이른바 '심영물'이 있는데, 드라마 '야인시대'의 등장인물인 '심영'의 출연 장면을 합성하여 만든 것이죠.

기본적으로 타인의 저작물을 허락 없이 이용하면 저작권 침해가 되므로 이런 움짤, 짤방도 복제권 또는 2차적저작물작성권 침해 가능성이 있습니다.

그러나 저작권제한사유로 면책을 주장할 수 있는데, 움짤, 짤방의 경우는 공표된 저작물의 이용(저작권법 제28조), 공정이용(저작권법 제35조의3) 조항을 주장할 수 있을 것 같습니다.

우선, 저작권법 제28조에서는 **"공표된 저작물은 보도·비평·교육·연구 등을 위하여는 정당한 범위 안에서 공정한 관행에 합치되게 이를 인용할 수 있다."** 라고 규정합니다.

관련하여 '내가 미쳤어' 사건을 보면, 아동이 춤을 추며 '내가 미쳤어'라는 노래를 부른 동영상이 노래 작사, 작곡가의 저작권 침해 여부 등이 문제가 되었는데, 법원은 53초 동영상 중 노래 부분은 15초에 불과하고, 그것도 부정확하다는 점 등을 고려해서 '공표된 저작물의 인용'으로서 침해를 부정했습니다.[15]

많은 유튜브 게시물들이 '공정이용' 조항을 면책사유로 생각하는데요, '공정이용' 조항은 적용이 안 될 것은 없지만, 저작권 제한 사유 중에서도 보충적 규정이고, 적용을 예상하기가 힘들어 신중하게 고려해야 합니다. 또한 '저작물의 이용 상황에 따라 합리적으로 인정되는 방법으로' 출처를 명시해야 합니다(제36조).

실제로는 어떤 조항에 의해서든 문제가 없다고 장담하기는 힘듭니다. 실제로 유튜브에서는 짤방인지, 움짤인지, 제한규정이 있는지 등을 고려하지 않고, 일단 유튜브의 알고리즘이 CID로 등록된 저작물을 이용한 모든 것들을 잡아내는 것 같습니다.

어쨌거나 움짤, 짤방을 만들려면 최소한 짧게 만들고, 보조적으로만 사용하며, 하단에 조그맣게라도 출처를 표시한다면 위험성은 줄어들 것으로 생각되니, 해당 사례의 인영 씨도 이런 방식으로 만들면 좋겠네요.

59. 콘텐츠 중 유명인의 유행어 등을 이용해도 될까요?

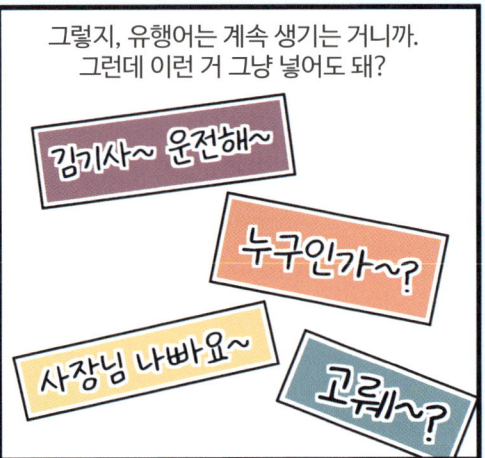

유명인(celebrity 또는 셀렙이라고도 하죠), 예를 들어 유명 개그맨이나 탤런트, 가수의 유행어를 이용해서 유튜브 콘텐츠를 만든다면 아무래도 쉽고 재미있게 유튜브 콘텐츠를 만들 수 있겠죠?

그런데 잘 생각해보면 유명인의 유행어를 이용하는 것은 그 사람의 유명세를 이용하는 것으로, 다소 과장해서 말하면 유명인을 이용한 광고를 찍는 것과 비슷하달까요? 이렇게 사람의 이름, 초상, 서명, 목소리 등 그 사람을 지칭하는 것(identity)을 상업적으로 이용할 수 있는 권리를 퍼블리시티권(right of publicity)이라고 합니다. 우리 판례에서도 종종 문제가 되곤 하였습니다.

그중 TV 프로그램인 '웃찾사'의 '따라와' 코너에 등장한 개그맨들이 그 코너를 통해서 널리 알려진 대사와 제스처("따라와~.", "왜 안 와~.")를 모방해서 '도토리 따러와'라는 이벤트 화면을 만든 사업자에게 퍼블리시티권 침해를 주장한 사건이 있었는데요, 법원은 퍼블리시티권 침해를 인정해 손해배상을 명했습니다.[16]

다만, 법원은 최근 여러 판례에서 퍼블리시티권이 '우리 법상 인정된 권리가 아니다'라면서 퍼블리시티권 침해를 인정하지 않고, 대신 초상권 침해를 이유로 손해배상을 명한 사례들이 있습니다. 결론은 비슷합니다.

그러면, 해당 사례에서 지나 씨, 고연 씨가 유튜브 콘텐츠에서 간헐적으로 유명인들의 유행어를 넣는 경우 문제가 될까요? 아마도 그럴 가능성은 낮다고 보입니다.

우리 헌법에서는 예술의 자유, 표현의 자유를 보호하고 있으므로, 유명인들의 유행어를 지나치게 상업적, 영리적으로 사용하지 않는다면 퍼블리시티권 또는 초상권 침해가 아니라고 볼 여지가 큽니다.[17] 또한, 흔히 쓰이는 표현이나 누구나 쓸 수 있는 간단한 표현이라면 특정인의 저작물로 보호하기도 어렵습니다.[18]

결국, 지나 씨, 고연 씨는 지나치게 많이, 노골적으로, 상업적으로 이용하지만 않는다면 인기인의 유행어를 사용해도 문제가 되지는 않을 듯합니다.

60. 코스프레를 해도 괜찮을까요?

용준 씨와 승식 씨가 유튜브 콘텐츠를 재미있게 만들려고, 게임 방송 동영상을 찍을 때 유명한 캐릭터들의 의상을 입거나 코스프레를 하면 문제가 될까요?

일본에서는 닌텐도의 소송이 있었는데, '마리카(아마 '마리오 카트'를 연상시키려는 의도로 생각됩니다)'라는 회사가 사람들에게 마리오, 루이지 등의 의상(캐릭터 코스튬)과 카트를 빌려주고 도쿄의 시부야, 아키하바라의 도로에서 카트를 운전하게 하는 렌탈서비스를 한 것이 문제가 되었습니다.

닌텐도에서는 해당 서비스가 부정경쟁행위와 저작권 침해라고 주장해서 소를 제기했고, 2018. 9. 선고된 1심에서는 1,000만 엔의 손해배상 및 금지청구가 인정되었는데, 대체로 '부정경쟁행위'를 이유로 한 것이었습니다.[19]

2심인 도쿄 지적재산고등재판소에서도 중간판결로 부정경쟁행위가 인정되었습니다.[20]

그런데 위 일본 판례에서는 상업적으로 영업을 함으로써 주체혼동행위를 일으키게 한 것이 문제가 되었으므로, 개인적인 유튜브 방송에 사용하여 상품주체나 영업주체가 혼동되는 경우가 아니라면 부정경쟁행위로 문제가 될 여지는 적습니다.

일본의 한 문헌에 따르면, 작품의 팬이 코스프레를 하는 경우, 감정적으로 혐오스러운 내용이 아니라면 만화가나 출판사가 코스프레를 문제 삼지는 않을 것이라고 합니다. 다만, 게임회사나 연예인 전속사의 경우는 기계적으로 소송을 하는 경우가 많으니 주의가 필요하다고 합니다.[21]

이는 부분적으로 패러디 또는 오마주와도 일부 중첩되는 문제인 듯합니다.

해당 사례의 경우, 용준 씨나 승식 씨가 게임 방송에서 코스프레를 하고 나온다고 해서 저작권법이나 부정경쟁방지법 등 법적으로 문제가 될 소지는 적어 보입니다. 다만, 이러한 코스프레를 함으로써 마치 정식 권리자가 게임 방송을 하는 것처럼 보인다거나, 심하게 영리적으로 이용함으로써 원권리자의 시장 침해가 일어날 정도라면 문제가 될 수도 있겠네요. 원권리자 이름을 표시해 주면 더욱 안전하겠습니다.

허락 없이 유명한 캐릭터의 인형, 케이크 등을 만드는 것은 어떨까요? 대법원은 평면적 도안을 3차원적인 조형물로 제작한 것이 저작권의 일부인 '복제'에 해당한다고 판시하였는데요,[22] 이런 경우 저작권 침해가 인정될 것 같습니다.

61. 유튜브 안에서 다른 유튜브 콘텐츠를 인용해도 괜찮을까요?

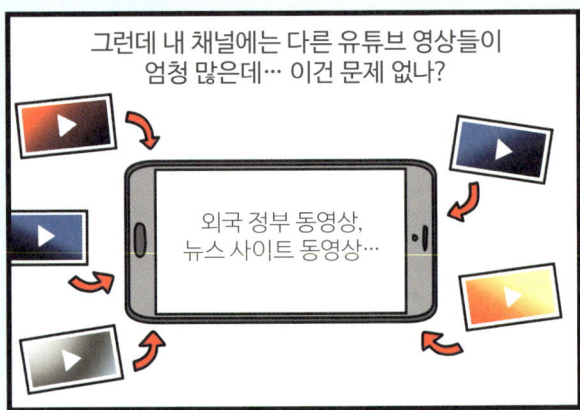

유튜브의 동영상을 유튜브 안에서 또는 유튜브 밖에서 이용하는 것은 문제가 없을까요?

유튜브는 서비스 기능상 A 유튜버가 올린 유튜브 영상을 B 유튜버가 B의 채널에 게시하고 이용할 수 있도록 허용합니다. 또는 A의 유튜브 콘텐츠를 C라는 사람이 퍼가기를 해서 유튜브 외에서 이용하도록, 예를 들면 C가 개인 블로그에 A의 콘텐츠를 게시하도록 허용하기도 합니다.

그런데 이러한 기능은 유튜브 약관상 예정되어 있습니다.

풀어서 설명하면, 유튜브에 콘텐츠를 올리는 유튜버(A)는 해당 콘텐츠가 복제, 배포, 전시 등의 이용을 하도록 하는 라이선스를 유튜브 운영자에게 허용합니다. 또한, 유튜버(A)는 다른 유튜버들(B, C)에게, 유튜브 약관과 서비스의 설정에 따라 허용된 경우 업로드한 콘텐츠에 접속하고, 이를 이용할 수 있는 라이선스도 허용합니다.[23] 이렇게 유튜버(A)는 자신의 콘텐츠를 유튜브 사이트에 올릴 때 이미 유튜브에서 허용하는 '퍼가기' 또는 이용을 이미 허락한 것이죠.

반대 측면에서 보면 유튜브를 이용하는 사람(B, C)은 유튜브 서비스에서 제공되는 기능(예를 들어 Embedded player)을 통해서 허용된 것과 같은 경우에는, 다른 사람(A)의 유튜브 콘텐츠를 다른 매체를 통해 보여주는[24] 것도 가능합니다.[25]

현재 유튜브에서는 유튜버가 콘텐츠를 올릴 때 '퍼가기 허용'을 선택하도록 되어 있습니다. 다른 사용자가 외부 사이트로 퍼가는 것을 원하지 않는다면 '고급 설정'에서 '퍼가기 허용' 체크박스를 해제하면 퍼가기가 금지됩니다. 그러나 유튜브 안에서는 여전히 퍼가기 또는 이용이 가능합니다.

그렇다면 사례의 민웅 씨가 '유튜브 안에서' 퍼가기를 하였다면 이는 다른 유튜버들이 이용 약관상 허락한 것이기 때문에 문제가 없습니다. 즉, 다른 유튜브의 영상들을 유튜브 안에서 이용하는 것은 문제가 되지 않겠습니다.

62. 리액션 콘텐츠는 문제가 없을까요?

우리나라의 K-POP 뮤직비디오들을 보면 뮤직비디오 자체도 그렇지만, 많은 리액션 콘텐츠들이 있고, 시청 횟수도 엄청납니다. 대체로 리액션 콘텐츠는 한구석에 뮤직비디오를 띄워놓고 다른 한쪽에서 유튜버(대체로 팬)가 리액션을 하는 모습이 나오는 식이죠. 그렇다면 이런 뮤직비디오의 리액션 콘텐츠는 저작권 침해가 될까요?

리액션 비디오는 기존의 유튜브 콘텐츠를 그대로 퍼가는 것이 아니라 콘텐츠를 이용해서 새로운 콘텐츠를 만드는 것이죠. 저작권법으로 말하면 2차적저작물을 만드는 결과가 되므로 원칙적으로 저작권 침해가 될 것입니다.

테크닉적으로 저작권 침해를 피해가기 위한 방법으로 소개되는 것은 영상의 피치(톤)를 바꿔준다거나, 일정 시간(예컨대 30초) 이하로 잘라서 리액션을 하면 저작권 침해를 피해갈 수 있다는 유튜버도 있지만, 다소 편법적이고 테크닉 측면으로 보입니다. 게다가 유튜브도 계속 진화하여 이제 이런 편법 방식은 다 잡아내고 있다는군요.

이 이슈에 대해서 2017년 미국에서 흥미로운 판결이 나왔는데, 결론부터 말하면 리액션 비디오는 공정이용(fair use)으로 저작권 침해가 되지 않는다는 사건입니다. 이 리액션 비디오는 현재 유튜브에 h3h3Productions라는 게시자의 'The Big, the BOLD, the Beautiful'이라는 콘텐츠로 올라와 있습니다.[26]

사건의 내용인즉, Hosseinzade라는 사람이 유튜브에 약 5분짜리 단편 콘텐츠를 올렸고, Ethan Klein과 Hila Klein이라는 사람들이 리액션 콘텐츠를 만들었습니다. 우리가 흔히 보는 한쪽에 콘텐츠를 띄워놓고 리액션을 하는 식은 아니고, 영상과 리액션이 번갈아 나오며 코멘트 또는 비판을 하는 식입니다. 이에 저작권 소송이 시작되었는데요, 미국 법원은 공정이용의 4가지 요소를 기준으로 상세히 판단하였는데, 주로 인용의 목적(비판과 코멘트), 대체 불가능성(두 비디오의 성격이 분명히 다르다)을 이유로 저작권 침해가 아니라고 판단하였습니다. 다만 해당 판결에서는 명시적으로 **"리액션 비디오는 매우 여러 종류이고, 모든 리액션 비디오가 저작권 침해가 아닌 것은 아니다"**라고 밝혔습니다.[27]

아마도 뮤직비디오 제작자도 이미 유튜브에서 영상의 차단, 수익 분배 등 적절한 조치를 취하지 않았을까 싶습니다. 사례의 재민 씨는 해당 음악의 다른 사례를 알아보는 등으로 신중히 행동한다면, 수익을 못 얻는 것 정도 외에 큰 문제가 생기지는 않을 듯합니다.

63. 유튜브 콘텐츠에서 상표가 붙은 상품을 다루면 상표권 침해인가요?

유튜브에서 흥미 있는 콘텐츠로 다룰 정도의 상품이면 상표등록이 되어 있는 것이 보통이겠죠? 그렇다면 이런 상품을 유튜브에서 다루면 상표권 침해가 될까요? 실제로 상품 제조사 분들이(특히 자신의 제품에 대해 악평을 하는 유튜브 콘텐츠에 대해) 종종 '우리 상품을 갖고 콘텐츠를 찍었는데 상표권으로 중지를 시킬 수 없냐'고 문의하는 경우가 있습니다. 결론부터 말하면, 문제가 되지 않겠습니다.

우선 동영상 제목에 상표를 표시하는 것은, 그냥 동영상을 설명하기 위한 것이니 이것을 '상표적으로 사용'한다고 볼 수 없어 문제가 되지 않습니다.

상표가 붙은 제품을 동영상에서 보여주면 상표권 침해가 될까요? 상표법에는 상표권자만 할 수 있는 '상표의 사용'으로 '상표가 표시된 상품을 전시하는 행위'도 열거하고 있어서 문제가 되는 것이죠.

그런데 상표의 경우, 상표권자가 정상적으로 만든 제품을 판매하면, 이 시점에서 상표의 효력은 소멸하고(소진), 정당한 대가를 주고 정식 제품(정품)을 산 사람은 상품에 대한 소유권과 그에 따르는 일체의 권리도 취득하고, 다른 사람에게 다시 자유롭게 판매할 수도 있습니다(이를 '상표권 소진'이라고 합니다).

상품을 판매하려면 광고, 선전도 할 수 있어야겠죠?[28] 이처럼 정식으로 상품을 구매한 사람이라면 상품을 사용하는 범위에서 모든 행위가 인정될 것이므로, 자신이 정식으로 구입한 상품을 인터넷에서 보여주어도 문제는 없을 것입니다.

다만 해당 상품을 비방한다거나 위법하게 다루면 명예훼손이나 불법행위 등 다른 문제가 생길 수는 있겠습니다만, 이는 민법 등 다른 법의 영역으로 넘어갑니다.

따라서 예지 씨가 정식으로 구입한 제품이라면, 해당 제품이 등장하는 유튜브 콘텐츠를 찍어도 제조사의 상표권 침해는 되지 않겠습니다.

64. 상품을 비판적으로 소개하면 명예훼손이 될까요?

제품 리뷰! 유튜브의 또 다른 장점이죠. 저도 종종 살 제품을 유튜브에서 찾아보는데, 동영상으로 제품을 미리 보면서 설명을 들으니 너무 유용합니다. 그런데 리뷰를 하려면 꼭 좋은 것만 할 수는 없고, 나쁜 점이 있다면 당연히 비평도 해야겠죠? 소비자의 입장에서는 이것도 알고 싶을 테니까요.

그런데 상품을 제조, 판매하는 입장에서는 이것이 달갑지 않을 테니 어떻게든 이를 막고 싶을 것입니다. 이때 법적으로 명예훼손 또는 업무방해 문제가 됩니다.

명예훼손이라는 것은 '사회적 가치 또는 평가를 떨어뜨리는 일'입니다. 민사적으로도, 형사적으로도 문제가 될 수 있죠.

유튜브에서 일어나는 명예훼손과 관련해서는 '정보통신망 이용촉진 및 개인정보보호에 관한 법률(이하 '정보통신망법')'이 문제가 되는데요, 사람을 비방할 목적으로 공공연하게 사실 또는 허위사실을 드러내어 타인의 명예를 훼손한 자는 처벌될 수 있습니다(제70조). 별도로 손해배상책임도 질 수 있고요.

흥미로운 사건이 있었습니다. A가 운영하는 산후조리원을 이용한 B가 임신, 육아 등과 관련한 유명 인터넷 카페나 자신의 블로그 등에 여러 차례에 걸쳐 자신이 직접 겪은 불편사항 등을 후기 형태로 게시하였고, A가 B를 고소하여 위 혐의로 재판이 시작되었습니다.

대법원은 B가 인터넷 카페 게시판 등에 올린 글은 자신이 산후조리원을 실제 이용하면서 겪은 일과 이에 대한 주관적 평가를 담은 이용 후기이고, 다소 과장된 표현이 사용되기도 하였으나, 게재된 주요 내용은 객관적 사실에 부합한다고 보았습니다. 결국, 이런 내용은 산후조리원에 대한 정보를 구하고자 하는 임산부의 의사결정에 도움이 되는 정보 및 의견 제공이라는 공공의 이익에 관한 것이므로 '비방의 목적'을 인정할 수 없다고 무죄로 판단하였습니다.[29]

다음, 업무방해는 허위의 사실 유포, 기타 위계, 위력을 써서 타인의 업무를 방해해야 하는 것이므로(형법 제314조 제1항), 제품에 대해 성실히 설명하였을 뿐, 속임수, 허위사실 유포 등이 없으면 업무방해도 역시 성립하기 힘들겠죠.

따라서 사례에서 예지 씨가 사실에 충실하게 제품을 리뷰하면서 단점을 다루더라도 법적으로 문제는 안 될 것 같습니다. 좋은 리뷰만 원하는 제조사의 마음은 이해가 되지만요~.

65. 내 유튜브 채널, 상표로 등록할 수 있을까요?

예지 씨가 만든 유튜브 채널, 혼자 독점적으로 사용하고 싶을 수 있겠죠? 예를 들어 KBS, MBC, SBS 같은 방송국처럼요.

유튜브 채널 이름을 철저하게 보호하고 싶으면 상표로 등록하는 것이 좋습니다. 우리가 다 아는 유튜브, 삼성, 코카콜라 같은 명칭들도 상표로 등록되어 있는데, 상표를 등록하면 (등록료만 계속해서 내면) 사실상 영구 무한하게 보호될 수 있습니다.

다만 저작권과 달리 상표는 속지주의 원칙을 취하고 있어서, 유감스럽게도 상표를 국가별로 등록해야 합니다. 그러나 최근 상표의 국제적인 보호 필요성이 강조되어 '마드리드 조약'에 따라 비교적 간단하게 외국에서도 상표 출원이 가능해졌습니다(물론 비용은 상당히 듭니다). 해당 내용은 꽤 복잡하니 전문가와 상의하셔야 할 것 같습니다.

또한, 주의할 점으로 상표의 경우 '불사용취소'라는 제도가 있습니다.[30] 상표를 3년 이상 사용하고 있지 않은 경우 상표가 취소될 수 있습니다. 따라서 유튜브 채널로 곧 사용할 계획 없이 이름만 등록했다가는 차후 등록취소가 될 수도 있습니다.

실제로 유튜브 채널을 어떻게 상표로 등록할까요? 상표는 상품별, 서비스별로 등록을 합니다. 특허청이 새롭게 추가한 서비스업으로 38류(통신업, 방송업) 지정서비스업이 있으니 채널 이름을 이 류로 등록하면 됩니다.

요즘은 상표를 등록하는 방법이 인터넷 등을 통해 알려져 당사자가 직접 등록하거나 인터넷을 통해 등록하는 경우도 많습니다. 안전하게 상표등록을 하고 싶으면 전문가에게 문의하는 것이 좋겠네요.

혹시 내가 현재 유튜브 이름으로 사용하고 있는 것을 타인이 뒤늦게 상표로 등록하면 내가 사용하지 못하게 될 수 있을까요? 그렇지 않습니다. 출원 전부터 계속 사용하고 있었다면 이 범위 내에서는 계속 사용할 수 있습니다(상표법 제99조, 선사용에 따른 상표를 계속 사용할 권리).

따라서 사례에서 예지 씨가 '럭셔리 예지'를 유튜브 채널 이름으로 혼자만 온전히 쓰고 싶다면 서비스표 등록을 하면 되겠습니다.

66. 상표등록에 문제가 생겼을 땐 어떻게 하나요?

유튜버 채널명이나 활동명, 캐릭터 등을 적절히 상표 등록을 해야 한다는 건 잘 알게 되었겠죠? 그런데 깜빡하거나 또는 별일 없을 거라고 생각하고 상표 등록을 안하고 있다가 문제가 생길 수도 있어요. 실제로 유튜버의 채널명이나 활동명을 다른 사람이 출원하거나 등록한 사례가 종종 있는데요. 언론에도 많이 소개된 '펭수'도 그렇고 알게 모르게 많은 사례가 있답니다.

특히 일부러 유튜버의 채널명이나 활동명을 출원하거나 등록하고, 내가 상표권자이니 돈을 주고 사가라고 하는 사람들도 있었어요. 참 별일이 다 있죠.

이럴 땐 어떻게 해야 할까요?

먼저 내가 쓰고 있는 채널명이나 활동명을 제3자가 상표 출원 중인 경우에는 '정보제출서'를 제출할 수 있어요. 정보제출 제도란, 상표 출원에 대해서 누구나 자유롭게 의견을 개진할 수 있는 제도입니다. 이 제도를 활용하면 유튜버가 직접 "제3자가 출원한 이 상표는 제가 몇년 전부터 유튜브 채널명으로 사용하고 있었던 상표입니다"라고 주장할 수 있어요. 정보제출서는 누구나 제출할 수 있기 때문에 유튜버가 아닌 유튜버의 팬이나 소속사가 제출할 수도 있지요. 하지만 정확하게 작성하려면 상표가 출원된 '류'를 확인하고, 상표가 등록되어서는 안 되는 법상 요건에 맞게 잘 서술해야 하겠죠?

제3자가 상표를 이미 등록한 경우라면 '불사용취소심판'을 청구할 수 있어요. 불사용취소심판이란, 상표를 등록하고 3년 이상 사용하지 않은 경우에 상표 등록을 취소해달라는 심판이에요. 특허심판원에 제기하는 것이고, 이 경우 제3자가 상표를 등록한 뒤 3년 이상 사용하지 않았을 것을 입증해야 하기 때문에 꼼꼼하게 따져보아야 합니다.

그렇다면 위의 유튜버는 어떻게 해결했을까요? 정보제출서를 법령 요건에 맞추어 풍부하게 작성하고 다양한 입증방법도 함께 제출했고, 추후 심사관의 심사를 거쳐서 결국 제3자의 상표 출원은 거절되었습니다!

67. 협찬을 받고 상품을 소개할 때 뭘 주의해야 할까요?

인기 있는 유튜브 콘텐츠 중 제품 리뷰가 있죠? 유튜버의 입장에서는 인기 있는 콘텐츠가, 제품 제조사 측에서는 제품을 홍보, 광고할 좋은 방법이 될 수 있습니다.

유튜브 이전에도 인터넷 블로그 등을 통한 간접 광고성 글이 문제가 되어 이런 협찬성 인터넷 게시물에 대한 규제가 시작되었고, 최근에는 공정거래위원회에서도 유튜브에 대해서 규제를 강화하겠다고 누차 밝혔습니다.

유튜브의 광고성 콘텐츠도 공정거래위원회의 '추천·보증 등에 관한 표시·광고 심사지침'에 따라야 합니다. 지침에 따르면 그 내용이 추천인이 실제로 경험한 사실이 부합해야 하고, 원래 내용이 광고주의 가공 등으로 왜곡되어서는 안 되고, 또한 광고주와 추천인의 경제적 이해관계가 분명히 공개되어야 합니다(IV. 일반원칙). 추천인, 보증인이 광고주로부터 현금이나 제품 등 대가를 받고 공동 구매를 주선하거나 단순히 추천, 보증하는 경우, 매 건마다 소비자들이 알 수 있도록 경제적 대가를 받은 사실을 표시해야 합니다(V. 세부심사지침 5). 표시 사례는 아래와 같습니다.

올바른 예	문제가 있는 예
• 저는 해당 제품의 공동 구매를 주선하기 위해 추천글을 게재하면서 B사로부터 일정 수수료를 받기로 했습니다. • 저는 위 프로그램을 홍보하면서 D사로부터 무료프로그램을 제공받았습니다. • 저는 이 제품을 홍보하면서 G사로부터 현금을 받았습니다. • '유료광고', '대가성 광고'	• 이 제품은 A사와 함께 함 • 이 글은 A사 00제품 체험단으로 진행한 글임 • A사 제품을 일주일간 써보게 되었어요 • 이 글은 정보/홍보성 글임 • 이 글은 홍보문구가 포함되어 있음

유튜브에서도 '광고주 또는 마케팅 담당자를 위해 제작된 콘텐츠'인 보증광고에 대해 규제하고 있습니다.[31] 유튜브는 기업의 협찬을 받아 영상을 제작하는 것 자체는 허락하나, 보증광고가 포함된 콘텐츠에는 '본 동영상에는 유료 제품 추천, 후원, 보증과 같은 유료광고 내용이 포함되어 있습니다'를 선택하고(유튜브에 알림), '본 동영상에 고지를 추가하여 시청자들이 유료광고 포함 여부를 알 수 있도록 하고 싶습니다'를 선택할 수 있도록 하였습니다(독자들에게 알림). 후자 선택 시 콘텐츠에 '유료광고 포함'이라는 공개 문구가 추가되는데, 이 정도면 공정위 심사지침에도 부합하는 것 같군요.

따라서 사례의 예지 씨는 유튜브 콘텐츠를 올릴 때 '유료광고 내용 포함', '동영상에 고지 추가'를 체크하여 콘텐츠를 올려야 하고, 내용상 자신이 경험한 사실에 부합하는 내용으로 구성해서 왜곡된 내용을 알려서는 안 되겠습니다.

68. 유튜브 콘텐츠에서 PPL은 어떻게 하나요?

PPL이란 'Product Placement'의 약자로서, 그대로 번역하면 '제품 배치'라는 의미입니다. 즉 '필요한 위치에 제품을 갖다 놓는다'라는 뜻인데, 영화나 드라마에서 우연히 등장한 제품들이 실질적으로 매출 증진에 효과를 나타내자 기업들이 마케팅 수단으로 사용한 데에서 유래합니다. '상품간접광고'라고 번역을 하기도 합니다.

한 예로 영화 'ET'에 등장하는 초콜릿의 경우 영화가 개봉되자 폭발적인 매출 증가가 일어났다고 합니다.

우리나라 PPL에 대한 규제를 보면, 영화의 경우 규제를 하지 않고 있습니다. 반면 방송 프로그램 관련해서는 오락, 교양 분야의 방송 프로그램에서 화면의 1/4이내, 전체 프로그램 시간의 5/100 이내에서만 가능하고, 자막으로 고지를 해야 하는 등 엄격한 규제가 이루어지고 있습니다.[32]

PPL은 표시·광고의 공정화에 관한 법률상 '전기통신에서 정하는 방법으로 소비자에게 상품을 널리 알리거나 제시'하는 '광고(제2조 제2항)'에 해당하는 듯하고, 과학기술정보통신부와 한국인터넷진흥원에서도 PPL을 온라인광고의 유형 중 하나로 다루고 있습니다.[33]

따라서 PPL도 공정거래위원회의 '추천·보증 등에 관한 표시·광고 심사지침' 적용 대상입니다. 내용이 추천인이 실제로 경험한 사실과 부합하고, 광고주의 가공 등으로 왜곡되어서는 안 되고, 광고주와 추천인의 경제적 이해관계가 분명히 공개되어야 합니다.

유튜브에서는 PPL도 간접광고와 함께 '유료 PPL 및 보증광고'라고 하여 규제하고 있습니다.[34] 따라서 보증광고가 포함된 콘텐츠에는 '본 동영상에는 유료 제품 추천, 후원, 보증과 같은 유료광고 내용이 포함되어 있습니다'를 선택하고, 우리 법상 문제가 없으려면 '본 동영상에 고지를 추가하여 시청자들이 유료광고 포함 여부를 알 수 있도록 하고 싶습니다'를 선택해야 할 것입니다.

또한, 식품, 의(료)약품, 보건, 금융, 문화, 산업, 산업재산권, 직업, 환경, 결혼중개업, 복권 등 개별법에서 광고에 대해 규제를 하는 경우, 이를 준수해야 할 것입니다.[35,36]

결국, 해당 사례의 예지 씨는 유튜브 콘텐츠를 올릴 때 '유료광고 내용 포함', '동영상에 고지 추가'를 체크하여 콘텐츠를 올려야 하겠습니다. PPL의 경우 그냥 제품만 한쪽에 두거나 이용하면 되는 것이니 내용상 크게 신경 쓸 점은 없겠군요.

69. 광고 계약서는 어떻게 써야 할까요?

유튜브 채널을 운영하다 보면 다양한 곳에서 광고 문의가 많이 온다고 하네요. 제품을 위해서 제품 홍보만 하는 새로운 콘텐츠를 만들어 달라고 하기도 하고, 아무 언급도 안 해도 좋으니 상품을 노출하기만 해달라는 요청이 들어오기도 하죠. 또 음식점을 홍보하는 영상을 만들어 달라고 하기도 하고요. 요즘에는 금융상품이나 제품 이름을 배너처럼 넣어서 홍보하기도 합니다.

몇 십만 명의 구독자와 구독자 아닌 수많은 사람도 보는 영상이니, 그 광고 효과도 엄청날 수밖에 없겠지요. 유튜버 입장에서는 이렇게 광고 콘텐츠가 있어야 수입도 생기고, 새로운 콘텐츠 주제도 생기니 마다할 이유가 없습니다(물론, 뒷광고는 하면 안 되겠죠~).

그렇다면 유튜버가 광고 계약을 체결할 때 주의해야 할 점은 무엇일까요? 에이전시가 있는 유튜버라면 에이전시에서 광고 계약 체결을 대행해 주기 때문에 실제로 계약을 체결할 일은 없지만, 에이전시가 없는 유튜버라면 직접 계약을 체결해야 합니다. 또 에이전시가 계약을 대행해 준다고 하더라도 계약의 주요 내용에 대해서는 설명을 요구하고 유튜버 스스로 숙지할 필요가 있습니다.

먼저 광고 계약은 일종의 도급 계약입니다. 따라서 정해진 일정까지 계약서나 기획안에 기재된 내용대로 영상 제작을 완료해야 합니다. 만약 불가피하게 일정이 지연되거나 하는 경우에는 당사자 간 합의하에 일정을 조금 미룰 수 있도록 정하는 것이 좋습니다.

다음으로 광고 대금을 지급받는 게 중요하겠죠? 광고 영상을 업로드한 날부터 너무 멀지 않은 날짜로 지급 일자를 정하는 게 좋습니다. 또, 광고 영상의 조회수나 좋아요를 조건으로 대금 약정을 하기보다는 업로드하는 의무 자체에 대해서 대금을 약정하는 것이 안전합니다.

중요한 것은 광고 영상의 저작권 그리고 실무상 2차 활용이라고 불리는 라이선스 권한 설정입니다. 유튜버의 광고 영상은 유튜버의 특성과 스타일에 따라 제작되고, 유튜브 채널에서 지속적인 영상 수익이 창출될 수 있기 때문에 저작권이 유튜버에게 귀속되도록 해야 합니다. 또 그 영상을 마구잡이로 활용해서는 안 되기 때문에 영상 업로드 외에 광고 영상을 어디까지 활용할 수 있는지에 대해서도 미리 정해야 합니다.

광고 계약을 빈번하게 체결한다면 법률 전문가의 도움을 받아서 한 번 개념을 알고 가는 것도 좋을 것 같습니다. 첨부로 광고 계약서 샘플을 수록합니다. 첨부 계약서는 예시이므로 상황에 맞게 적절한 내용을 빼거나 추가할 필요가 있겠습니다.

미주

1. https://support.google.com/youtube/answer/10623810#Dream_Track&zippy=%2Chow-does-dream-track-work
2. https://blog.youtube/news-and-events/made-on-youtube-2023/
3. 머니투데이 2019. 9. 30. 기사 '월 37억 벌던 '보람튜브' 광고수입 확 준다.'
4. 유튜브에서는 아동용 콘텐츠에는 개인 맞춤 광고가 게재되지 않을 것이고, 그에 따라서 콘텐츠를 아동용으로 표시하는 크리에이터의 수익이 줄어들 수 있다고 한다. 유튜브 고객센터, '채널 또는 동영상 시청자층 설정' 참조. https://support.google.com/youtube/answer/9527654?hl=ko
5. 민법 제913조.
6. 지원림, 민법강의, 10판, 홍문사(2012), 1959면.
   https://support.google.com/youtube/answer/9527654?hl=ko
7. 민법 제5조.
8. 민법 제921조 등.
9. 민법 제146조.
10. 근로기준법 제64조, 제67조.
11. 대법원 2012. 1. 27. 선고 2010다39277 판결, 대법원 2006. 10. 13. 선고 2004다16280 판결 등.
12. 의정부지방법원 2011. 10. 20. 선고 2011나6848 판결
13. 서울지방법원 2001. 11. 1.자 2001카합1837 결정.
14. 서울중앙지방법원 2008. 3. 13. 선고 2007가합53681 판결.
15. 서울고등법원 2010. 10. 13. 선고 2010나35260 판결.
16. 서울중앙지방법원 2007. 1. 19. 선고 2006가단250396 판결.
17. 박정난, '퍼블리시티권과 표현의 자유에 관한 논의', 인권과 정의, Vol. 446, 대한변호사협회 (2014), 59면 이하.
18. 한국저작권위원회 저작권상담팀, 'Q&A로 알아보는 저작권 상담사례', 전면개정판, 한국저작권위원회(2016), 31면.
19. 도쿄지방재판소 2018. 9. 27. 선고 평성29(와)6293 사건.
20. 도쿄지적재산고등재판소 2019. 5. 30. 선고 평성30(네)10081 사건.
21. 桑野雄一郎·赤松 健, '출판·망가비즈니스의 저작권', 2판, 공익사단법인 저작권정보센터(2018), 140~141면.
22. 대법원 2019. 5. 10. 선고 2016도15974 판결.
23. 이용약관 6조 C.
24. 이용 약관상 '배포'라고 명기되어 있다.
25. 이용약관 4조 A.
26. 유튜브 채널 h3h3Productions, 'The Big, the BOLD, the Beautiful (Re-Upload)', https://youtu.be/CXUs5FOo-JE
27. Hosseinzadeh v. Klein. 276 F. Supp. 3d 34.
28. 대법원 2002. 9. 24. 선고 99다42322 판결. 법상 허용되는 병행수입 상품의 경우 광고, 선전행위도 상표권 침해가 아니라고 판시하였다.
29. 대법원 2012. 11. 29. 선고 2012도10392 판결.

30. 상표법 제119조 제1항.
31. 유튜브 고객센터, '유료 PPL 및 보증광고'에서 매우 상세한 내용을 설명하고 있다. https://support.google.com/youtube/answer/154235?hl=ko
32. 방송법 시행령 제59조의3(간접광고), PPL에 관한 자세한 내용은 박성호, '문화산업법', 한양대학교 출판부(2012), 180~196면 참조.
33. 과학기술정보통신부·한국인터넷진흥원 '온라인광고 법제도 가이드북'(2018), 3면.
34. 유튜브 고객센터, '유료 PPL 및 보증광고' 참조. 매우 상세한 내용을 설명하고 있다. https://support.google.com/youtube/answer/154235?hl=ko
35. 관련 법령은 한국광고자율심의기구 '광고 관련 법규' 참조. https://www.karb.or.kr/regulation/ad_regulation1.aspx
36. 유명 유튜버의 광고 관련, 스타투데이 2019. 4. 26. 기사 '밴쯔 사과문 "건강기능식품 잇포유, 무지한 광고집행 사과…. 법원 결정 따를 것"(전문)'. https://www.mk.co.kr/star/hot-issues/view/2019/04/264909/

유튜브 내의 보호수단

70. '유튜브 커뮤니티 가이드라인'은 무엇인가요?
71. 유튜브 커뮤니티 가이드라인' 위반이라는데, 어떻게 대응해야 하나요?
72. 유튜브에 '노란 딱지'가 붙었다! 왜 붙었을까요?
73. 유튜브의 '부정클릭방지', 무엇을 조심해야 할까요?
74. 저작권 침해를 당했을 때, 유튜브 내에서 신고를 하는 방법은 뭔가요?
75. 저작권 침해 신고, 이후에 철회하려면 어떻게 하죠?
76. 내 유튜브 콘텐츠가 저작권 침해라는 유튜브의 통지를 받았는데 어떡하나요?
77. 나의 명예를 훼손하는 유튜브 콘텐츠, 유튜브에 어떻게 조치를 요구하죠?
78. 내 유튜브 콘텐츠에 달린 악플, 어떻게 대처할까요?
79. 유튜브 콘텐츠에서 욕을 하면 어떻게 될까요?
80. 유튜브의 성인 콘텐츠, 어떻게 처리되나요?

70. '유튜브 커뮤니티 가이드라인'은 무엇인가요?

유튜브를 이용하려면 '커뮤니티 가이드라인(Community Guideline)'에 동의해야 합니다.[1,2]

유튜브의 '커뮤니티 가이드' 또는 '커뮤니티 가이드라인'은 유튜브 내부적으로 만든 이용 규약이고, 네이버, 다음도 똑같은 방식으로 이용약관 등 나름의 지침을 갖고 있습니다.

유튜브에서는 커뮤니티 가이드를 게시하고, 이를 수시로 변경하기도 하므로 현재의 내용은 직접 확인을 하는 것이 가장 정확합니다.[3] 해당 내용은 아래와 같은 카테고리를 갖고 있는데, 대체로 '해서는 안 될 행동'이라고 상식적으로 알고 있는, 또 우리나라 법에서도 금지하는 내용입니다.

- 과도한 노출 및 성적인 콘텐츠(포르노, 음란물)
- 유해하거나 위험한 콘텐츠(어린이와 같은 시청자가 부상을 입을 수 있는 행위를 조장하는 동영상, 유해하거나 위험한 행위를 보여주는 동영상)
- 증오성 콘텐츠(인종, 민족, 종교, 장애, 성별, 연령, 성적 지향 등에 따라 폭력을 선동하거나 용납하는 콘텐츠, 증오를 조장하는 것이 목적인 콘텐츠)
- 폭력적이거나 노골적인 콘텐츠(충격적, 선정적, 필요 이상의 유혈과 폭력이 표현된 콘텐츠)
- 괴롭힘/사이버 괴롭힘(악성 동영상, 댓글)
- 스팸, 오해를 불러일으킬 수 있는 메타데이터 및 사기
- 위협(스토킹, 협박, 괴롭힘, 위협, 사생활 침해, 개인정보 누설, 폭력행위 선동 등)
- 저작권(저작권 위반 콘텐츠)
- 개인정보 보호(개인정보 침해 콘텐츠)
- 명의도용(다른 채널이나 개인을 도용하기 위해 만든 계정)
- 아동 보호(아동의 안전을 위협하는 콘텐츠)

유튜브에서는 커뮤니티 가이드 위반시 심각성을 고려하여 경고, 유튜버의 권한 정지, 계정 영구 삭제 등 조치를 취하고 있습니다. 즉, 유튜브에서는 최초 주의, 그 후 1차 경고(1주 동안 동영상 업로드 등을 할 수 없고, 경고는 90일간 채널에 유지됨), 2차 경고(2주 동안 콘텐츠를 게시할 수 없음 등), 3차 경고(채널 영구 삭제 등)와 관련 조치가 내려집니다.[4]

해당 사례에서 숙영 엄마는 마음에 들지 않는 콘텐츠가 있다면, 유튜브의 커뮤니티 가이드 위반을 따져보아 신고를 할 수 있겠네요.[5]

71. 유튜브 커뮤니티 가이드라인' 위반이라는데, 어떻게 대응해야 하나요?

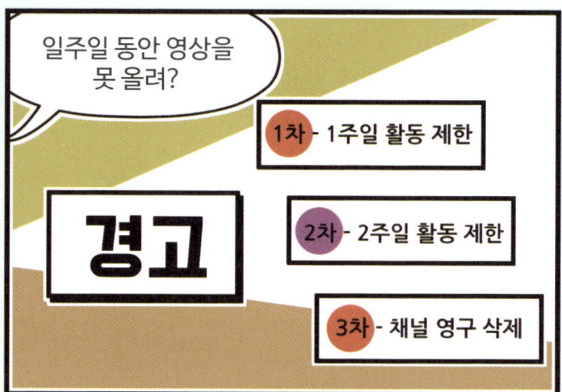

유튜브에서는 '커뮤니티 가이드라인'을 마련하고 이용자들이 준수할 것을 요구합니다. 가이드 위반 시, 유튜브에서는 유튜버의 행위의 심각성 등을 고려하여 경고, 유튜버의 권한 정지, 계정 영구 삭제 등 조치를 취하여 불이익을 가합니다.

커뮤니티 가이드 위반은 저작권 침해로 인한 제재와 약간 구조가 다릅니다. 저작권 침해의 경우, 대립하는 양 당사자가 있어서 당사자 사이에 다투는 구조지만, 커뮤니티 가이드 위반은 양쪽 당사자가 없으므로 유튜브 운영자를 주축으로 절차가 진행되는 구조입니다.

경고를 받은 경우, 유튜브는 내부적으로 항소 절차를 마련하고 있습니다.[6] 주의 또는 위반을 받은 후 30일간 항소를 할 수 있고, 항소를 신청하면 유튜브에서는 항소 내용을 검토합니다. 유튜브에서 검토 결과 ① 해당 콘텐츠가 커뮤니티 가이드 위반이 아니라면 동영상이 복원되고 채널 경고가 취소되며, ② 커뮤니티 가이드를 준수했더라도 일부 시청자에게 적합하지 않으면 연령 제한이 적용되고, ③ 유튜브에서 재차 검토해도 커뮤니티 가이드 위반이 확인되면 경고가 유지되고 동영상의 게시가 계속 중단됩니다.

각 경고에 한 번만 항소할 수 있다고 하니, 각별히 정성을 들여 주의 깊게 항소를 해야 할 것 같습니다. 유튜브를 찾아보면 항소에 관한 콘텐츠들도 꽤 있습니다.

이 항소 절차에 대해서도 불만이 있으면 어떨까요? 유튜브 운영사인 구글에 대해 소송을 제기해야 할 것으로 생각됩니다.

유튜브의 이러한 조치에 대해서도 다투는 것이 가능할까요? 네. 가능은 하겠습니다만, '유튜브 서비스 약관'에 따르면 기본적으로 미국 캘리포니아주 법률이 적용되고 산타클라라가 관할 법원이 되니 우리나라에 살면서 이를 다투기는 쉽지 않겠네요.[7]

관련해서 서울고등법원은 국내의 한 회사가 구글의 '플레이스토어'를 상대로 제기한 민사소송에 대해 구글 약관의 합의 관할을 인정, 국내 법원에 제기한 소가 부적법하다고 보았습니다.[8]

다만, 대법원은 구글 이용자가 구글 측이 사용자 정보를 제3자에게 제공한 내역을 공개하라고 요구한 사건에서 **"구글과 체결한 서비스 이용계약은 구 국제사법 제27조 제1항 제1호에 따른 '소비자 계약'이므로 원고들이 한국에 구글에 대한 소를 제기한 것은 전속적 재판관할합의에도 불구하고 적법하다"**고 판시하여 제한적으로나마 관할을 인정한 사례도 있으니 주목할 만합니다.[9]

사례에서 민웅 씨는 우선 꼼꼼하게 준비해 유튜브에 항소하는 것이 급선무이겠습니다.

72. 유튜브에 '노란 딱지'가 붙었다! 왜 붙었을까요?

최근 노란 딱지가 이슈가 되고 있습니다. 특히 기준이 모호하고 표현의 자유를 침해한다는 논란이 있죠.[10] 노란 딱지(Yellow dollar sign)의 정확한 명칭은 '대부분의 광고주에게 적합하지 않음' 표시입니다.[11] 유튜브의 설명에 따르면, ① 유튜브 자동 시스템에서 내 콘텐츠가 일부 브랜드에 적합하지 않은 것으로 인식한 경우, 또는 ② 유튜브 전문가가 내 동영상이 광고주 친화적인 콘텐츠 가이드를 준수하지 않음을 확인한 경우에 붙입니다.

노란 딱지가 붙으면? 광고가 제한되거나 배제되는 결과 수익 창출을 할 수 없습니다. 노란 딱지의 기준이 되는 '광고주 친화적 콘텐츠 가이드라인'은 무엇일까요? 유튜브는 다음과 같은 카테고리를 제시하고 있습니다.[12] 해당 사이트에 매우 상세히 예시하고 있지만 (예: 높은 빌딩을 오르는 루프타핑), 어쩔 수 없이 추상적인 경우도 있습니다. (예: 정치적 분쟁)

- 부적절한 언어
- 폭력
- 성인용 콘텐츠
- 유해하거나 위험한 행위
- 증오성 콘텐츠
- 도발, 비하
- 기분전환용 약물 및 마약 관련 콘텐츠
- 담배 관련 콘텐츠
- 총기 관련 콘텐츠
- 논란의 소지가 있는 문제 및 민감한 사건
- 가족용 콘텐츠에 포함된 성인용 콘텐츠

노란 딱지를 막으려면 어떻게 해야 할까요? 기본적으로 엄청난 분량의 동영상이 계속 올라오는 유튜브의 특성상, 1차로 노란 딱지를 붙이는 것은 유튜브의 자동 시스템(알고리즘)이고, 이에 대해 검토 요청('항소'라고도 함)을 하는 경우 유튜브 전문가(유튜브 직원)가 다시 검토한다고 합니다. 검토 요청은 한 번만 제출할 수 있고, 번복될 수 없습니다.[13] 유튜브에서는 동영상을 공개하기 전 미등록으로 업로드하면 수익 창출 상태를 확인할 수 있고, 노란 딱지가 붙으면 이에 대해 조치를 취한 뒤 재업로드하라고 권합니다.[14]

그러나 노란 딱지가 대량신고에 따른 것 아니냐는 소문이 있었고, 급기야 구글코리아 대표가 2019년 10월 우리나라 국회에 나와 '대량 신고와 노란 딱지는 영향이 없다'고 해명까지 하였습니다. 콘텐츠에는 국가별, 문화적 차이도 있을 수 있는데, 잘 고려되고 있는지 다소 의문입니다. 유튜브 고객센터에서도 해당 기능이 완전하지 못함을 인정하며 계속 개선하겠다는 입장인 듯합니다만, 아직은 이 문제는 지켜봐야 할 상황으로 생각됩니다.

73. 유튜브의 '부정클릭방지', 무엇을 조심해야 할까요?

만태 씨에게 들이닥친 유튜버 최악의 악몽! 예고 없는 계정정지네요.

유튜버가 올리는 주 수익은 콘텐츠에 올린 광고를 시청자가 보거나 클릭하면 유튜브가 광고주에게 비용을 부과하여 유튜버에게 나눠주는 광고수입입니다.

유튜브는 광고에 발생하는 사용자의 클릭 수와 노출 수 등을 계산하여 광고주에게 광고 요금을 부과하고 콘텐츠 게시자에게 수익을 나눠주기 때문에, 그 과정에서 부정한 클릭, 노출이 있을 경우 이를 부정행위로 간주하여 매우 엄격하게 단속하고 있습니다.

즉, 유튜브의 광고에서 발생하는 클릭은 전적으로 사용자의 실제 관심에 따른 결과여야 하고, 인위적으로 거짓 트래픽을 늘리는 무효 트래픽은 금지되는 것입니다.[15]

유튜브가 예로 드는 무효 트래픽 사례는

- 유튜버 자신의 사이트, YouTube 채널, 앱에 게재된 광고를 클릭하는 경우
- 유튜버의 사이트, YouTube 채널, 앱에서 한 명 이상의 사용자가 반복적으로 광고를 클릭하는 경우
- 자동화 또는 봇(Bot) 트래픽을 생성하거나 수신하는 경우
- 보상을 제공하는 트래픽 소스를 사용하는 경우
- 광고 게재 방식 조작
- 광고 상호작용을 통해 사이트, YouTube 채널, 앱을 지원하도록 부추기는 경우
- 사용자를 현혹하는 위치에 광고를 게재하거나 의도하지 않은 클릭을 유도하는 경우 등이 있습니다.[16]

유튜브는 부정클릭에 대해서 매우 단호하게 조치를 하여, 무효 트래픽이 있다고 판단되면 곧장 계정을 정지하기도 합니다.[17] 이에 대해서는 이의신청을 할 수 있지만, 이의신청 기회도 단 1번뿐이고, 계정도 복원되지 않습니다.

워낙 중요한 문제이므로, 유튜브에서는 계정 정지에 대한 이의에 대해 상당히 자세한 설명을 하고 있습니다.[18] 이의에 대해서는 유튜브를 검색해 보면 비슷한 경험이 있는 다른 유튜버들이 설명을 올려놓기도 하였으니 참고하시면 좋겠습니다.

해당 사례에서 만태 씨가 의도적으로 무효 트래픽을 일으켰다면… 글쎄요, 피해를 회복하기는 쉽지 않을 것 같네요.

74. 저작권 침해를 당했을 때, 유튜브 내에서 신고를 하는 방법은 뭔가요?

내가 유튜브 동영상 콘텐츠를 만들었는데, 제3자가 그것을 그대로 따라 해서 동영상을 만들어 올린 경우(!) 어떻게 대처하는 게 좋을까요? 뒤에서 살펴볼 민사소송, 형사고소도 가능하지만 아무래도 이런 절차는 상당한 비용과 시간, 절차가 필요하니 가장 가성비 높은 것은 유튜브의 저작권 신고절차로 보입니다.[19]

우선 침해를 받은 사람은 유튜브 사이트 내에 마련된 '저작권 침해 알림(신고)'을 제출합니다. 각 유튜브 콘텐츠 아래에 있는 '신고' 버튼을 누르면 저작권 침해 신고를 선택하여 제출할 수 있습니다. 그 외에도 신고서(양식은 자유)는 이메일, 팩스, 우편으로도 제출할 수 있습니다. 본인이 할 수도 있고, 위임받은 대리인이 제출해도 됩니다.

다만, 저작권법상 문제가 되는 내용이 아니라면(예를 들어 공정이용), 저작권 침해가 아니니 신고를 하면 안 되겠죠?

유튜브에서는 대규모 콘텐츠에 대한 독점권을 가진 회사는 이러한 신고 외에도 유튜브의 콘텐츠 ID(CID) 시스템 또는 콘텐츠 검증 프로그램 이용을 신청할 수 있다고 안내하고 있습니다.

신고를 하면 유튜브는 일단 해당 콘텐츠의 게시를 중단합니다. 그리고 상대방에게 경고하고 그 세부 내용을 알립니다. 상대방은 3가지를 선택할 수 있는데, ① 저작권 학교 과정을 수료하고 90일 이후 경고가 소멸하는 것을 기다리거나, ② 상대방에게 신고 철회를 요청하거나, ③ 반론 통지를 제출할 수 있습니다.

저작권 위반 경고를 받으면 수익 창출 자격을 박탈당할 수 있고, 경고를 3회 받으면 채널 해지, 채널에 업로드된 동영상 삭제, 새 채널을 만들 수 없는 등 상당히 강한 제재를 받을 수 있습니다.

제재를 받은 상대방은 억울하다고 생각하면 반론 통지 제출(이의 제기) 등 절차를 취할 수 있는데, 이에 대해서는 뒤에서 다시 살펴봅니다.

따라서 사안의 준태 씨, 상균 씨는 '저작권 침해 알림'(신고)을 하는 것이 우선은 무난한 방법 같습니다.

75. 저작권 침해 신고, 이후에 철회하려면 어떻게 하죠?
(ft. 이말년)

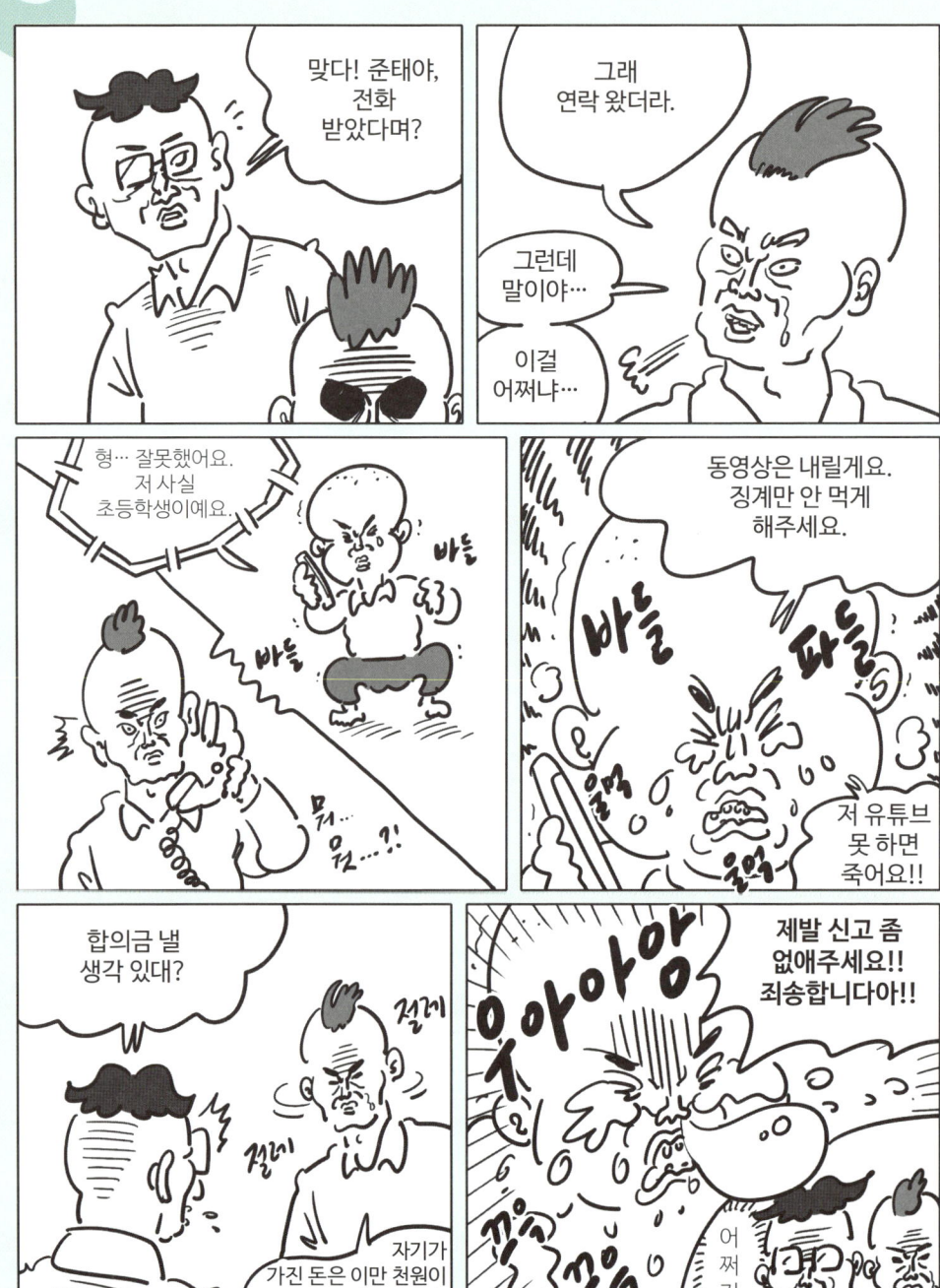

상균 씨와 준태 씨가 피해를 본 것은 맞지만, 사고를 친 초등생이 싹싹 빌며 사과를 하는군요? 일단 저작권 침해 신고를 한 다음에 신고를 거둬들이고 싶은 사정 변화가 생긴 경우, '신고 철회'를 이용하면 상황을 원만하게 해결할 수 있습니다.

즉, 신고를 한 측에서 합의금을 받고 합의하는 등으로 신고를 유지할 이유가 없어졌다거나, 다시 생각해 보니 저작권 침해가 아니라고 생각된다면 신고 철회를 할 수 있습니다. 반대로 신고된 상대방 측에서도, 원만히 합의를 했으니 신고자에게 신고를 철회해 달라고 하거나 저작권 침해가 아니라고 주장하며 신고 철회를 요청할 수 있겠지요. 그러면 신고 철회는 어떻게 하면 될까요?[20]

신고 철회는 원래 신고를 한 구글 계정으로 로그인해서 철회 절차를 밟거나 아니면 '철회진술서'를 써서 침해 신고를 한 그 이메일로 구글에 철회 요청을 하면 됩니다. 처음에 침해 신고를 했던 이메일 주소 또는 도메인에서 보낸 철회 요청만 처리를 할 수 있다고 하네요.

그렇다면 상균 씨, 준태 씨가 초등생을 넓은 아량으로 용서한다면, 신고 철회를 하면 되겠습니다.

이렇게 해서 철회가 원만히 처리되면 사태는 일단락되겠지만, 만약 철회가 이루어지지 않는다거나 여전히 신고당한 측에서는 억울하게 신고를 당했다고 생각한다면 좀 더 심각한 절차인 이의 절차로 나아가게 되는데, 이에 대해서는 다음 장에서 살펴보겠습니다.

저 개인적인 경험으로는 제 의뢰인 애니메이션 회사가 회사에서 만든 애니메이션을 유튜브에 올려놓았는데, 제3자가 악의적으로 저작권 침해 신고를 했었습니다. 이에 상대방에게 빨리 신고 철회를 하라고 내용증명 통고서로 요구를 했는데, 듣지 않아서 결국 이의제기 절차까지 나간 경험이 있네요.

76. 내 유튜브 콘텐츠가 저작권 침해라는 유튜브의 통지를 받았는데 어떡하나요?

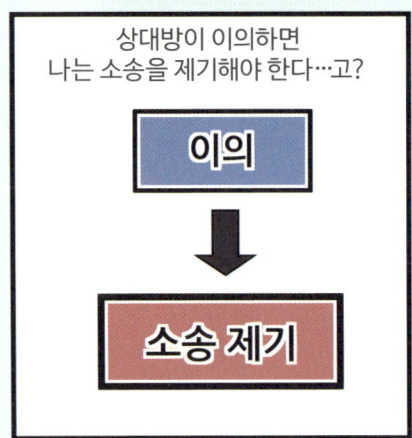

다시 한번 개괄적으로 볼까요?

저작권을 침해당했다고 생각하는 사람이 유튜브에 게시된 콘텐츠가 자신의 저작권을 침해했다고 신고를 하면, 게시자는 저작권 위반 경고를 받게 됩니다. 신고를 받은 사람은 ① 저작권 학교 과정을 수료하고 90일 이후 경고가 소멸하는 것을 기다리거나, ② 상대방에게 신고 철회를 요청하거나, ③ 반론 통지를 제출하는 것 중 하나를 선택할 수 있다고 했죠.

반론 통지는 이의 제기를 말하는데, 이의 제기는 게시가 중단된 동영상을 다시 원래대로 돌려달라고 유튜브에 요청하는 것을 말합니다.[21] 즉, 해당 콘텐츠가 저작권 침해물이 아니라는 주장입니다. 이의 제기는 본인 또는 변호사가 할 수 있습니다.

이의 제기를 하면 원래 신고자에게 해당 이의 제기 내용이 전달됩니다. 그러면 이의 제기, 즉 반론을 전달받은 신고자는?

신고자는 둘 중 하나를 선택해야 합니다.

① 신고자는 영업일 기준 10일 이내에 콘텐츠 게시 중단 유지를 위한 법적 조치에 들어갔다는 증거를 유튜브에 제출해야 합니다. 예컨대 민사소송 또는 형사고소를 제기하여 법원에 제출한 소장 또는 고소장을 제출하면 되겠죠.

또는 ② 신고자가 이러한 증거를 제출하지 않는다면, 원래 제기했던 이의는 효력을 상실하고 동영상은 다시 원래대로 회복되어 게시가 됩니다. 저의 경우도 이렇게 해서 한동안 정지되었던 애니메이션 콘텐츠를 살렸습니다.

그러므로 이의를 하는 사람은 소송을 제기할 각오까지 하고 이의를 제기해야 합니다. 이유 없는 신고를 하면 유튜브에서는 계정이 중지되거나 법적 처벌을 받는 등 불이익을 입을 수 있다고 하고, 우리 형법상 '업무방해죄'로 처벌받을 수도 있겠습니다.

사례의 만태 씨 상대방은 이의 제기로 사건을 잘 해결한 것 같습니다. 또한 만태 씨가 10일 안에 법적 조치를 준비하는 것은 시간으로나 비용으로나 만만치 않을 것 같습니다.

77. 나의 명예를 훼손하는 유튜브 콘텐츠, 유튜브에 어떻게 조치를 요구하죠?

유튜브도 커뮤니케이션의 수단의 하나로 언제든지 명예훼손 문제가 생길 수 있습니다. 명예훼손이란 사람의 사회적 가치 내지 평가를 떨어뜨리는 일을 말하고, 그것이 사실이라고 해도 명예훼손이 될 수 있다는 점은 뒤에서 자세히 살펴보겠습니다.

유튜브에는 정치적 내용의 채널도 다수 있는데요, 특히 이런 정치적 내용의 유튜브들은 정치적 경쟁자에 대한 비방을 하는 콘텐츠가 다수 있죠. 그러다보면 결국 다른 사람에 대한 명예훼손의 문제가 자연스럽게 생기게 됩니다.

나에 대한 명예훼손적 내용의 유튜브 콘텐츠에 대해서 어떻게 대처하면 될까요? 가장 간단한 방법으로는 유튜브에 신고를 하는 방법이 있습니다. 유튜브에서는 '명예훼손 신고 제출하기' 신고를 할 수 있는 기능을 제공합니다.[22] 다만 해당 사이트에서는 '법률 양식을 남용하면 YouTube 계정이 해지될 수도 있으므로 주의하시기 바랍니다'라고 누차 경고를 하고 있네요.

유튜브에서는 가급적 콘텐츠를 업로드한 사용자에게 직접 연락할 것을 권유하고, 또한 권리침해정책 위반 신고(권리침해, 보호집단에 대한 적개심이나 증오심의 표현 사용 등)를 권유하며, 그래도 명예훼손 신고가 더 적절하다고 생각될 때 명예훼손 신고를 하라고 합니다.

유튜브에서는 신고 양식을 작성해서 인터넷상으로 신청하거나 이메일, 팩스, 우편으로 제출할 것을 요구하며, 명예훼손으로 판단될 경우 현지의 법적 기준을 고려하며 경우에 따라서는 법원의 명령을 필요로 한다고 밝히고 있습니다.

유튜브 신고 절차와 별도로 우리 법에 따른 조치를 할 수 있음은 물론입니다. 명예훼손으로 인한 손해배상 책임을 묻기 위해 민사소송을 할 수도 있습니다. 또한 형사고소도 가능한데, 정보통신망법 위반죄로 고소를 할 수 있습니다. 이러한 국내법상 명예훼손에 대해서는 일정한 항변 사유가 있다는 점은 앞에서 살펴보았습니다.

사례의 민웅 씨는 유튜브에 신고를 할 수 있겠네요. 또한 그와 별도로 라이벌을 형사고소하거나 민사소송도 할 수 있겠습니다. 그러나 저의 변호사로서의 경험에 따르면, 이 책의 다른 부분에 나와 있는 것처럼 우선 통고서를 보내는 방법을 적극 권하고 싶습니다.

78. 내 유튜브 콘텐츠에 달린 악플, 어떻게 대처할까요?

유튜브의 악플은 대체로 명예훼손 또는 모욕적 내용일 것입니다. 양자는 법적으로 사실을 적시(기재)하면 명예훼손이 되고, 사실을 적시하지 않고 단순히 경멸의 의사표시를 하면 모욕이 되는 점에서 구별됩니다.

우선, 댓글에 대해서도 법적 조치가 가능할까요? 네, 우리 사법기관은 독립적 게시글인지 댓글인지 구별하지 않고 법에 위반되면 모두 처벌을 하고 있습니다.

명예훼손에 대해서는 앞에서 본 바와 같이 유튜브에 신고를 하거나 정보통신망법상 명예훼손으로 법적 조치를 하면 됩니다.

모욕은 어떨까요? 우선 유튜브 상의 조치를 알아봅니다. 유튜브에서는 타인을 악의적으로 희롱하거나 위협하거나 괴롭히려는 목적의 콘텐츠를 허용하지 않고 있습니다.[23] 타인을 모욕하기 위해 의도적으로 게시한 콘텐츠, 타인에게 상처를 주거나 부정적인 댓글 또는 동영상이 포함된 콘텐츠는 금지됩니다.

이를 위반한 콘텐츠에 대해서는 유튜브에 신고를 할 수 있고, 위 정책을 위반하는 콘텐츠는 삭제됩니다. 이런 일이 처음이라면 채널에 대한 제한 조치 없이 주의만 주어지고, 그 이후에는 채널에 대한 경고, 경고를 3번 받으면 채널이 해지되는 조치가 취해집니다.

형법에서는 '공연히 사람을 모욕한 자'를 처벌하고 있습니다(제311조). 유튜브에 올라온 게시물이라면 '공연히'(공연성)는 당연히 인정될 것 같군요. 모욕행위에 대해서는 수사기관에 모욕죄로 고소를 할 수 있고, 법원에 손해배상을 요구하는 민사소송을 할 수도 있겠습니다.

게시자의 '의견'에 대해서는 위법성이 인정되지 않을 수 있습니다. 그러나 사례에서 재민 씨에 대한 언급인 '싸구려 변두리 영어', '영어 망치는 지름길'이라는 내용은 명예훼손성 또는 모욕성 내용으로 볼 수 있을 듯합니다. 재민 씨는 유튜브 또는 사법기관에 조치를 취해야겠군요.

참고로 명예훼손범 또는 악플러의 신상 파악 방법과 관련, 최근 인기 연예인들에 대한 루머를 양산하는 것으로 문제가 된 '탈덕수용소' 운영자에 대한 사건에서 미국 캘리포니아주 법원이 구글 본사에 정보제공명령을 내려 신상정보를 입수, 국내 법원에서 판결까지 받은 사건이 있는 바, 매우 의미 있는 조치가 이루어진 것 같습니다.[24]

79. 유튜브 콘텐츠에서 욕을 하면 어떻게 될까요?

만태 씨의 인터넷 욕설, 처벌이 될까요?

우선, 여기서 문제가 되는 것은 욕설이 특정인을 대상으로 한 것이 아니라는 점입니다. 욕설이 특정인을 향한 것이라면 모욕죄, 정보통신망법위반죄(명예훼손), 협박죄 등이 될 수 있겠습니다만, 특정인을 대상으로 한 것이 아니기 때문에 '경멸적 표현'인 모욕죄가 성립하기 힘듭니다. 사실, 만태 씨의 욕설로 인해서 누가 고소를 할 것 같지도 않군요.

우리 법상 적용 가능한 규정을 찾는다면, 정보통신망법에서 유통을 금지하는 '공포심이나 불안감을 유발하는 부호·문언·음향·화상 또는 영상을 반복적으로 상대방에게 도달하도록 하는 내용의 정보' 정도나,[25] 경범죄처벌법에서 처벌하는 '몹시 거칠게 겁을 주는 말이나 행동으로 다른 사람을 불안하게 하거나 귀찮고 불쾌하게 한 사람' 정도인 것 같습니다.[26]

유튜브 가이드라인에서도 욕설을 금지하고 있습니다.[27]

즉, 가이드라인에서는 '증오심 표현(특정 개인이나 집단에 대한 혐오감을 조장하는 콘텐츠)'과 '권리침해 및 사이버 폭력(타인에게 상처를 주거나 부정적인 댓글 또는 동영상이 포함된 콘텐츠, 타인을 희롱하거나 위협하도록 선동하는 콘텐츠)'를 금지하고 있으며, 해당 위반사항에 대해 신고를 받고 주의, 경고, 채널 해지 등 벌칙을 가하고 있습니다. 또한 '저속한 언어'에 대해서는 동영상에 연령제한이 적용될 수 있다고 경고하고 있습니다.

또한 이런 '부적절한 언어', 즉 욕설이 등장하는 콘텐츠에 대해서는 '광고주 친화적인 콘텐츠 가이드라인'에 반하는 내용으로 '광고 제한 또는 배제'가 되는 이른바 노란 딱지를 받을 수도 있겠습니다.[28]

그렇다면 만태 씨의 욕설은 현행법상으로 경미한 처벌을 받고, 유튜브에서도 불이익을 받을 가능성이 있겠네요. 특히 노란 딱지를 받아서 수익 창출이 안되는 비극적인 상황이 될 수도 있겠습니다.

80. 유튜브의 성인 콘텐츠, 어떻게 처리되나요?

　우리 법상으로도 인터넷에 음란물을 올리는 행위는 금지되고, 유튜브도 커뮤니티 가이드에서 '과도한 노출 및 성적인 콘텐츠(포르노, 음란물)', 선정적이거나 노골적인 콘텐츠를 규제합니다.

　유튜브가 설명하는 기준을 살펴봅시다.[29] 기본적으로 아예 금지되는 것이 있고, 연령제한을 걸어 허용되는 것이 있습니다.

　포르노와 같은 음란물은 허용되지 않습니다. 교육, 기록, 과학 또는 예술을 주목적으로 과도한 노출 또는 기타 성적인 콘텐츠를 다루며 불필요하게 선정적이지 않은 동영상은 허용됩니다.[30]

　구별해야 할 것으로 '연령 제한 콘텐츠'라는 것이 있습니다. 삭제를 할 정도는 되지 않지만 연령을 제한해서 예를 들어 19세 이상의 사람만 볼 수 있도록 하는 것이죠(연령 확인 절차를 거침). 이때 미리보기 이미지도 거부될 수 있습니다. 유튜브 콘텐츠를 올릴 때 업로더가 연령제한을 설정할 수 있고, 유튜브에 따르면, 기본적으로 연령 제한 동영상에는 광고가 포함되지 않으며, 이러한 동영상으로 수익을 창출할 수 없다고 합니다.[31]

　동영상 연령 제한을 할 것인가에 관해서는, 동영상의 인물 자체가 성적 자극 의도로 연출되었는지, 의상이 사회통념상 수용할 수 있는 것인지, 동영상의 초점이 특정 부위에 맞춰져 있는지, 인물 동작이 성행위를 암시하는지 등을 고려한다고 합니다.

　제3자가 유튜브 정책을 위반하거나 특정 연령에 적합하지 않은 동영상을 신고할 수도 있습니다. 이 정책을 위반한 콘텐츠는 삭제가 되고 관련 이메일이 발송됩니다. 이는 커뮤니티 가이드 위반이기 때문에 주의, 1차 경고, 2차 경고, 3차 경고의 순으로 제재가 됩니다. 다만 유튜브의 가이드라인 기준이 모호하고 실제로는 적용이 자의적이라서 제재해야 할 내용은 제재가 되지 않고, 문제되지 않을 내용이 제재되고 있다는 비판도 있습니다.[32]

　사례에서 송송이 아빠 엄마는 우선 해당 콘텐츠가 커뮤니티 가이드 위반인지를 다시 한 번 살펴볼 필요가 있겠고요, 문제가 없다고 생각되면 커뮤니티 가이드 위반 경고에 대해서 항소를 하면 되겠습니다.

미주

1. 서비스 이용약관 1. A.
2. 유튜브는 '커뮤니티 지침', '커뮤니티 가이드라인', '커뮤니티 가이드'를 혼용하고 있다.
3. 이하 2019. 6.의 유튜브 커뮤니티 가이드에 따름.
   https://www.youtube.com/about/policies/#community-guidelines
4. 관련 내용은 유튜브 고객센터, '커뮤니티 가이드 위반 경고 기본사항' 참조.
   https://support.google.com/youtube/answer/2802032?hl=ko
5. 관련 내용은 유튜브 고객센터, '신고 및 집행' 참조.
   https://support.google.com/youtube/topic/2803138?hl=ko&ref_topic=6151248
   https://www.youtube.com/about/policies/#reporting-and-enforcement
6. 이하 유튜브 고객센터, '커뮤니티 가이드 위반 조치에 대한 항소' 참조.
   https://support.google.com/youtube/answer/185111?hl=ko
7. 약관 제14조.
8. 서울고등법원 2020. 6. 9. 선고 2019나2044652 판결. 대법원 확정.
9. 대법원 2023. 4. 13. 선고 2017다219232 판결.
10. 뉴스원 2019. 10. 16. "AI에 찍히면' 돈줄이 막힌다?…유튜브 '노란딱지' 뭐길래'.
    http://news1.kr/articles/?3740646
11. 이하의 설명은 유튜브 고객센터, "'대부분의 광고주에게 적합하지 않음'으로 표시된 동영상의 직접 검토 요청' 참조. https://support.google.com/youtube/answer/7083671?hl=ko
12. 유튜브 고객센터, '광고주 친화적인 콘텐츠 가이드라인' 참조.
    https://support.google.com/youtube/answer/6162278?hl=ko
13. 이미 언급한 유튜브 "'대부분의 광고주에게 적합하지 않음'으로 표시된 동영상의 직접 검토 요청' 내용 중.
14. 유튜브 고객센터, '수익 창출 아이콘이 녹색과 노란색 사이에서 변경됨' 참조.
    https://support.google.com/youtube/answer/7561938
15. 유튜브 고객센터, '애드센스 프로그램 정책' 참조. https://support.google.com/adsense/answer/48182
16. 유튜브 고객센터, '계정 폐쇄로 이어지는 주요 무효 트래픽 및 정책위반' 참조.
    https://support.google.com/adsense/answer/2660562#invalid
17. 토이푸딩(김세진, 박종한), '나의 첫 유튜브 프로젝트', 다산북스(2019), 375면.
18. 유튜브 고객센터, '무효 트래픽으로 인한 애드센스 계정 정지' 참조.
    https://support.google.com/youtube/answer/57153?hl=ko
19. 이하의 내용은 유튜브 고객센터, '저작권 위반 경고 기본사항' 참조.
    https://support.google.com/youtube/answer/2814000?p=c_strike_basics&hl=ko
20. 이하의 설명은 유튜브 고객센터, '저작권 침해 신고 철회' 참조.
    https://support.google.com/youtube/answer/2807691?hl=ko
21. 이하의 설명은 유튜브 고객센터, '저작권 반론 통지 기본사항' 참조.
    https://support.google.com/youtube/answer/2807684?hl=ko
22. 이하의 내용은 유튜브 고객센터, '명예훼손' 참조.
    https://support.google.com/youtube/answer/6154230?hl=ko

23. 이하의 내용은 유튜브 고객센터, '권리침해 및 사이버 폭력에 대한 정책' 참조.
https://support.google.com/youtube/answer/2802268?hl=ko
24. 법률신문 2024. 1. 21.자 기사 '장원영 모욕하던 해외 기반 유튜버 법망 못 피해'
https://www.lawtimes.co.kr/news/195162
25. 정보통신망법 제44조의7 제1항 제3호. 동법 제74조 제1항 제3호에 따라서 1년 이하의 징역 또는 1천만원 이하의 벌금.
26. 경범죄처벌법 제3조 제1항 제19호, 10만원 이하의 벌금, 구류 또는 과료.
27. 유튜브 고객센터, 'YouTube 커뮤니티 가이드' 참조.
http:/https://support.google.com/youtube/answer/9288567?hl=ko
28. 유튜브 고객센터, '광고주 친화적인 콘텐츠 가이드라인' 참조.
https://support.google.com/youtube/answer/6162278
29. 이하의 내용은 유튜브 고객센터, '과도한 노출 및 성적인 콘텐츠에 대한 정책' 참조.
https://support.google.com/youtube/answer/2802002?hl=ko
30. 이는 미국의 판례 기준에 따른 것으로 보인다.
31. 유튜브 고객센터, '내 동영상에 연령 제한 적용' 참조.
https://support.google.com/youtube/answer/2950063
32. 노컷뉴스 2018. 11. 13 기사. "유튜브, 음란물의 바다인가…야설·ASMR·광고 형태도".
https://www.nocutnews.co.kr/news/5060524

우리나라 법의 보호수단

81. 유튜브에서 발생한 저작권 침해, 우리나라 법에 따른 조치도 가능할까요?
82. 모든 저작권 침해가 형사고소 대상인가요?
83. 내 유튜브 콘텐츠가 저작권 침해라는데, 어떻게 대응하면 좋을까요?
84. 통고서를 어떻게 써야 할까요?
85. 합의서를 어떻게 써야 할까요?
86. 유튜브 콘텐츠, 어떤 경우에 우리 법상 명예훼손이 되나요?
87. 유튜브 콘텐츠, 우리 법상 어떤 규제가 적용되나요?

81. 유튜브에서 발생한 저작권 침해, 우리나라 법에 따른 조치도 가능할까요?

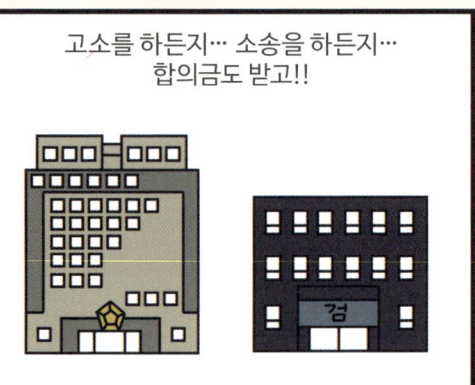

내 유튜브 콘텐츠를 남이 베꼈다는 건 법적으로 '저작권 침해'를 말합니다.

유튜브에서 이에 대한 조치와 절차를 만들었다는 것은 앞에서 살펴보았죠? 이는 유튜브 내의 규정에 따른 것이므로 개인은 당연히 해당 절차와 함께 또는 별도로 우리나라 법에 따른 법적 절차를 진행할 수도 있습니다.

크게 보면 민사 절차와 형사 절차로 나뉩니다. 즉, 사례에서 상균 씨와 준태 씨는 민사소송도 할 수 있고 형사고소도 할 수 있다는 거죠.

우선 민사 절차! 쉽게 말해서 소송을 제기해서 손해배상을 받는 것을 말합니다. 저작권이 침해당한 경우 민사적으로는 침해정지 청구, 손해배상 청구, 부당이득반환 청구, 명예회복 등의 청구가 가능합니다(제123조~127조).

특히 저작권 침해로 인한 손해를 산정하기 힘들기에 저작권법에서는 특칙을 두고 있는데, 침해자의 이익액을 손해액으로 추정, 권리의 행사로 통상 받을 수 있는 금액에 상당하는 액을 손해액으로 인정, 법정 손해배상 청구, 판사의 재량에 의한 손해액 인정 등 규정을 두고 있습니다.

우리나라에서는 민사소송을 할 때 변호사가 반드시 있어야 하는 것은 아니고, 소액사건(3,000만 원 이하의 사건)의 경우 당사자가 직접 소송을 하는 경우도 많습니다. 그러나 변호사가 선임된다면 훨씬 전문적인 주장과 소송 진행이 가능하겠죠?

다음으로 형사 절차! 간단히 말하면 고소를 해서 나라로부터 처벌을 받게 하는 것을 말합니다.

저작권을 고의로 침해한 자에 대해서는 형사고소가 가능합니다. 저작권을 침해한 자는 징역 또는 벌금에 처해질 수 있지만(제136조) 현실적으로 보면 실형(집행유예 포함)은 거의 없고, 벌금형이 보통인 듯합니다.

형사고소를 한다고 해서 상대방으로부터 돈을 받을 수 있는 것은 아니지만, 수사기관에서는 가급적 합의를 권하므로, 합의금을 받고 종결되는 경우가 많습니다.

따라서 사례의 상균 씨와 준태 씨는 유튜브 내의 절차를 이용하는 것은 물론, 민사소송, 형사고소 모두 가능하겠네요.

82. 모든 저작권 침해가 형사고소 대상인가요?

앞에서 보았듯이 유튜브에서 저작권 침해가 있는 경우, 유튜브 신고절차 외에 우리 법에 따른 절차도 가능합니다. 유튜브 신고절차는 유튜브에서 마련한 약관에 따른 절차이기 때문입니다.

형사적 처벌을 보면, 타인의 저작재산권을 침해한 자는 다소 무겁게, 타인의 저작인격권을 침해하여 명예를 훼손한 자는 다소 가볍게 처벌을 합니다(제136조).

그런데 저작권법위반죄는 고의범만 처벌합니다. 형법상 처벌하는 과실범은 '과실로'라고 특정이 된 몇몇 경우에 한합니다(예: 과실치사상죄). 그렇다면 고의가 없이 과실로 저작권을 침해한 경우는 민사상 책임은 지겠지만 형사처벌은 받지 않겠지요.

고의가 있는지 어떻게 판단할까요? '미필적 고의(확신이 없는 고의)'도 고의범으로 처벌하듯, 당사자의 주장만으로 판단하는 것은 아니고, 여러 가지 요소를 고려하여 판단합니다.

사례처럼 저작권 문제가 없는 것으로 알았는데 사실은 문제가 있는 저작물이었다면(고의는 없고 과실만 있는 경우), 통지를 받으면 그 이후에는 타인의 저작물임을 알았다고 볼 수 있고(즉 그 이후에는 고의가 생겼고), 따라서 통지를 받은 후 즉시 저작물 이용을 중지했다면 과실만 있다고 생각되니, 형사처벌까지는 힘들겠지요.

예전에는 직접 행위를 한 직원(행위자) 외에도 사용자(사업자)도 무조건 처벌했으나, 법이 개정되어 현재에는 사용자(사업자)가 직원의 위반행위를 방지하기 위하여 해당 업무에 관하여 상당한 주의와 감독을 한 경우에는 사용자를 처벌하지 않습니다(제141조).

실무자로서 팁을 드리면, 저작권 침해를 두 가지로 나누어 보면, 어떠한 변경도 없이 동일하게 그대로 베끼는 것(dead copy)은 형사고소부터 시작해도 좋지만, 똑같지는 않아도 실질적인 유사성 있는 저작권 침해는 민사소송이 더 적절합니다. 형법적 처벌은 국가 공권력의 처벌이므로 더 분명한 침해 입증을 요구하고, 실질적 유사성 판단은 상당히 어려워서 전문성을 갖춘 법원 재판부로부터 판단을 받는 것이 좋습니다.

해당 사례의 후덕 씨가 통지를 받고 즉시 침해를 중지했다면 형사처벌은 받지 않을 듯합니다. 민사상 책임을 져야 할 수는 있지만, 배상액이 거의 없거나 경미할 것 같습니다.

83. 내 유튜브 콘텐츠가 저작권 침해라는데, 어떻게 대응하면 좋을까요?

이번에는 내가 침해자로 몰린 경우 어떻게 대응하면 좋을지 알아봅니다. 물론 사안마다 모두 사실관계가 다르고 대응법도 다를 수밖에 없겠지만요.

우선 침해를 알리는 소장을 받거나 고소를 당했다면, 내 유튜브 콘텐츠가 그런 소지가 있는지 확인하고, 조금이라도 의심이 있으면 우선 게시를 중단하는 것이 좋겠습니다. 중단하면 내가 혐의를 인정하는 것이 아니냐고 생각할 수도 있지만, 괜한 분란이 싫어서 중단할 수도 있으니 꼭 그렇게 생각할 것은 아닙니다.

민사소송은 상대적으로 느린 템포로 진행이 되니 대처도 여유가 있는 편입니다. 상대방이 정당한 저작권자인지 확인하고, 상대방이 주장하는 저작권 및 저작권 침해가 이유가 있는 것인지 봐야 하겠습니다(예 : 저작권을 주장할 수 없는 경우가 아닌지).

저작권 침해가 인정되려면 의거성과 실질적 유사성이 있어야 합니다. 의거성(access)이란 권리자의 저작물에 접해서 만들었다는 뜻입니다. 즉, 권리자의 저작물을 생전 한번 보지도 못했는데 우연히 비슷한 결과물을 만들었다면 저작권 침해는 아닙니다. 실질적 유사성(substantial similarity)이란 말 그대로 '실질적으로' '비슷하다'는 뜻입니다. 실질적으로 양 저작물이 유사한지는 사안별로 판단할 문제겠죠.

의거성, 실질적 유사성을 다툴 만한 사안으로 복잡한 쟁점들이 있다면 변호사의 도움을 받는 것이 좋겠습니다.

형사고소는 상황 자체는 긴박하지만 잘 대응하면 오히려 민사소송보다 수월할 수 있습니다. 우선 동일한 '데드카피' 저작물을 고의로 올리는 등으로 침해하였다면 침해를 순순히 인정하고 잘 합의를 하는 게 좋습니다. 실질적 유사성이 문제가 되는 경우라면 유사성이 없다는 점을 잘 다투면 되겠습니다. 권리자, 의거성 확인 등은 민사와 같습니다.

민사사건과 형사사건의 저작권 침해 판단은 같은 경우가 보통이겠지만, 이론상으로는 다를 수도 있습니다. 사례의 고연 씨는 그래도 이미 관련 형사사건에서 이겼으니 상당히 유리한 입장이 아닐까 싶고, 민사사건에서 차분히 침해가 아님을 다투면 되겠네요.

84. 통고서를 어떻게 써야 할까요?

유튜브에서 저작권을 침해하거나, 명예훼손을 하는 가해자를 발견했다고 합시다. 어떻게 하면 좋을까요? 민사소송을 해서 법정으로 가거나, 형사고소를 하여 경찰, 검찰로 가는 경우 상당한 시간, 비용, 노력이 필요하고, 결과도 예상하기 힘들며, 문제가 너무 심각해집니다. 이럴 경우에는 통고서를 보내서 원만히 합의하도록 유도하는 것이 좋습니다. 외국의 경우에도 비슷하게 'Cease and Desist Letter' 또는 'Warning Letter'를 보내곤 합니다.

이러한 분쟁은 일방이 상대방에게 통고서(보통 '내용증명'의 방법으로)를 보내고, 서로 통고서가 오가다 일방이 더이상 요구나 추궁을 포기하여 유야무야되거나 합의서를 작성하여 합의로 종결이 되곤 합니다. 여기서 종결이 되지 않으면 당사자의 판단에 따라 법정으로 가겠지만, 원만히 해결되면 매우 바람직한 해결책입니다.

통고서는 본인이 직접 작성해서 본인 이름으로 보내도 아무런 문제가 없습니다. 다만 변호사에게 의뢰하여 변호사 명의로 보내는 경우, 상대방이 '곧 정식 법적 절차로 이행될 수 있겠구나'라고 생각하여 보다 긴장하게 되고, 주장에도 신뢰성을 두겠지요.

변호사에게 위임하는 경우 정식 법적 절차에 소요되는 비용보다 상당히 저렴한 비용으로 분쟁을 해결할 수 있고, 위임을 맡은 변호사는 통고서 발송, 양자 간 협상(합의), 합의서 작성까지 업무를 처리하는 것이 보통입니다.

통고서는 보통 내용증명의 방법으로 보내지만, 유튜브의 경우라면 메일로 보내는 것도 좋은 방법이겠습니다. 상대방의 주소나 이메일 주소는 잘 검색해서 찾아야겠죠.

통고서 샘플을 부록에 수록하였습니다. 우선 발신인에 대해 간단히 설명합니다(본인 또는 대리인). 그리고 관련된 사실관계와 내가 생각하는 침해 내용을 기재합니다. 그리고 자신이 요구하는 사항을 항목별로 밝히고 이에 응하지 않을 경우 취할 조치를 밝힙니다. 마지막으로 회신을 할 시한을 기재하기도 합니다.

그렇다면 상균 씨, 준태 씨는 통고서를 내용증명 또는 수신을 파악할 수 있는 이메일 등의 방법으로 보내서 침해 중지를 요구하고 합의를 시도하는 것이 좋겠습니다.

85. 합의서를 어떻게 써야 할까요?

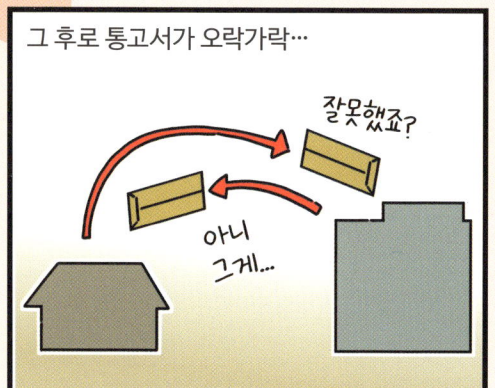

통고서를 보냈는데 상대방도 합의를 할 의사를 보인 타이밍이네요!

앞에서 본 것과 같이 통고서를 보낸 다음은 통고서를 2~3차례 주고받으며 서로의 주장 등을 확인하고, 양쪽이 협상할 생각이 있다면 합의를 위한 협상을 합니다. 협상을 통해 합의가 가능함이 확인되면, 합의서를 작성하여 관련 분쟁을 마치게 됩니다.

합의는 어떤 경우 가능하고, 어느 정도나 가능할까요?

변호사로서 경험상 살펴보면 분쟁의 내용, 쌍방이 가진 증거나 주장사항, 협상 당사자의 태도 등에 따라 천차만별로 가능성이 달라지기 때문에 상당히 예측하기 힘들고, 그야말로 케이스 바이 케이스인 것 같습니다. 제 개인적인 경험으로는 대략 절반 정도는 통고서를 주고받으며 합의가 되었습니다.

합의가 되었다는 것은 주요한 내용에 대해 합의를 마쳤다는 의미지만, 최종적으로 정리를 하기 위해서는 '합의서'라는 문서를 써서 정리해야 합니다.

합의서를 꼼꼼히 작성하지 않으면 합의해야 할 사항이 누락되거나, 발생할 수 있는 경우를 고려하지 않고 합의서가 작성되어 재차 분쟁의 여지가 생길 수 있으므로, 가급적 합의서 작성은 전문가의 도움을 받는 것이 바람직합니다. 기껏 어렵게 합의가 되었는데 또 분쟁이 생긴다면 맥빠지는 일이겠죠?

첨부로 부록에 합의서 샘플을 수록합니다.

해당 내용을 보면 상대방이 저작권 침해(잘못한 내용)를 사과하고, 합의금 조로 금전을 지급하기로 하였습니다.

또한, 쌍방이 본 합의 내용 및 관련된 일체의 사항을 제3자에게 공개하지 않기로 했습니다. 마지막으로 본 합의서에 정한 사항 외에 상호 일체 청구를 포기하고 이의를 하지 않기로 하였습니다.

합의서는 서로 합의한 내용을 문서로 정리하는 것에 불과합니다. 첨부 합의서는 예시이므로 상황에 맞게 적절한 내용을 빼거나 추가하거나 할 필요가 있겠습니다.

해당 사례의 준태 씨는 침해 상대방과 깔끔하게 합의서를 잘 써서 마무리해야겠네요.

86. 유튜브 콘텐츠, 어떤 경우에 우리 법상 명예훼손이 되나요?

후덕 씨는 자신이 만든 분식점 관련 유튜브 콘텐츠로 명예훼손 책임을 지게 될까요?

명예훼손이란 사람의 사회적 가치 또는 평가를 떨어뜨리는 일을 말합니다. 명예훼손을 하는 유튜브 콘텐츠에 대해서는 유튜브 내에서 조치가 가능하고, 그와 별도로 우리나라 법에 따른 제재도 구할 수 있습니다.

우리나라에서 명예훼손과 관련하여 주의해야 할 점은 사실을 말해도 명예훼손이 될 수 있다는 점입니다. 보통 사람들이 황당하게 생각하는 부분입니다. '아니, 있는 사실 그대로만 말했는데도 법 위반이 되는 거냐?'하고요.

네. 사실의 경우에도 명예훼손이 될 수 있는 것은 형법에서도 그렇고 정보통신망법에서도 그렇습니다. 그렇다면 기본적으로 우리 법에 따르면 사실이라고 해도, 다른 사람의 사회적 평가를 떨어뜨리는 언행은 명예훼손이 될 수 있습니다(다른 나라에서는 사실을 말하는 경우에는 명예훼손이 되지 않기도 합니다).

그렇다고 해도 무조건 명예훼손이 되는 건 아닙니다. 형법에서는 명예훼손이라고 해도 진실한 사실로서 오로지 공공의 이익에 관한 때에는 처벌하지 않는데(형법 제310조), 여기서 '오로지 공공의 이익에 관한 때'를 비교적 넓게 해석합니다. 인터넷상의 명예훼손에 대해 적용되는 정보통신망법에서는 '사람을 비방할 목적'이 없으면 명예훼손이 되지 않습니다(정보통신망법 제70조). 판례에서는 이 '사람을 비방할 목적'을 상당히 탄력적으로 해석하고, 형법 제310조와 비슷한 잣대로 명예훼손 여부를 판단하고 있습니다.

해당 사례의 후덕 씨는 어떨까요? 정말 있는 그대로의 사실만을 유튜브 콘텐츠에서 말했다고 해도 명예훼손이 될 수는 있겠습니다. 왜냐하면 그런 사실을 말함으로써 분식점의 사회적 평가(사람들이 분식점에 대해 갖는 평가)는 분명 떨어질 테니까요.

하지만 정보통신망법 위반으로 처벌이 되는지는 '비방할 목적'이 인정되는지 등 여러 요소를 고려해야 할 것입니다. 앞에서 본 산후조리원 판례가 참조가 되겠습니다.[1] 제 생각에는 후덕 씨가 있는 사실을 그대로 썼고, 사람들에게 알려서 억울한 손님이 또 생기지 않게 할 목적이었다면 크게 걱정하지 않아도 될 듯합니다.

87. 유튜브 콘텐츠, 우리 법상 어떤 규제가 적용되나요?

유튜브의 역할이 급속히 커지면서, 정말로 제가 어릴 때 TV만큼이나 유튜브의 영향력이 커지는 것 아닌가 하는 생각도 들 때가 있습니다.

우리가 보통 '유튜브 방송'이라고 말합니다만, 법적으로 따지면 유튜브의 방송은 '방송'이 아니라 '전송' 또는 '정보통신서비스'에 해당합니다.[2] 다만, '아프리카TV'와 같은 방송물 실시간 웹캐스팅(TV_Radio) 서비스'는 방송에 해당한다는 문화체육관광부의 유권해석이 있어, 다소 논란의 여지가 있습니다.[3]

그런데 방송은 국가의 한정된 주파수를 사용하는 공공성이 있으므로 매우 엄밀한 규제와 감독이 따릅니다. 그렇다면 유튜브의 경우도 '방송'에 준해서 볼 수 있을까요? 물론 규제 당국에서는 이를 가급적 넓게 규제하고자 하지만, 업계에서는 반대하는 입장이고,[4] 인터넷 방송은 기본적으로 방송이 아닌 통신물이므로 방송으로 규제함은 부적절한 듯합니다.

또 하나의 문제는 유튜브는 외국에 소재하는 사업자인데, 국내의 포털사이트 등이 적용을 받는 국내의 통신 관련 법규가 적용되는지의 문제입니다.

이는 외국에 소재한 사업자에 대해 국내법을 적용할 수 있느냐는 '역외적용'의 문제인데, 법의 성격 등에 따라서는 역외적용이 필요하거나 적용되고 있는 사례도 있지만, 현재 유튜브를 운영하는 구글에 대해서는 국내법으로 제어할 장치가 미비해, 이에 역외적용 규정을 신설해야 한다는 논의가 있는 것입니다.[5] 이런 논란이 보여주듯이, 법 개정 등이 따르지 않는다면 현재 법제도 하에서는 유튜브에 대해서 우리나라의 관련 법규를 적용하기 힘들 것 같습니다.[6]

일각에서는 국외의 사업자라고 해도, 국내에 이렇게 큰 영향력을 끼치고 있는데 한국법이 적용되지 않는 것은 문제라고 지적하고 있고, 경청할 만한 견해라고 생각됩니다. 유튜브가 실제 수행하고 있는 기능이나 역할도 고려하면서, 법 개정 등을 통하여 신중히 대응해야 할 문제로 생각됩니다.

결국, 해당 사안의 숙영 엄마 등은 정부 기관에 신고해도 당장 심의를 받도록 하기는 힘들 것 같군요.

미주

1. 대법원 2012. 11. 29. 선고 2012도10392 판결.
2. 김윤명, '1인 방송이 갖는 의미와 저작권 문제', 저작권문화 297호, 한국저작권위원회(2019), 12면.
3. 김경숙, '1인 방송이 마주해야 할 저작권 정책', 저작권문화 297호, 한국저작권위원회(2019), 16면.
4. 미디어오늘 2016. 9. 25. 기사 '유튜브를 KBS처럼 규제하겠다는 방송통신심의위원회. 영향력 커지는 OTT·MCN 등 유사방송 규제 놓고 이해관계 충돌…"자율규제로 가야". http://www.mediatoday.co.kr/news/articleView.html?idxno=132285
5. 조선일보 2019. 10. 1. 기사 '與, 유튜브 허위조작정보 방치하면 매출액 10% 과징금 추진…우파 유튜브 정조준하나'. http://news.chosun.com/site/data/html_dir/2019/10/01/2019100101698.html
6. 다만, 서울고등법원은 2017년 구글 본사와 구글코리아가 우리나라 정보통신망법의 적용 대상이 됨을 전제로, 이용자에 대해 일정한 정보를 제공해야 한다는 판결을 내린 바 있다. (서울고등법원 2017. 2.16. 선고 2015 나 2065729 판결. 현재 대법원에서 파기환송(일부). 서울고등법원 2023 나 2015293 사건으로 진행 중.

함께 콘텐츠 만들기·계약·세금

88. 에이전시 계약서(MCN계약서)는 어떤 것인가요?
89. 에이전시 계약을 하고 만든 유튜브 콘텐츠, 누구의 것이 되나요?
90. 유튜브 콘텐츠, 다른 사람을 고용해서 만들면?
91. 고용한 측에 귀속되는 유튜브 콘텐츠, 고용관계는 어떻게 판단하나요?
92. 아르바이트를 써서 유튜브 콘텐츠를 만들었을 때 주의해야 할 점은 어떤 게 있을까요?
93. 고용한 직원에게 유튜브 콘텐츠 '건당' 방식으로 임금을 줄 수 있나요?
94. 직원에게 콘텐츠 제작이 끝날 때까지 야근하라고 요구할 수 있나요?
95. 직장생활을 하면서도 투잡으로 유튜버를 할 수 있을까요?
96. 외주로 유튜브 콘텐츠를 만들었다면 권리는 어떻게 되나요?
97. 고용은 아니지만, 다른 사람을 참여시켜 유튜브 콘텐츠를 만들었다면 권리는 어떻게 되나요?
98. 시나리오 계약서는 어떻게 작성하나요?
99. 제작 참여 계약서는 어떻게 작성하나요?
100. 출연 계약서는 어떻게 작성하니요?
101. 타인의 저작물을 쓰고 싶을 때는 어떤 계약을 해야 하나요?
102. 다른 사람으로부터 양도받은 저작물로 다른 저작물을 만들 수 있을까요?
103. 유튜브에서 받는 돈, 세금은 어떻게 처리하나요?
104. 유튜브 후원 기능을 통하지 않은 후원을 받으면 어떻게 하나요?
105. 세금을 내기 전 비용처리는 어떻게 해야 하나요?
106. 개인, 개인사업자, 법인사업자 차이가 뭔가요?

88. 에이전시 계약서(MCN계약서)는 어떤 것인가요?

가수, 배우, 개그맨, 웹툰작가를 상대로 다양한 전속사(에이전시)가 활동하고 있습니다. 미국에는 순수 작가, 예술가 등 훨씬 다종다양한 에이전시가 있고요. 어떤 산업이 커지면 에이전시, 중개인 등이 함께 자연스럽게 늘어나는 듯합니다.

많은 수입을 올리는 유튜버들이 늘면서 자연스럽게 유튜버를 대상으로 한 여러 에이전시가 등장했습니다.

유튜버의 에이전시를 보통 MCN(Multi Channel Network)이라고 합니다. 유튜브에 따르면, MCN은 여러 YouTube 채널과 제휴한 제3의 서비스 제공업체로서, 크리에이터 공동 작업, 디지털 권한 관리, 수익 창출 또는 판매 등의 서비스를 제공합니다.[1] 이러한 MCN 회사들이 모인 단체도 있습니다.[2]

MCN은 제품, 프로그램 기획, 결제, 교차 프로모션, 파트너 관리, 디지털 저작권 관리, 수익 창출·판매 및 잠재고객 개발 등을 콘텐츠 제작자에게 지원하는 역할을 맡고 있습니다. SM이나 YG, JYP가 소속 가수를 발굴해 육성하고 방송 활동을 지원하듯 MCN은 인터넷 스타들의 콘텐츠를 유통하고, 저작권을 관리해 주고, 광고를 유치하는 일을 대신하여, 인터넷 콘텐츠 창작자들의 매니저 역할을 맡는 것입니다.[3]

그렇다면 에이전시는 유튜버에 대해 어떤 관계에 있을까요? 에이전시는 유튜버를 도와서 유튜버가 사무 처리를 위탁하고, 에이전시가 사무를 처리하는 '위임'의 관계에 있다고 보아야 합니다. 따라서 에이전시는 선량한 관리자의 주의로써 위임사무를 처리하여야 하고(민법 제681조), 위임인이 요구 시 위임사무의 처리상황을 보고하고(제683조), 위임사무의 처리로 받은 금전 등을 위임인에게 인도해야 합니다(제684조).

유튜브에서는 MCN 계약 체결 시 충분한 정보를 바탕으로 결정을 내리고, 법률전문가의 자문을 받으라고 권고합니다. 특히 네트워크에서 청구하는 수수료, 채널에 제공되는 구체적인 서비스 및 지원 수준, 네트워크 가입에 따른 의무, 계약 기간, 계약 해지 방법을 꼼꼼히 읽으라고 권하고 있습니다.[4]

참고로 연예인 전속계약에서 지나치게 장기간인 '계약기간'이 종종 말썽이 되었는데요, 현재 공정위 표준계약서에서는 7년을 넘지 않도록 하고 있습니다.

최근 서울시에서 1인 미디어콘텐츠 창작자를 대상으로 MCN 가입 표준계약서를 발표하였습니다. 꼼꼼하게 잘 작성된 계약서로 보입니다. 해당 계약서를 첨부하였으니 참고하세요.

89. 에이전시 계약을 하고 만든 유튜브 콘텐츠, 누구의 것이 되나요?

저작권법에서는 기본적으로 저작물을 창작한 자(저작자)가 저작권을 갖는 것으로 규정하고 있습니다. 따라서 유튜브 콘텐츠의 권리자는 당연히 이를 창작한 사람이 되는 것이 원칙입니다. 사례에서 나오는 '저작권 양도'라는 것은 권리 양수를 받는 상대방이 저작권을 넘겨받아서 권리자가 되는 것을 말합니다.

앞에서 보았지만, 에이전시는 기본적으로 유튜버를 도와서 유튜버가 유튜브 콘텐츠를 만들고 이용하는 데 관련되는 사무 처리를 위탁하고, 에이전시가 그 사무를 처리하는 '위임'의 관계에 있죠. 그런데 유튜버의 콘텐츠 창작과 이용을 도와주는, 일정 업무를 위임받아서 처리하는 에이전시가 유튜버로부터 창작 콘텐츠에 대한 권리를 양도받는다는 것은 어딘가 문제가 있어 보입니다(그 자체로 불법이라거나 무효가 되는 것은 아닙니다만).

에이전시의 개념이 명확하지 않고, 저작권에 대한 개념이 희박하다 보니 예전에 다른 엔터테인먼트 분야에서 종종 에이전시가 창작자로부터 저작권을 넘겨받는, 즉 양도받는 경우들이 문제가 되었습니다. 초기 웹툰 에이전시들이 난립하던 때에도 많이 일어났던 일이죠. 따라서 이 부분을 주의하셔야 할 것입니다. 물론, MCN이 주도적으로 콘텐츠를 기획, 제작하면서 유튜버를 출연자로 내세우는 경우와 같이 전체 구조가 다른 경우에는 계약서 구조도 달라질 수 있을 것입니다. 또한, 독점/비독점 여부, 파트너 관계, 브랜디드 콘텐츠, 건별(채널별) 사업 진행 등 여러 다양한 경우에는 이에 맞는 계약서가 필요하겠습니다.

참고로 만화 분야의 표준계약서인 '매니지먼트 위임 계약서'에서도, 이 관계는 저작권을 위임하는 관계로서(제3조), 수임인이 사무를 처리하며 취득한 권리는 저작자에게 이전해야 한다고 규정하고 있습니다(제4조 7항). 가수, 연예인의 표준전속계약서에서는 전속계약기간 동안 가수, 연예인의 저작권, 저작인격권(실연권)을 인정하며(제10조 제4항), 전속사가 직접 개발, 제작한 콘텐츠는 전속사에게 귀속된다고 규정합니다(제10조 제1항). 그러나 가수, 연예인의 경우 저작자가 아닌 실연자이고, 전속사의 역할이 상대적으로 크다는 점을 고려해야 하겠습니다.

해당 사례에서 송송이 엄마, 아빠가 그런 계약을 한다면 다시 한번 생각해 보시라고 권하고 싶네요.

90. 유튜브 콘텐츠, 다른 사람을 고용해서 만들면?

유튜브 콘텐츠는 1인 미디어라는 말에 걸맞게 혼자 제작하는 경우가 많지만, 혼자보다는 누군가의 도움을 받으면 훨씬 좋겠죠? 그리고 초보적 단계 이상의 영상을 만들려면 혼자 힘만으로는 힘들 것입니다.

앞에서 보았지만, 업무상 저작물에 해당하는 경우, 즉 ① 사용자의 명의로 공표되고, ② 사용자가 저작물의 작성을 기획하고, ③ 창작자가 사용자와 사용관계가 있고, ④ 창작자가 업무상 작성하는 저작물이라면 이는 사용자의 저작물이 됩니다. 유튜브 콘텐츠 저작권도 이에 따라 판단하게 되죠.

여기서 사용관계(使用關係) 또는 사용종속관계, 즉 '피용자가 사용자의 지휘·명령을 받아 사용자가 지시하는 일을 하는 관계'가 있는가의 여부를 판단할 때는 형식적으로 계약서의 유무 여부가 아니라 실질적으로 그런 관계가 있는가를 기준으로 판단합니다.

법원은 그 기준으로 '업무의 내용이 사용자에 의하여 정해지는지, 업무수행 과정에 있어서도 사용자로부터 구체적이고 직접적인 지휘 감독을 받는지, 사용자에 의하여 근무시간과 근무 장소가 지정되고 이에 구속을 받는가의 여부, 비품·원자재·작업도구 등의 소유관계, 보수가 근로 자체의 대상적 성격을 가지고 있는지, 기본급이나 고정급이 정해져 있는지' 등을 들고 있습니다.[5]

그렇다면 실제로 사용종속관계만 있다면 꼭 계약서가 있어야 하는 것은 아닙니다(다만 근로기준법상으로는 사용자는 근로계약서를 작성해야 합니다). 유튜브를 주도적으로 만든 사람의 입장에서는 실질적으로 내가 직원을 지휘해서 지시하는 일을 시켜 콘텐츠를 만들었다는 것을 입증하면 되니까요.

하지만 나중에 분쟁이 생겨서, 양쪽에서 서로 다른 말을 하면 실제로 그런 사실관계를 입증하는 것은 꽤나 어려워질 위험성이 있습니다. 더군다나 근무장소가 다른 경우에는요. 예를 들어서 직원이 재택근무를 하여 근무장소가 다르다면 사용관계가 있는지 판단하는 것이 모호해질 수 있죠. 따라서 계약서를 작성하는 것이 좋은데, 고용노동부의 표준근로계약서를 부록으로 첨부하였습니다.

해당 사례에서 고연 씨는 영민 씨의 사용자일까요? 영민 씨는 고연 씨의 근로자일까요? 뒤에서 조금 더 자세히 살펴봅니다.

91. 고용한 측에 귀속되는 유튜브 콘텐츠, 고용관계는 어떻게 판단하나요?

유튜브를 만들면서 아는 사람의 도움을 받을 수 있죠? 그런데 이 '아는 사람의 도움'과 관계를 잘 정리하지 않으면 나중에 굉장히 난처해질 수 있습니다.

우선 가장 먼저 생각해 봐야 할 것은 '근로관계'인지 여부입니다. 근로자는 근로기준법에 따르면 직업의 종류와 관계없이 임금을 목적으로 사업이나 사업장에 근로를 제공하는 자를 말합니다.[6] 근로기준법상 근로자로 인정되느냐 인정되지 않느냐에 따라서 근로기준법의 보호를 받을 수 있느냐 없느냐가 결정되기 때문에, 근로기준법상 근로자인가의 여부는 매우 중요합니다. 그에 구별되는 개념으로는 용역, 도급, 위임, 프리랜서 등 이른바 '외주'가 있겠습니다.

이는 저작권법 측면에서는 '업무상저작물'인지와도 연결되어 다시 한번 중요합니다. 간단히 말하면, 근로기준법상 근로관계가 인정되면 근로기준법 측면에서는 근로자에게 좀 더 유리하겠지만, 저작권법상으로는 오히려 사용자가 유리할 수 있겠습니다.

그런데 근로자인지, 프리랜서(외주)인지 구분이 모호한 경우 어떤 기준으로 판단할까요? 앞서 말씀드린 대법원의 기준을 좀 더 자세히 말씀드리면 아래와 같습니다.

기본원칙: 형식이 아닌 실질적으로 파악. 아래 사항들을 종합적으로 고려해서 파악
- 업무의 내용이 사용자에 의하여 정하여지는지
- 취업규칙 또는 복무(인사)규정 등의 적용을 받는지
- 업무수행과정에 있어서 사용자로부터 구체적 개별적인 지휘 감독을 받는지
- 사용자에 의하여 근무시간과 근무장소가 지정되고 이에 구속을 받는지
- 근로자 스스로가 제3자를 고용하여 업무를 대행케 할 수 있는지(대체성)
- 비품 원자재나 작업도구 등의 소유관계
- 보수가 근로 자체의 대상적 성격이 있는지
- 기본급이나 고정급이 정해져 있는지
- 근로소득세의 원천징수 여부
- 근로제공관계의 계속성과 사용자에의 전속성의 유무와 정도
- 사회보장제도에 관한 법령 등 다른 법령에 의하여 근로자로서의 지위를 인정받는지

해당 사례를 볼까요? 영민 씨가, 고연 씨가 정해서 시키는 업무를, 고연 씨의 지휘·감독을 받으며, 고연 씨가 정해준 시간과 장소에서 일하고, 고연 씨가 준 기자재로 일을 하며, 다른 사람을 대신해서 시킬 수 없다는 등의 사정이 있으면 영민 씨는 프리랜서가 아닌 근로자로 볼 가능성이 높습니다. 따라서 영민 씨가 만든 저작물은 고연 씨의 업무상 저작물이 되겠죠?

92. 아르바이트를 써서 유튜브 콘텐츠를 만들었을 때 주의해야 할 점은 어떤 게 있을까요?

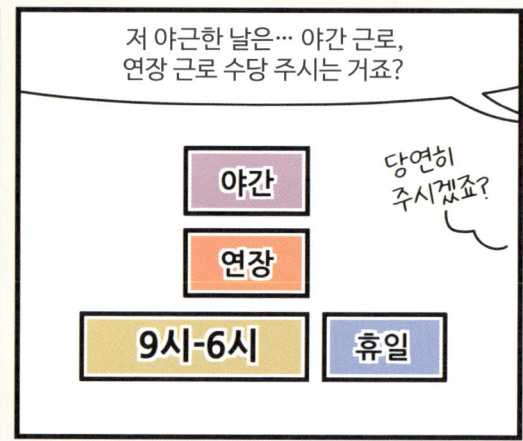

해당 사례의 향미 씨는 민웅 씨에게 알바(아르바이트)로 고용이 된 것 같은데, 알바는 정직원이 아니니까 근로기준법 보호를 못 받을까요?

우리나라 노동법은 아르바이트, 인턴 등을 따로 구분하지 않고 모두 근로자로 보호하고 있습니다. 알바로 고용을 하더라도 노동 관계 법령이 정한 범위에서 사업주로서의 의무는 변함없이 발생합니다. 즉, 정직원에게만 근로기준법이 적용되는 것이 아니고, 알바에게도 적용이 됩니다.

다만 두 가지 기준으로 다소 다른 점이 있습니다.

우선, 매우 짧은 시간을 근무하는 초단시간 근로자(1주 15시간/ 1월 60시간 미만)의 경우 일부 적용이 되지 않는 조항이 있습니다. 그래서 요즘 크게 사회문제가 되고 있는 쪼개기 알바(주당 15시간 이내로 고용하는 알바)같은 일이 생기는 것이죠.

다만, 이 경우에도 적용되는 기본적 보호로는, 최저임금 이상의 임금 지급, 법정근로시간 이하의 근무시간, 해고 예고 기간 준수, 산업안전을 위한 배려, 산업재해 발생 시 보상, 고용/산재보험 가입 등이 있습니다.

다음으로, 소규모 사업장(5인 미만/4인 이하)에는 적용되지 않는 조항들이 있습니다. 아무래도 작은 사업장은 예외를 많이 인정하는 것이죠. 우선, 52시간 연장근로의 제한이 없습니다. 또한, 야간, 휴일, 연장근로에 대해서 1.5배 지급을 하지 않아도 무방합니다. 연차휴가가 제공되지 않고, 해고 시 서면통지 및 부당해고 구제 신청이 불가능합니다.

그렇다면 사례의 향미 씨는 어떨까요? 만화 내용상 향미 씨의 직장은 2인 사업장이므로 야간, 휴일, 연장근로에 대한 수당은 받을 수 없겠네요.

반면 향미 씨는 최저 임금 이상의 임금(주휴수당을 포함하여 계산함)을 지급해 달라고 요구할 수 있습니다. 또한, 해고 예고 기간(30일)을 준수해 달라고 할 수 있고, 산업재해가 발생하면 보상을 청구할 수 있고, 고용보험, 산재보험 가입을 요구할 수 있습니다.

93. 고용한 직원에게 유튜브 콘텐츠 '건당' 방식으로 임금을 줄 수 있나요?

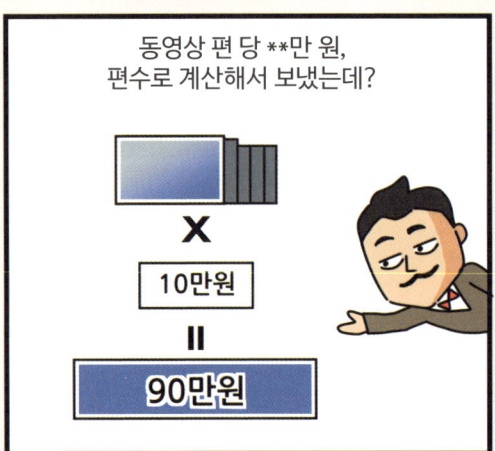

해당 사례의 민웅 씨가 향미 씨를 고용한 것처럼, 유튜브 콘텐츠를 만들기 위해 직원을 고용할 수 있겠죠. 이럴 경우 성과에 따라, 즉 유튜브 콘텐츠 제작 건수에 따라 임금을 지급하기로 계약을 해도 문제가 없을까요? 어떤 일을 몇 건 했느냐에 따라서 월급을 받는 것이죠. 매월 일정한 금액의 월급이 나오는 일반적인 경우와는 확실히 다르죠? 만약 제작 건수를 기준으로 급여를 지급하기로 해서 결과적으로 최저임금 이하의 급여를 지급할 수도 있을까요?

결론부터 말씀드리면, 직원과 근로계약을 체결한 이상 직원에게는 최저임금 이상의 급여를 지급해야 합니다. 즉, 제작 건수를 기준으로 성과상여금을 지급할 수 있으나, 기본급이 최저임금 이상이어야 하는 것이죠. 건수별로 임금을 지급하기로 하든 말든 결과적으로는 최저임금법을 위반해서는 안 된다는 것입니다.

그러면 건수별로 임금을 지급하는 방식은 아예 불가능할까요?

콘텐츠 제작 건수를 기준으로 임금을 지급하려면 예를 들어서 최저임금 외 성과 상여를 추가 지급하는 방식을 사용해야 합니다.

또한, 쌍방이 사전에 합의해서 근로계약서에 콘텐츠 제작 시간을 고려한 시간임금을 책정하고, 이를 바탕으로 급여를 계산하여 지급하는 것은 가능할 것입니다. 예를 들어서 콘텐츠 1편 제작시간을 8시간으로 하고, 주 3편 제작 시 24시간(+주휴시간)을 근무한 것으로 간주하는 식으로요.

결과적으로 해당 사례에서 민웅 씨가 향미 씨와 건수로 임금을 계산하기로 했다고 해도, 결과적으로 최저임금도 안 되는 임금을 줄 수는 없겠습니다. 건수에 연동을 시키려면, 최저임금 외 성과임금을 주는 방식이나, 콘텐츠 제작시간을 고려한 시간임금을 기준으로 급여를 계산해서 주는 방식은 가능하겠네요.

94. 직원에게 콘텐츠 제작이 끝날 때까지 야근하라고 요구할 수 있나요?

떠들썩하게 이슈가 되었던 '주 52시간' 관련, 유튜브 제작의 경우에도 주 52시간을 지켜야 할까요? 즉, 사례에서 고연 씨는 영민 씨에게 '서로 약속한 유튜브 건수가 다 채워지지 않았으니 주 52시간 관계없이 목표 달성할 때까지 근무하라'고 말할 수 있을까요?

이는 최근 근로기준법 개정과 관계가 있는 부분입니다. 현재 근로기준법에 따르면 근로시간은 1주 40시간을 초과할 수 없고,[7] 다만 당사자 간에 합의하면 1주간에 12시간을 한도로 근로시간을 연장할 수 있는데,[8] 법에서 정하는 일부 업종의 경우에는 사용자가 근로자 대표와 서면 합의한 경우에는 주 12시간을 초과하여 연장근로를 할 수 있습니다.[9] 물론 이 경우 초과근로에 대한 급여와 수당은 지급해야죠.

개정법의 시행은 2019. 7. 1.부터 2021. 7. 1.까지 단계적으로 이루어졌습니다.[10]

상시근로자 300인 이상	2019. 7. 1.
상시근로자 50~300인 미만	2020. 1. 1.
상시근로자 5~50인 미만	2021. 7. 1.

2018년 개정법 시행 이전에는 '영화 제작 및 흥행업'(영상·오디오 및 기록물제작 및 배급업)이 위 '일부 업종'에 포함되어서 사용자가 근로자 대표와 서면으로 합의하면 주 12시간을 초과하여 연장근로를 하게 할 수 있었습니다. 그런데 현행법에서는 해당 규정이 빠져서, 서면 합의를 해도 주 12시간 이상의 연장근로가 불가능해진 것입니다.

다만 30인 미만 사업장은 특별연장근로가 필요한 사유 및 기간, 대상 인원에 대해 근로자 대표와 합의를 하면 1주 8시간을 추가로 연장근로를 할 수 있습니다.[11]

그렇다면 고연 씨는 영민 씨에게 원칙적으로 주 52시간을 넘겨서 일을 하게 해서는 안 됩니다. 그런데 고연 씨의 사업이 5인 미만 사업장으로 유지된다면, 차후 개정법이 온전히 시행되더라도 해당 규정의 적용은 받지 않겠네요.

95. 직장생활을 하면서도 투잡으로 유튜버를 할 수 있을까요?

직장에 다니면서 유튜버 활동을 해도 될까요? 많은 회사가 근로계약이나 취업규칙에서 직원이 회사가 승인하지 않은 다른 직업을 가질 수 없다는 '겸업 금지', '겸직 금지' 규정을 두고 있습니다. 그런데 유튜브는 일정 조건(구독자, 누적 시청시간)을 만족하면 광고 수입을 배분해 줘서 마치 부업 비슷한 상황이 되므로 문제가 됩니다.

회사의 허가를 받지 않고 유튜버 활동을 하는 경우에도 헌법 제15조가 직업선택의 자유를 보장하고 있기 때문에 회사는 직원의 '투잡'을 무조건 금지할 수는 없고, 겸업 때문에 회사가 요구하는 수준의 근로를 제공하지 못할 경우에만 문제 삼을 수 있겠습니다.

판례도 근로자가 다른 사업을 겸직하는 것은 근로자의 개인 능력에 따라 사생활의 범주에 속하는 것이므로 기업 질서나 노무 제공에 지장이 없는 겸직까지 전면적-포괄적으로 금지하는 것은 부당하다고 판시하거나,[12] 같은 취지로 취업규칙에서 당연면직 사유로 정하고 있다 해도 면직처분에는 정당한 사유가 있어야 하므로 회사의 규정은 근로자가 겸업을 통해 사용자에 대한 성실의무에 반함으로써 사회 통념상 더 이상 근로계약관계를 유지할 수 없는 경우에만 적용할 수 있다고 판시[13] 하였습니다.

공무원의 경우는 약간 달라서, 법에 *"공무원은 공무 외에 영리를 목적으로 하는 업무에 종사하지 못하며 소속 기관장의 허가 없이 다른 직무를 겸할 수 없다."* 라고 규정되어 있습니다.[14] 국가공무원 복무규정에 따르면 '계속적으로 재산상 이득을 목적으로 하는 업무'를 하여 직무 능률을 떨어뜨리거나, 공무에 부당한 영향을 끼치거나, 국가의 이익과 상반된 이익을 취득하는 경우 등에는 그 업무에 종사할 수 없고,[15] 이에 해당하지 않은 다른 직무를 겸하는 경우에는 소속기관장의 사전 허가를 받아야 합니다.[16] 공무원의 경우는 영리를 얻는 유튜버 활동은 쉽지 않을 것 같습니다.

한편 최근 보도에 따르면, 교육부는 교사들의 유튜버 활동을 장려하며, 다만 광고 수익이 발생하는 요건에 도달하면 겸직 허가를 받도록 하고, 교사로서 품위를 손상하는 채널은 금지하는 '교원 유튜브 활동 복무지침'을 마련하였다고 합니다.[17]

예지 씨는 유튜버 활동으로써 회사가 근로관계를 유지할 수 없는 지장이 생기는 정도가 아니라면 유튜버 활동을 할 수 있겠네요.

96. 외주로 유튜브 콘텐츠를 만들었다면 권리는 어떻게 되나요?

해당 사례의 상준 씨는 만태 씨의 부탁을 받아서 동영상을 만들어서 만태 씨에게 보냈습니다. 그러면 이때 권리관계는 어떻게 될까요?

우선, 우리 저작권법의 기본 원칙은 저작권은 창작한 자(저작자)에게 발생한다는 것입니다(창작자주의). 사례에서는 상준 씨에게 저작권이 발생한 거죠. 그런데 만태 씨는 자신에게 저작권이 있다고 주장하네요? 만태 씨가 저작권을 주장할 근거가 있을까요?

우선, 만태 씨는 '업무상저작물'로 저작권 주장이 가능할까요? 앞에서 보았지만, 업무상저작물에 대해서 법원은 꽤나 엄격하게 보고 있어서, ① 사용자의 명의로 공표되고, ② 사용자가 저작물의 작성을 기획하고, ③ 창작자가 사용자와 사용관계가 있고, ④ 창작자가 업무상 작성하는 저작물인 경우에만 업무상저작물 주장이 가능합니다. 그런데 사례의 경우는 우선, 종속적 지휘·감독 관계인 '사용관계'가 있다고 보기 힘들 것 같습니다. 그 기준에 대해서는 앞에서 보았죠?

다음, 만태 씨는 저작권 양도를 받는 방법이 있습니다. 그런데 사례에서 만태 씨와 상준 씨는 저작권 양도계약을 체결하지 않았죠? 물론 그렇다고 이용허락 계약을 체결한 것도 아닙니다만…. 이렇게 양도인지 이용허락인지가 명백하지 않은 경우 우리 대법원은 저작자에게 권리가 남아있는 것(유보)으로 유리하게 추정함이 상당하다, 즉 이용허락으로 보고 있습니다.[18] 따라서 역시 만태 씨가 저작권을 갖고 있다고 보기는 힘들겠네요. 이런 경우 만태 씨가 저작권을 주장하려면 저작권 양도계약을 했어야 합니다.

다만, 만태 씨는 권리를 주장할 여지가 하나 있습니다.

즉, 상준 씨가 만태 씨의 영상저작물(유튜브 콘텐츠)의 제작에 협력할 것을 약정하였다면, 상준 씨가 그 영상저작물에 대하여 저작권을 취득한 경우, 복제, 배포, 전송 등으로 이용을 위하여 필요한 권리는 만태 씨에게 양도된 것으로 추정한다는 규정이 있습니다(제100조). 그렇다면 이 특칙에 따라서 만태 씨가 일정 권리를 주장할 여지는 있는 것입니다.

그러나 이 경우에도 만태 씨에게 시리즈, 즉 2차적저작물을 작성할 권리까지 양도되지는 않습니다. 따라서 상준 씨는 여전히 못된 형님 만태 씨에게 '내 허락을 받아야 한다'고 주장할 수 있겠네요.

다음 장에서는 위 저작권법 특칙에 대해서 자세히 살펴봅니다.

97. 고용은 아니지만, 다른 사람을 참여시켜 유튜브 콘텐츠를 만들었다면 권리는 어떻게 되나요?

유튜브 콘텐츠를 제작할 때, 직원 관계라면(근로관계라면) '업무상저작물'로 해당 저작물이 직접 사용자의 것이 되어 간단할 수 있습니다.

근로관계가 아니라면 어떻게 될까요? 외주(도급, 용역 등)의 경우 콘텐츠 창작자의 저작물이 되어, 콘텐츠를 만드는 사람이 해당 권리를 저작권 양도 또는 이용허락 등으로 확보를 해야 합니다.

그런데 우리 저작권법에서는 영상제작자 특칙을 두고 있으므로 계약서를 안 써도 커버 가능한 부분이 있습니다. 다소 어렵지만, 규정을 살펴보면 아래와 같습니다.

"제100조(영상저작물에 대한 권리)
① 영상제작자와 영상저작물의 제작에 협력할 것을 약정한 자가 그 영상저작물에 대하여 저작권을 취득한 경우 특약이 없는 한 그 영상저작물의 이용을 위하여 필요한 권리는 영상제작자가 이를 양도받은 것으로 추정한다."

"제101조(영상제작자의 권리)
① 영상저작물의 제작에 협력할 것을 약정한 자로부터 영상제작자가 양도받는 영상저작물의 이용을 위하여 필요한 권리는 영상저작물을 복제·배포·공개상영·방송·전송 그 밖의 방법으로 이용할 권리로 하며, 이를 양도하거나 질권의 목적으로 할 수 있다."

예를 들어서 고연 씨가 시나리오 작가와 촬영감독을 고용하여 시나리오 작가, 영상감독이 글을 쓰거나 영상을 찍으며 저작권이 발생한 경우에는, '영상저작물을 복제·배포·공개상영·방송·전송 그 밖의 방법으로 이용할 권리'는 고연 씨에게 양도하는 것으로 추정한다는 것입니다.

그렇다면 이런 시나리오 작가, 촬영감독의 경우에는 고연 씨와 별도 계약서를 쓰지 않아도 고연 씨는 일정 권리를 양도받았다고 주장할 수 있겠습니다.

그러나 개별 사례에서 정말 참여 인력들이 고연 씨와 '영상저작물의 제작에 협력할 것을 약정'하였는지 등 사실관계가 다투어질 우려도 있고, 양자 사이에는 그 외에도 대가, 기타 계약 조건 등 여러 가지 정해야 할 사항들이 많으므로 가급적 이하에서 보는 것처럼 각각 계약서를 쓰는 것이 좋으리라 생각됩니다.

다만, 이하의 시나리오 계약, 제작 계약, 출연 계약은 양자가 근로관계(사용관계)가 아닌 것을 전제로 합니다. 그런 관계가 있다면 업무상저작물로 충분히 규율이 가능하니까요. (물론 해당 내용을 포함해서 근로계약서를 작성할 수도 있습니다)

98. 시나리오 계약서는 어떻게 작성하나요?

고연 씨가 유튜브 콘텐츠 제작을 위해 제3자에게 시나리오 집필 부탁을 하여 시나리오를 받는다면 영상물의 이용을 위하여 필요한 권리(영상저작물을 복제·배포·공개상영·방송·전송 그 밖의 방법으로 이용할 권리)는 영상제작자가 양도받은 것으로 추정한다는 규정은 이미 보았습니다(제100조 제2항).

한편 기존의 작품을 유튜브 콘텐츠로 만드는 경우, 기존 작품의 창작자가 이를 허락한다면 저작물 각색, 영상저작물의 공개상영, 방송, 전송, 영상저작물을 본래의 목적으로 복제·배포, 번역물 이용을 포함해서 허락한 것으로 추정합니다(제99조 제1항). 즉 기존 작품의 영상화를 허락받는 경우에도 비교적 걱정 없이 영상물을 이용할 수 있습니다.

그렇다 해도 나중에 분쟁이 생길 위험성을 막고, 합의한 내용의 세부적 사항을 규정하기 위해서는 별도의 계약서를 쓰는 것이 좋습니다. 그렇다면 어떤 내용이 들어가야 할까요?

우선, 어떤 내용으로 시나리오를 써야 할지, 영상물의 개요는 어떤지 정의합니다. 예를 들어서 제목, '웹드라마 20분물 10편' 같은 내용입니다.

다음으로 시나리오를 언제까지 써서 인도할지, 수정 요구 시 어떻게 규율할 것인지 정합니다. 그다음, 시나리오 집필 대가를 얼마를, 어떻게 지급할 것인지 정해야 합니다.

다음으로 시나리오의 권리를 어떻게 할 것인지, 영상제작자(유튜버)가 양도받는 것으로 할지, 이용허락을 받는 것으로 할지 정합니다. 다소 민감한 문제인데, 현재 나와 있는 시나리오(대본) 관련된 표준계약서 중 2종은 양도를 받는 것으로, 2종은 이용을 허락받는 것으로 규정하고 있습니다.[19]

그다음, 영상물의 제작 시 영상제작자(유튜버)가 할 수 있는 범위를 정해야 합니다. 실제로 영상물을 제작할 때는 상당한 변경이나 추가 작가 투입이 될 수 있는 점을 예상해야 할 것 같습니다.

다음으로 중요한 것이 2차적저작물 작성의 가부와 대가의 지급입니다. 기본적으로는 영상제작자(유튜버)가 2차적저작물을 작성할 수 있고, 작가는 그에 대한 대가를 청구할 수 있다는 결론이 합리적인 듯하고, 앞서 말한 시나리오(대본) 관련 표준계약서 4종도 마찬가지의 태도입니다.

샘플 계약서를 부록으로 첨부하였습니다. 다만 해당 계약서는 하나의 예시이니 참고하시고, 실제로 계약서를 작성할 때는 전문가의 도움을 받는 것이 좋습니다.

99. 제작 참여 계약서는 어떻게 작성하나요?

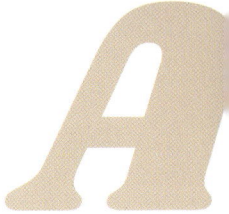

　많은 유튜브 콘텐츠는 1인이 모든 과정을 맡아 제작하고 있습니다. 그런데 이러한 제작 과정에 한두 명의 사람이, 또는 더 많은 사람이 관여하게 되면 어떻게 될까요? 물론 제작은 훨씬 쉬워지겠지만, 과연 그 결과 만들어진 유튜브 콘텐츠의 권리자가 누구냐 하는 문제가 자연스럽게 발생합니다. 다수의 사람이 자기가 유튜브 콘텐츠의 권리자라고 주장하면, 전부의 동의 없이는 행사를 하지 못한다는 곤란한 문제가 생기겠죠.

　저작권법에서는 영상저작물의 제작에 협력할 것을 약정한 자가 영상물에 대하여 저작권을 취득한 경우 영상저작물의 이용을 위하여 필요한 권리는 영상제작자가 이를 양도받은 것으로 추정한다고 규정을 두고 있으나(제100조 제2항), 사실관계가 다투어질 우려도 있고, 불명확한 부분이 있을 수 있으므로, 가급적 계약서를 쓰는 것이 좋습니다.

　그렇다면 이런 계약서에는 어떤 내용이 들어가야 할까요?

　우선, 근로관계라면 근로계약서를 작성하는 것이 좋고, 근로기준법 등 관련 법규가 당연히 적용됩니다. 다만, 유튜브 영상물 제작의 경우 단기간, 소규모로 제작이 이루어질 수 있고, 독립적인 지위에서 위임, 도급에 가까운 다양한 형태로 업무가 제공될 수 있는 점을 고려하여 계약서를 생각해 봅니다.

　우선 제작되는 영상물의 개요와 참여 인력의 업무가 기재되어야 하겠습니다. 예컨대 '○회 분량의 ○○분 유튜브 영상물'에서, 참여자가 촬영을 할 것인지, 편집을 할 것인지 등등의 내용입니다.

　다음으로 중요한 것은 대가(보상)겠죠? 영상물 1회당으로 정하는 방법, 일당으로 정하는 방법 등이 있겠습니다.

　그다음으로 쌍방의 다른 계약상 의무, 예컨대 안전을 배려할 의무, 계약기간이 길어지는 경우의 의무, 지시에 따를 의무 등을 정해야겠습니다.

　또한, 중요한 것은 권리의 귀속 문제이겠습니다. 이 문제는 원칙적으로 저작권법 규정에 따라 이용을 위해 필요한 권리는 영상제작자(유튜버)에게 양도된다고 보아야 할 듯합니다. 기타 크레딧, 비용 부담, 일반적 사항들도 규정해야 하겠습니다.

　샘플 계약서를 부록으로 첨부하였습니다. 다만 해당 계약서는 하나의 예시이니 참고하시고, 실제로 계약서를 작성할 때는 전문가의 도움을 받는 것이 좋습니다.

100. 출연 계약서는 어떻게 작성하나요?

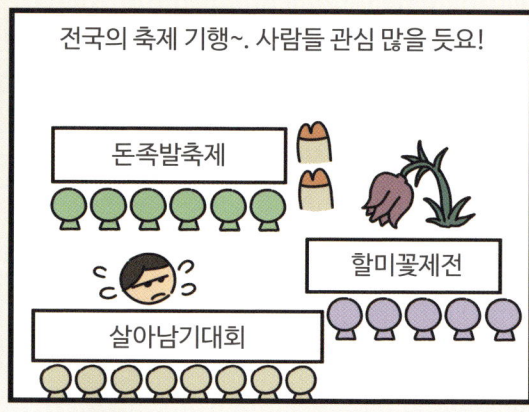

유튜브 콘텐츠를 제작하면서 본인만 등장할 수도 있겠지만, 남을 출연시킬 수도 있겠죠? 가장 대표적인 예가 웹드라마를 만드는 경우. 이때는 출연 배우를 섭외해서 출연을 시켜야겠죠? 이렇게 만든 유튜브 콘텐츠를 아무 문제 없이 이용하려면 어떻게 해야 할까요?

저작권법에는 영상제작자와 영상저작물의 제작에 협력할 것을 약정한 실연자(배우, 연주자)의 영상저작물 이용에 관한 복제권, 배포권, 방송권 및 전송권은 영상제작자가 양도받은 것으로 추정한다(제100조 제3항), 실연자로부터 영상제작자가 양도받는 권리는 그 영상저작물을 복제·배포·방송 또는 전송할 권리로 한다는 규정을 두고 있습니다(제101조 제2항).

누군가가 유튜브 콘텐츠에 배우로 출연하겠다고 약속을 하여 실제로 출연한 경우, 해당 내용의 복제권, 배포권, 방송권, 전송권은 유튜버가 양도받은 것으로 추정한다는 것입니다. 그렇다고 해도 사실관계가 다투어질 수도 있고, 이는 '추정'에 불과하며, 기타 세부적인 내용도 필요하므로 계약서를 쓰는 것이 좋습니다.

다만, 만약 출연자가 영상제작자(유튜버)와 사용종속관계에서 연기를 제공한다면 근로계약서(단기간 근로계약서)를 작성하는 것이 좋겠고, 또한 근로기준법 등 관련 법규가 당연히 적용되므로, 이하는 독립적 지위에서 연기를 제공하는 경우를 전제로 합니다.

계약서에 들어갈 내용은 어떤 것일까요?

우선 제작되는 영상물의 개요가 기재되어야 하겠습니다. 예컨대 '○○분 분량의 영상물 ○회'가 제작되는지 등입니다.

다음으로 중요한 것은 대가(보상)겠죠? 영상물 1회당으로 정하는 방법, 일당으로 정하는 방법 등이 있겠습니다.

그다음으로 쌍방의 다른 계약상 권리와 의무입니다. 영상제작자(유튜버)의 경우 출연자가 연기를 제공하기 위한 환경을 제공하기 위한 의무, 스케줄 고지 및 조정 의무, 안전배려의무 등입니다. 출연자의 경우 성실하게 연기를 제공할 의무가 중심일 것입니다.

중요한 것은 권리의 귀속 문제겠습니다. 이 문제는 원칙적으로 저작권법 규정에 따라 이용을 위해 필요한 권리는 영상제작자(유튜버)에게 양도된다고 보아야 할 듯합니다.

기타 계약 내용의 변경, 크레딧, 비용 부담, 일반적 사항들도 규정해야 하겠습니다.

샘플 계약서를 부록으로 첨부하였습니다. 다만 해당 계약서는 예시이니 참고하시고, 실제로 계약서를 작성할 때는 전문가의 도움을 받는 것이 좋습니다.

101. 타인의 저작물을 쓰고 싶을 때는 어떤 계약을 해야 하나요?

유튜브 콘텐츠에는 많은 요소(원고, 그림, 동영상, 음악…)들이 포함되어 있습니다. 이 내용들을 모두 자신이 직접 만든 것이 아니라면 기존에 존재하는 저작물을 이용하는 것일 텐데, 이러한 타인의 저작물을 허락 없이 이용할 수는 없고, 정당한 권원을 확보해야 합니다.

권원을 확보하는 방법에는 크게 ① 양도를 받는 방법과, ② 이용허락을 받는 방법이 있습니다. 양도를 받는 것은 권리를 넘겨받아서 이제는 내가 권리자가 되는 것이죠. 이용허락을 받는 것은 권리는 저작권자에게 그대로 남아 있는 상태로 이용만을 허락받는 것입니다.

예를 들어서 친척 동생이 예쁜 토끼를 그린 경우, 이 토끼 그림을 내 유튜브 콘텐츠에 넣으려면, ① 아예 그림의 저작권을 양도받는 방법이 있습니다. 다른 하나의 방법은 ② 친척 동생에게 '네 그림을 내 유튜브 콘텐츠에 좀 넣자'고 이용허락을 받는 방법입니다. 그때 이용의 방법(어떻게 이용할 것인지), 조건(기간, 범위)을 잘 정해야 하고, 이용의 대가(돈을 줄 것인지? 공짜로 할 것인지?)도 정해야 하겠습니다. 이렇게 정해진 방법과 조건에 따라 이용을 하면 되는 것이죠.

사실 속 편하고 확실한 것은 저작권 양도를 받는 것이지만 아마도 대가를 꽤 많이 주지 않으면 저작권 양도를 받기는 힘들겠죠? 이렇게 양도 또는 이용허락 중 적절한 방법으로 권원을 확보하면 됩니다.

양도나 이용허락의 경우 모두 계약서를 분명히 쓰는 것이 좋고, 그래야 나중에 분쟁이 생길 가능성이 작아지죠. 부록으로 문화체육관광부에서 나온 관련 표준계약서를 첨부했습니다.

해당 사례에서 나영 씨는 아마 단순히 동영상 콘텐츠에 해당 그림을 이용해도 된다는 '이용허락' 계약을 체결한 것으로 보입니다. 우리 법원은 양도인지 이용허락인지 여부가 분명하지 않으면 이용허락으로 추정을 하거든요. 따라서 나영 씨는 해당 동영상 콘텐츠에 이용할 권리만 갖고 있으므로, 다른 곳에 쓸 수는 없겠네요. 나영 씨가 다른 곳에 쓰고 싶으면 양도를 받거나(양도계약을 하거나) 재차 다른 용도로 이용허락을 받아야 합니다.

102. 다른 사람으로부터 양도받은 저작물로 다른 저작물을 만들 수 있을까요?

나영 씨는 결국 결단을 내려서 캐릭터의 저작권 양도를 받았군요! 멋진 일입니다만, 이렇게 나영 씨가 저작권 양도를 받으면 이제 나영 씨는 저작물을 이용해 다른 콘텐츠를 만드는 등으로 마음대로 써도 될까요? 그래도 될 것 같지만, 우리 저작권법이 저작자를 보호하기 위해 만든 규정 때문에 주의해야 할 점이 있습니다.

저작권법에서는 *"저작재산권 전부를 양도하는 경우에 특약이 없는 때에는 제22조에 따른 2차적저작물을 작성하여 이용할 권리는 포함되지 아니한 것으로 추정한다."* 라고 규정합니다(제45조 제2항).

이게 무슨 말일까요? '갑은 을로부터 저작권 전부를 양도받는다'라고만 계약서가 되어 있으면 2차적저작물을 작성할 권리는 빠진다는 것입니다. '갑은 을로부터 저작권 전부(2차적저작물작성권 포함)를 양도받는다'라고 써야 한다는 것이죠. 이런 법 규정의 취지는 상대적으로 법에 대해서 잘 모르고 약한 저작자를 보호하기 위함입니다.

2차적저작물은 무얼까요? 원저작물을 번역, 편곡, 변형, 각색, 영상제작 및 그 밖의 방법으로 작성한 창작물을 말합니다. (저작권법 제5조 제1항) 예를 들어서 웹툰을 영화로 만드는 것, 한글로 된 시를 영어로 번역하는 것을 말합니다.

그렇다면 2차적저작물작성권을 포함하지 않은 저작권 양도를 받은 경우에는 저작물 그대로 복제, 공연, 공중송신, 전시, 배포, 대여는 할 수 있지만, 이것을 이용해서 다른 저작물을 만들 수는 없습니다. 책의 저작권을 양도받아도 책을 이용한 뮤지컬을 만들 수는 없죠.

따라서 저작권을 철저하게 양도받으려면 방법은 '2차적저작물작성권도 양도' 규정을 꼭 넣어야겠죠. 만약 저작권을 양도해도 2차적저작물작성권만은 나에게 남겨두고 싶다면? 해당 규정을 (모른 척) 살짝 빼고 계약서를 쓰면 되겠습니다.^^;

사례에서 나영 씨는 저작권 양도계약서를 다시 한번 봐야 할 것 같습니다. 만약 '2차적저작물작성권 양도'라는 내용이 없다면, 캐릭터를 이용한 만화를 만들려는 계획은 포기해야 할 것 같군요.

103. 유튜브에서 받는 돈, 세금은 어떻게 처리하나요?

"소득 있는 곳에 세금 있다."라는 말 들어보셨나요? 우리 법상 소득이 생기면 세금을 내야 합니다. 그런데 보통 국내 사업자로부터의 지출이나 거래의 경우 사업자들이 알아서 원천징수를 하거나 세금계산서 발행으로서 국세청에 보고하고, 그러면 이러한 과정에서 국세청이 소득을 파악하고 납세를 해야 할 주체에게 세금을 부과합니다.

그런데 유튜브는 본사가 외국에 있고, 유튜브에서 직접 유튜버에게 수입을 송금하죠.[20] 이 과정에서 유튜브가 우리나라 국세청에 그런 거래 내역을 보고하지 않습니다. 따라서 국세청이 알아서 세금을 파악하고 부과할 수 없습니다.

유튜버의 입장에서는 다른 큰 소득이나 거래의 경우 대부분 국세청에 신고가 되어서 차후 부과되는 세금을 납부하면 되는데, 유튜브의 경우에는 이런 절차가 마련되어 있지 않으니 잘 몰라서라도 탈세를 하게 되는 것입니다. 게다가 탈세로 판단되면 추가로 가산금 등을 물게 되니 더욱 억울하죠.

결론적으로 말하면 유튜버가 구글로부터 소득을 얻으면 자진해서 이를 신고하고 세금을 납부해야 합니다. 주요하게는, 개인(개인사업자)은 종합소득세, 법인은 법인세를 납부해야 합니다. 다른 수입, 예컨대 외부 광고주로부터 개인적으로 얻은 광고, 홍보 수익 등은 국내 사업자가 지급하는 것이니, 세금과 관련된 큰 문제는 없을 듯합니다.

개인사업자로서 등록한 경우 가장 크게 납부해야 할 세금은 종합소득세, 부가세, 원천세가 되겠습니다.[21] 다만, 개별 세금의 자세한 내용을 여기서 쓰기는 힘들 것 같으니 다른 서적을 참고하시거나 전문가와 상의하시죠.

최근 국세청에서 세금을 제대로 내지 않은 유튜버들을 간과하지 않겠다, 끝까지 추적하여 세금을 거두겠다는 선언을 누차 하고 있습니다. 실제로 연예인, 유튜버 등 고소득 탈세 혐의자에 대해 세무조사를 하고 있으며,[22] 구글코리아에 대한 세무조사에 들어가 자료를 확보했다는 기사도 나왔습니다.[23] 국세청에서는 한국은행에서 한 사람당 연간 1만 달러 이상 송금받은 자료와 금융정보원에서 금융정보 등을 제공받아 세원을 관리하고 있으므로 차후에라도 얼마든지 추적하여 세금을 부과할 수 있을 것입니다. 사후 적발 시 상당히 큰 가산세를 맞을 수 있습니다.

따라서 사안의 상균 씨와 준태 씨는 유튜브로 받은 수익에 대해, 설령 국세청의 세금 부과가 없더라도 성실하게 세금을 납부해야 하겠습니다.

104. 유튜브 후원 기능을 통하지 않은 후원을 받으면 어떻게 하나요?

요즘 유튜버들은 다양한 플랫폼을 통해서 팬들로부터 후원을 받습니다. 후원을 일종의 시청료처럼 생각하고 내는 사람도 있고, 나에게 기쁨과 즐거움을 느끼게 해 주는 엔터테이너들을 응원하는 마음으로 후원을 하기도 하죠. 또 내가 좋아하는 유튜버를 오래오래 보기 위해서 하기도 하고요.

대부분의 팬들은 유튜브가 직접 제공하는 후원 기능이나 또는 아프리카TV, 트위치 등의 플랫폼이 허락한 서드파티(3rd party)가 제공하는 후원 보내기 기능을 이용하기 때문에 이렇게 들어온 후원금은 플랫폼에서 정한 절차와 내용에 따라 수수료를 공제하고 유튜버에게 지급됩니다. 또 이렇게 플랫폼을 통해서 지급받는 경우 거래내역이 모두 세금 신고가 되기 때문에 세금 납부 시에 내역을 잘 정리해서 제출한다면 특별히 문제가 될 일은 없어요.

그런데 이런 경우는 어떨까요? 유튜버 나라사랑은 플랫폼을 통한 후원이 아니라 자신의 개인 계좌번호를 적어두고 후원을 받는다고 올려두었습니다. 사람들은 유튜버의 개인 계좌로 후원금을 보냈어요.

이렇게 개인 계좌로 받은 후원금도 세금 신고를 해야 할까요? 아직 명확한 선례가 있는 것은 아니지만 개인 계좌로 받은 후원금은 유튜버가 하는 방송 용역에 대한 대가로 볼 수 있기 때문에 세금 신고를 하는 게 안전합니다.

만약 잘 모르겠다는 이유로 세금 신고를 하지 않는다면 나중에 신고하지 않은 후원금에 대한 소득세와 지연 가산세를 받을 수도 있어요.

플랫폼을 통하지 않고 개인 계좌로 직접 후원을 받는 건 가급적 하지 않는 게 좋겠고요, 개인 계좌로 받아야 할 필요가 있다면 그 금액과 빈도 등에 따라 세금 신고를 해야 할지 여부를 전문가와 꼭 상의하셔서 추후에 불이익이 없도록 하시는 게 좋겠습니다.

105. 세금을 내기 전 비용처리는 어떻게 해야 하나요?

앞에서 본 바와 같이 소득이 있으면 세금을 내야 합니다. 그런데 소득이 있다고 해도 지출한 비용이 있다면 수입금액에서 비용을 공제한 소득금액에 대해 세금을 부과합니다. 즉, 최종 소득에 대해서 세금을 부과하는 것이죠.

많은 수입을 올리는 유튜버는 수입이 올라감에 따라 더욱 높은 비율의 세금을 납부해야 합니다. 종합소득세 세율은 아래 표와 같습니다.[24] 연간 10억 원의 수입을 올리면 4억 원 가까운 세금을 내야 하니, 만만치 않죠?

과세표준	세율	누진공제
1,200만원	6%	-
1,200만원 ~4,600만원	15%	108만 원
4,600만원~8,800만원	24%	522만 원
8,800만원~1억 5,000만원	35%	1,490만 원
1억5,000만원~3억원	38%	1,940만 원
3억원~5억원	40%	2,540만 원
5억원~	42%	3,540만 원

그런데 유튜버들은 사업장을 임차하지 않기 때문에 부대비용이 크게 발생하지 않은 경우가 많아, 많은 수입을 올리는 억대 연봉의 유튜버들은 30~40%의 세금을 종합소득세로 납부해야 할 수 있습니다.[25] 부가가치세를 줄이기 위해서는 매입(지출)을 늘려야 하는데, 주로 콘텐츠 제작 관련 비용이 대상이 될 듯합니다. 종합소득세도 콘텐츠 제작과 관련하여 소요되는 비용을 꼼꼼히 체크하실 필요가 있습니다. 종합소득세 신고 시 비용 처리되는 주요 항목으로는 접대비, 차량유지비, 여비교통비, 보험료, 각종 공과금, 광고선전비 등이 있습니다.[26] 유튜버의 경우라면 사업장임차료, 방송장비 구입비, 소재 확보에 지출한 비용, 관련 프로그램 구입비 등도 비용처리 항목으로 넣을 수 있겠습니다.

이때 비용처리를 위해서는 증거(증빙)가 있어야 하는데, 간이세금계산서처럼 임의로 숫자를 써넣을 수 있는 것은 곤란합니다. 법상 비용으로 인정되려면 '적격증빙'인 세금계산서, 계산서, 신용카드, 현금영수증의 형태여야 합니다.

유튜버가 다른 사람을 채용하고 보수를 지급하면 인건비 및 직원비용도 비용으로 인정받을 수 있지만, 소득세법상 소득을 지급하는 자는 원천징수의무가 있습니다.[27]

사례에서 재민 씨와 나영 씨는 유튜브 콘텐츠를 찍으려고 지출한 카메라, 교통비, 프로그램 구입비 등을 적격증빙의 형태로 갖추어야 하겠습니다. 절세를 위해서 사업 관련 비용은 금융기관을 통해 이체하시고, 세금을 줄인다고 가공세금계산서 등 허위 증빙을 수취해서는 안 되겠습니다.

106. 개인, 개인사업자, 법인사업자 차이가 뭔가요?

유튜버로 수입이 생긴다면 세금 문제를 생각해야 하는데, 관련해서 어떤 형태로 유튜버 활동을 하는지가 문제가 됩니다. 크게 나누어 보면 개인, 개인사업자, 법인사업자로 활동을 할 수 있죠.

우선 개인입니다. 정말로 소소하게 유튜버 활동을 하는 경우라면 개인으로 해도 됩니다. 개인의 경우 앞에서 보았지만 중요한 것은 자신의 소득을 신고하여 종합소득세를 성실히 내는 것입니다.

유튜버로서 매출 또는 수입이 발생하고 어느 정도의 세금을 내야 한다면 사업자등록을 하는 것이 좋습니다. 이렇게 사업자등록을 하면 이제 신분이 '개인사업자'로 변경됩니다. 개인사업자는 개인과 법인의 중간쯤 있는 존재입니다. 사업자등록을 해야 세금을 낼 때 사업자로서 사용한 비용을 공제받을 수 있습니다.[28] 2019년 9월부터는 '1인 미디어 크리에이터'라는 이름으로 사업자번호 업종코드가 따로 마련되어 유튜버 누구나 사업자등록을 할 수 있습니다.[29]

개인사업자는 개인과 사업자가 동일체입니다. 따라서 사업자의 책임이 개인의 책임이고, 사업자의 재산은 개인의 재산입니다. 그래서 개인사업자는 사업자 통장의 돈을 자유롭게 인출하여 사용할 수 있습니다. 개인사업자는 여전히 종합소득세를 내지만, 이제 사업자가 되었으므로 부가세, 원천세도 납부해야 합니다.

그 다음 법인(법인사업자)입니다. 법인과 개인은 별개의 법적 주체입니다. 법인의 재산과 개인(대표이사)의 재산도 분리되기 때문에 대표자라고 해도 마음대로 법인의 자금을 빼갈 수 없고, 급여나 배당의 형태로 받아가야 합니다. 법인의 책임에 대해서 개인(대표이사)은 책임을 지지 않습니다. 따라서 부실한 법인과 계약을 했는데 차후 문제가 생긴 경우, 대표이사에게 책임을 물으려고 해도 그것은 불가능합니다. 별개의 법적 주체이기 때문입니다.

법인은 법인세를 내고, 개인은 법인으로부터 급여를 받을 경우 또다시 소득세를 냅니다. 그래서 법인사업자가 항상 유리한 것은 아니고, 개인사업자로 할 것인지, 법인사업자로 할 것인지는 매출의 규모 등에 따라 적절히 선택해야 할 문제입니다.[30]

요약하면, 고연 씨가 어느 정도 규모 있게 유튜브로부터 수입이 생기고 관련된 지출도 해야 한다면 고연 씨는 우선 개인사업자를 내는 것이 좋습니다. 고연 씨가 개인사업자를 운영하다가 법인으로 바꿀 것인지는 지면의 한계상 여기서 자세히 쓰긴 힘들고, 매출 등 자료를 갖고 전문가와 상의해서 결정하는 것이 좋겠습니다.

미주 ▶ ⓒ

1. 유튜브 고객센터 'YouTube 크리에이터를 위한 다중 채널 네트워크(MCN) 개요' 참조.
   https://support.google.com/youtube/answer/2737059?hl=ko
2. 한국엠씨엔협회 www.kmcan.or.kr 해당 사이트에서는 회원사들도 공개하고 있다.
3. 권혜미, MCN(다중 채널 네트워크) 네이버지식백과에서 인용.
   https://terms.naver.com/entry.nhn?docId=3579642&cid=59088&categoryId=59096
4. 유튜브 고객센터 'YouTube 크리에이터를 위한 다중 채널 네트워크(MCN) 개요' 참조.
   https://support.google.com/youtube/answer/2737059?hl=ko
5. 대법원 1995. 6. 30. 선고 94도2122 판결 등.
6. 근로기준법 제2조 제1항 제1호.
7. 근로기준법 제50조.
8. 근로기준법 제53조 제1항.
9. 근로기준법 제59조 제1항.
10. 고용노동부, '근로시간 단축, 특례업종 축소, 공휴일 민간 적용 관련 개정 근로기준법 설명자료' 2018. 5., 18면.
11. 근로기준법 제53조 제3항.
12. 서울행정법원 2001. 7. 24. 선고 2001구7465 판결.
13. 서울행정법원 2001. 2. 15. 선고 2000구22399 판결.
14. 국가공무원법 제64조 제1항, 지방공무원법 제56조.
15. 국가공무원 복무규정 제25조.
16. 국가공무원 복무규정 제26조.
17. 교육부 2019. 7. 10. 보도자료 '교육부, 교원 유튜브 활동 복무지침 마련' 참조.
    https://www.moe.go.kr/boardCnts/viewRenew.do?boardID=294&lev=0&statusYN=W&s=moe&m=020402&opType=N&boardSeq=77970
18. 대법원 1996. 7. 30. 선고 95다29130 판결 등
19. 방송작가 집필 표준계약서, 애니메이션 시나리오 개발 표준계약서, 영화 시나리오 표준계약서. (양도/이용허락)
20. 정확하게는, 유튜브가 애드센스에게, 애드센스에서 유튜버에게 지급한다고 한다. 유튜브 채널 '법알 못 가이드', '유튜버 탈세기 쉬운 이유 직접 세금을 내보니까 알겠네요'.
    https://www.youtube.com/watch?v=juwgV_GTJ08&feature=youtu.be
21. 김희연, '절세미녀의 세금지우개', 한스미디어(2018), 146~147면.
22. 조선비즈 2019. 10. 16. 기사 "국세청, 연예인·유튜버 등 고소득 탈세혐의자 122명 세무조사".
23. 조선비즈 2019. 12. 12. 기사 "국세청, 구글코리아 세무조사…유튜버 탈루·역외 탈세 정조준".
24. 2019. 11. 현재.
25. 김희연, '절세미녀의 세금지우개', 한스미디어(2018), 146면.
26. 김희연, '절세미녀의 세금지우개', 한스미디어(2018), 131~133면.
27. 소득금액을 지급할 때 세금을 차감 지급하고 국세청에 납부할 의무.
28. 김아영, '세금이 잘못됐습니다', 옥당북스(2018), 170면
29. 서울신문 2019. 12. 3.자 기사 '뷰티 유튜버들 "성형수술비 좀 세금에서 빼 주세요"…소득세 자진 신고 이유는?'
30. 김아영, '세금이 잘못됐습니다', 옥당북스(2018), 182면, 218면 이하.

부록

1. 표준근로계약서
2. 저작권 등록 예시
3. 통고서
4. 합의서
5. MCN 계약서
6. 시나리오 집필 계약서
7. 영상물 제작 참여 계약서
8. 영상물 출연 계약서
9. 저작권 양도 계약서
10. 저작권 이용 허락 계약서
11. 광고 콘텐츠 제작 계약서

표준근로계약서(기간의 정함이 없는 경우)

_____(이하 "사업주"라 함)과(와) _____(이하 "근로자"라 함)은 다음과 같이 근로계약을 체결한다.

1. 근로개시일 : ____년 ___월 ___일부터
2. 근무장소 : _____
3. 업무의 내용 : _____
4. 소정근로시간 : ___시 ___분부터 ___시 ___분까지(휴게시간 : ___시 ___분 ~ ___시 ___분)
5. 근무일/휴일 : 매주 ___일(또는 매일단위)근무, 주휴일 매주 ___요일
6. 임금
   - 월(일, 시간)급 : _____원
   - 상여금 : 있음 (   ) _____원, 없음 (   )
   - 기타급여(제수당 등) : 있음 (   ), 없음 (   )
     _____원, _____원
     _____원, _____원
   - 임금지급일 : 매월(매주 또는 매일) ___일(휴일의 경우는 전일 지급)
   - 지급방법 : 근로자에게 직접지급(   ), 근로자 명의 예금통장에 입금(   )
7. 연차유급휴가
   - 연차유급휴가는 근로기준법에서 정하는 바에 따라 부여함
8. 사회보험 적용여부(해당란에 체크)
   ☐ 고용보험   ☐ 산재보험   ☐ 국민연금   ☐ 건강보험
9. 근로계약시 교부
   - 사업주는 근로계약을 체결함과 동시에 본 계약서를 사본하여 근로자의 교부요구와 관계없이 근로자에게 교부함(근로기준법 제17조 이행)
10. 근로계약, 취업규칙 등의 성실한 이행의무
    - 사업주와 근로자는 각자가 근로계약, 취업규칙, 단체협약을 지키고 성실하게 이행하여야 함
11. 기 타
    - 이 계약에 정함이 없는 사항은 근로기준법령에 의함

년   월   일

(사업주)   (근로자)
사업체명 : _____(전화 : _____)   주소 : _____
주소 : _____   연락처 : _____
대표자 : _____(서명)   성명 : _____(서명)

저작권 등록 신청서

신청인(등록권리자)과 그 대리인에 대한 정보를 입력하는 저작권 등록신청서 작성 페이지입니다. 각 항목 입력란에 마우스를 올려놓으면 안내되는 설명에 따라 정확히 입력하시기 바랍니다.

귀하는 등록권리자 "본인"과 그의 "대리인" 또는 "상속인" 중 어디에 해당하십니까?   ● 본인   ○ 대리인   ○ 상속인

신청인(등록권리자) * 인공지능(AI)은 저작(권)자/인접권자/데이터베이스제작자가 아닙니다.

* 성명 (한글)	
성명 (한자)	
성명 (영문)	
* 국적	대한민국
* 우편번호	[우편번호 찾기]
* 주소	
* 전자우편주소	@ naver.com 네이버메일
* 휴대전화	010 - ○○○○ - ○○○○
전화번호 (자택)	02 - -
전화번호 (회사)	02 - -
수수료 면제 대상	● 해당사항 없음 ○ 생계·주거·의료·교육급여 수급자 ○ 국가유공자 ○ 5·18 민주유공자 ○ 장애인 저작권법 시행규칙 제23조(수수료)2항에 따라 면제횟수는 연간 10회로 제한됩니다.

* 공동저작자는 다음페이지에 추가 입력할 수 있습니다.

[신청인 정보 숨기기]

[다음]

저작권 등록 신청명세서

| 기존 등록정보 미리보기 |

| 저작물에 대한 정보를 입력하는 저작권등록신청명세서/프로그램의 개요의 작성 페이지 입니다. 작성된 내용은 등록부에 등재되며 등록이 완료된 후에는 다시 변경할 수 없으니, 이점 유의하셔서 작성해 주시기 바랍니다.

저작물 * 인공지능(AI) 산출물은 등록대상이 아닙니다.

- **제호 (제목)**: 예) Candy(사탕)
  * 외국어 제목은 한글을 함께 기재.
- **종류**: -선택- -선택- -선택-
- **내용**: 저작물에 대한 상세설명을 기재
  * 충분한 설명이 되도록 자세히 기재(1000자 이하) Byte =0/ 3000 (한글 1글자 3Byte)
  * 여러 건 신청 시 각 저작물마다 내용은 상이하게 기재

저작물정보 숨기기

등록사항

등록부문

| 계속적간행물 등 여부 | ● 아니오 ○ 예 |
| 공표여부 | ○ 아니오 ● 예
 * 공표사실을 등록하는 경우 제3자가 위원회에 방문하여 복제물 열람 신청을 할 수 있습니다.(단, 컴퓨터프로그램은 제외)
 * 공표연월일을 나중에 등록하고자할 경우 다시 등록신청 절차와 비용이 소요됩니다. |

창작

| 창작연월일 (창작완료일) | 예, 2020-07-01 |

공표 (공표 하지 않은 경우, 위 "공표여부" 선택항목을 '아니오'로 변경해주세요.)

맨처음 공표 연월일	예, 2020-07-01
공표 국가	-선택-
공표 방법	-선택-
공표 매체 정보	* 충분한 설명이 되도록 자세히 기재(100자 이하) Byte =0/ 300 (한글 1글자 3Byte)
저작자표시	저작물이 공표될 때, 저작자 표시를 하셨습니까? ● 아니오 ○ 예

업무상저작물의 업무상 작성에 참여한 사람

| 업무상저작물의 업무상 작성에 참여한 사람의 성명 및 생년월일 | * 필요시, '추가' 버튼을 클릭하여 작성바랍니다. [추가] |

등록사항정보 숨기기

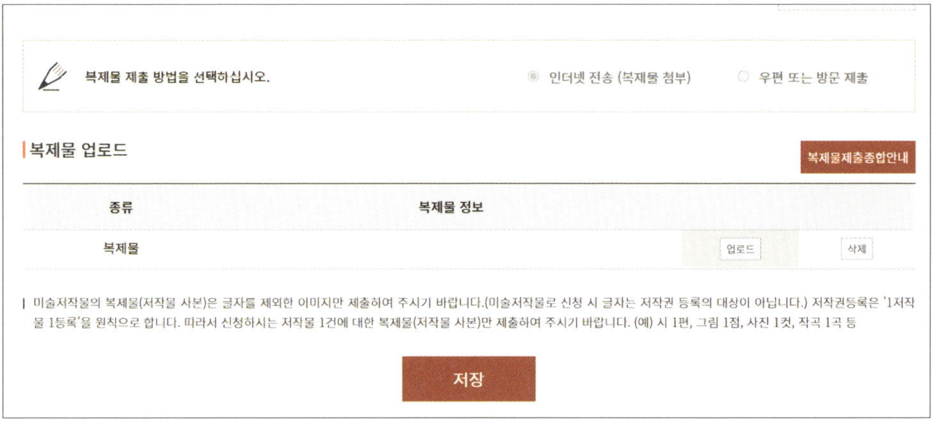

복제물 업로드

종류	복제물 정보		
복제물		업로드	삭제

※ 미술저작물의 복제물(저작물 사본)은 글자를 제외한 이미지만 제출하여 주시기 바랍니다.(미술저작물로 신청 시 글자는 저작권 등록의 대상이 아닙니다.) 저작권등록은 '1저작물 1등록'을 원칙으로 합니다. 따라서 신청하시는 저작물 1건에 대한 복제물(저작물 사본)만 제출하여 주시기 바랍니다. (예) 시 1편, 그림 1점, 사진 1컷, 작곡 1곡 등

↓

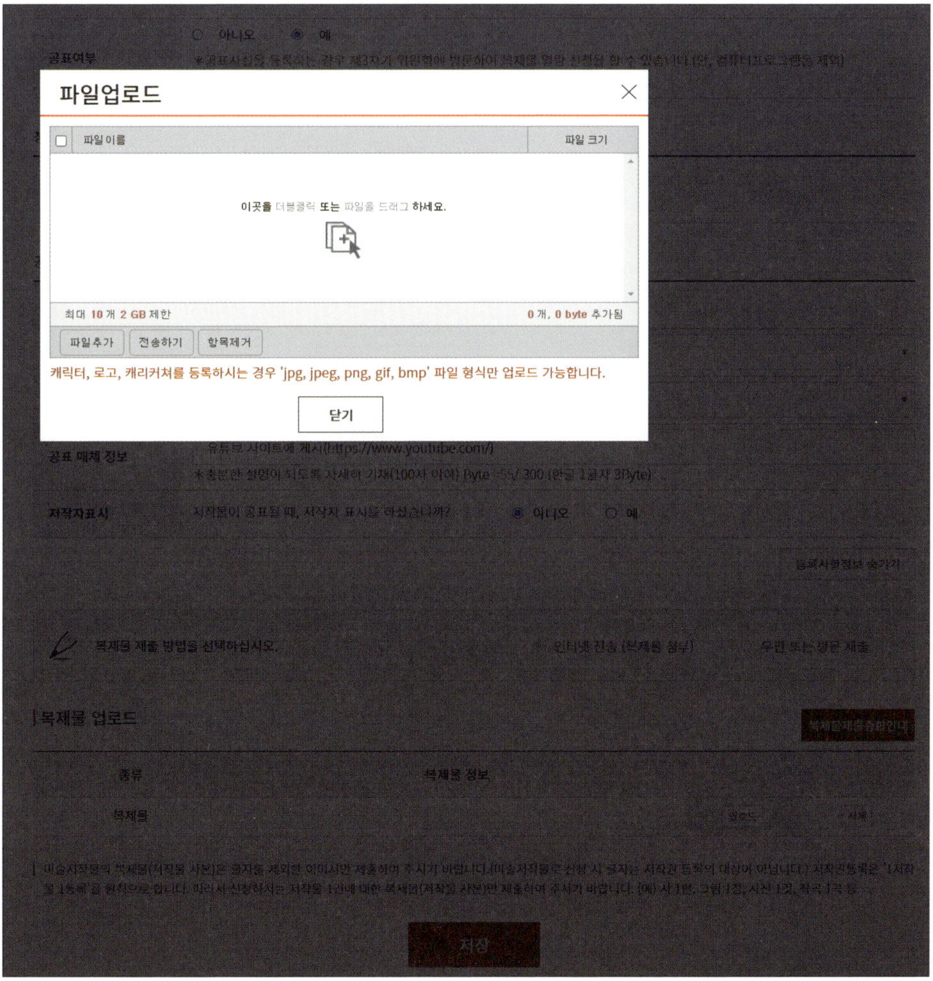

파일업로드

파일 이름	파일 크기

이곳을 더블클릭 또는 파일을 드래그 하세요.

최대 10개 2 GB 제한   0 개, 0 byte 추가됨

[파일추가] [전송하기] [항목제거]

캐릭터, 로고, 캐리커처를 등록하시는 경우 'jpg, jpeg, png, gif, bmp' 파일 형식만 업로드 가능합니다.

[닫기]

통고서

발 신 인   ○○○
          서울 ○○구 ○○로 ○○○

수 신 인   ○○○
          서울 ○○구 ○○로 ○○○

제목: 저작권 침해 중지 등 요구의 건

1. 수신인(이하 '귀하')의 발전을 기원합니다.
   본인은 ____년 __월 __일 ○○○라는 제목의 동영상을 창작하고 ____년 __월 __일 유튜브에 이를 업로드하여 저작권을 갖고 있는 사람입니다.
   > 본인의 저작권 발생 사실을 기재한다.

2. 본인은 최근 귀하가 유튜브에 업로드한 ○○○라는 제목의 동영상(https://www.youtube.com/…)이 본인의 저작권을 침해한 사실을 발견하였습니다. 본인의 저작물과 귀하의 동영상을 보면 …한 점에서 저작권을 침해하고 있습니다.
   > 상대방의 저작권 침해 사실을 기재한다.

3. 이러한 귀하의 행위는 본인의 저작권을 침해하는 행위로서 민사상 손해배상의 원인이 되며, 형사상 처벌될 수 있는 행위입니다.

4. 이에 본인은 귀하에 대해 아래 사항을 요구합니다.
   (1) 본인의 저작권을 침해한 귀하의 유튜브 동영상을 즉시 삭제할 것
   (2) 본인의 저작권 침해에 상응하는 합의금 지급 등 조치를 취할 것
   (3) 기타 요구사항
   > 본인의 요구사항을 기재한다.

5. 다만 본인은 적절한 내용으로 귀하와 원만히 합의하여 본건을 종결할 의사가 있습니다. (또는) 귀하가 본인의 정당한 요청에 응하지 않을 경우 본인은 민형사상 가능한 모든 법적 조치를 하여 본인의 손해에 대한 배상을 받을 예정입니다.

6. 본인은 귀하가 본인의 요구사항을 이행할 준비를 하고 ____년 __월 __일까지 본인에게 회신할 것을 요구합니다(발신인의 이메일/ 주소/ 전화번호 등).

   년   월   일
   발신인 _____(인)

합의서

OOO(이하 '갑')과 OOO(이하 '을')은 아래와 같이 합의한다.

1. '을'은 '갑'에 대해 '을'의 ○○○ 유튜브 동영상이 '갑'의 저작권을 침해한 행위에 대해서 사과한다.

2. '을'은 ＿＿＿년 ＿＿월 ＿＿일까지 합의금으로 '갑'에게 ＿＿＿＿＿＿＿＿원을 지급한다.
   > 합의금 지급 등 배상의 내용을 기재한다.

3. '갑'과 '을'은 본 합의 및 합의의 내용에 관한 모든 사항을 제3자에게 일절 공개하지 아니한다.
   > 이 조항은 필수가 아니며, 넣을지 말지 선택한다.

4. '갑'과 '을'은 본 합의서의 의무가 이행됨을 전제로, 향후 일체의 민형사상 청구를 포기하고 일절 이의를 제기하지 아니한다.
   > 합의 후 또다른 분쟁이 생기지 않도록 하기 위한 조항이다.

년   월   일

갑: ○○○
　주소:
　＿＿＿＿＿＿＿＿＿(인)

을: ○○○
　주소:
　＿＿＿＿＿＿＿＿＿(인)

서울형 표준계약서(1인 미디어콘텐츠 창작자)

이 표준계약서는 1인 미디어콘텐츠 창작자 대상 불공정 계약관계 방지 등 권리보호를 위해 서울특별시가 사용 및 보급을 권장하고 있는 표준계약서입니다.

이 표준계약서에서는 1인 미디어콘텐츠 창작자와 MCN 사업자의 계약(이하 MCN 계약)에 있어 표준이 될 계약의 기본적 공통사항만을 제시하였는바, 실제 MCN 계약을 체결하려는 계약당사자는 이 표준계약서의 기본 틀과 내용을 유지하는 범위에서 이 표준계약서보다 더 상세한 사항을 계약서에 규정할 수 있습니다.

또한 이 표준계약서의 내용은 MCN 계약과 관련된 현행 법령을 기준으로 한 것이므로 계약당사자는 이들 법령이 개정되는 경우에는 개정내용에 부합되도록 표준계약서의 내용을 수정 또는 변경할 수 있으며, 특히 개정법령에 강행규정이 추가되는 경우에는 반드시 그 개정규정에 따라 계약내용을 수정하여야 합니다.

MCN 가입 표준계약서

크리에이터(1인 미디어콘텐츠 창작자)_____ (예명:_____ 이하 "크리에이터")와 회사(MCN사업자)_____ (이하 "회사")는 _____ 채널(이하 "채널")을 제휴하여 제작 지원, 저작권을 비롯한 지식재산권 관리, 홍보 등을 지원하고 수익을 공유하기 위하여 다음과 같은 내용으로 계약을 체결한다.

제1장 총칙

제1조(목적)
이 계약은 "크리에이터"와 "회사", 양 당사자 간의 권리와 의무를 명확히 정함으로써 분쟁을 사전에 방지하고 당사자의 상호 이익과 발전을 도모함을 목적으로 한다.

제2조(정의)
이 계약에서 사용하는 용어의 뜻은 다음과 같다.
1. "채널"이라 함은 "크리에이터"가 합법적으로 소유하거나 계약기간 동안 관리 및 제어할 수 있는 YouTube, 아프리카TV, 판도라TV, 곰TV, 틱톡 기타 이와 유사한 일체의 인터넷 및 모바일 방송

또는 "크리에이터"가 소유하거나 계약 기간 동안 관리 및 제어할 수 있는 모든 SNS를 포함한 일체의 콘텐츠 공중송신 유통 수단, "회사"와의 계약에 의하여 추가로 제공된 모바일 App, 온라인 웹사이트 등 "크리에이터"와 "회사"의 콘텐츠를 서비스할 수 있는 모든 유통 채널을 포함하는 것을 의미한다.
2. "콘텐츠"라 함은 "크리에이터"의 채널에 업로드된 동영상, 자막, 썸네일 및 카피라이트, 음원, 브랜드, BI, CI, 이미지 정보 및 이와 관련된 부가(메타) 정보를 포함하는 것을 의미한다.
3. "MCN"이라 함은 여러 "크리에이터"의 "채널"과 제휴하여 서비스를 제공하는 업체로, 시청자 및 구독자 확보, 콘텐츠 편성, "크리에이터"들의 공동작업 지원 및 관리, 디지털 권한 관리, 수익 창출 또는 판매 등의 서비스를 제공하는 사업을 위한 마스터 계정이나 시스템 등을 보유하고 글로벌 다중 채널 네트워크 사업을 전개하는 "회사"의 사업 및 브랜드 일체를 의미한다.
4. "수익"이라 함은 "회사"가 본 계약에서 정하고 있는 각 권한에 따라 제3자로부터 수령하게 되는 일체의 매출액에서 "회사"와 "크리에이터"가 본 계약 또는 별도 서면 합의를 통하여 정하는 내용의 비용을 공제한 금액을 의미한다.
5. "선급금"이라 함은 "크리에이터"가 콘텐츠 제작을 완료하기 전에 "회사"가 지급하기로 한 제작비용 등(명칭을 불문)의 대금(이하 '대금'이라 한다)의 일부를 말한다.

제3조(계약 기간)

① "크리에이터"와 "회사"의 본 계약은 서명 또는 날인 즉시 성립하며 최초 계약일로부터 (   )년간 유효하다.
② "크리에이터" 또는 "회사"가 계약 종료일 30일 전까지 서면(이메일 등 전자문서를 포함)에 의한 갱신 거절이나 계약 조건 및 내용에 대한 변경 요청 의사표시를 표시하지 않을 경우 본 계약은 동일한 조건으로 자동으로 연장된다. 이 경우 "회사"는 "크리에이터"에게 계약의 자동 연장에 관한 위의 사항을 명확히 고지한다.

제2장 "크리에이터"의 권리와 의무

제4조(채널의 연결)

① "크리에이터"는 "회사"와 본 계약을 체결한 후 (   )일 이내에 "크리에이터"의 채널을 "회사"가 제시하는 가입 절차를 준수하여 "회사"의 "MCN"에 연결하거나 회사의 시스템 등에 등록하여 필요한 정보를 제공하여야 한다.
② "크리에이터"는 각 채널에서 발생하는 광고 수익을 받는 계정을 "회사"가 지정하는 "MCN" 계정으로 이관하여야 한다.
③ "회사"는 본 계약 기간 동안 "MCN"에 연결된 "크리에이터"의 "채널"에 있는 "콘텐츠"의 수익 창출 관리를 위해 필요한 조치 및 "채널"의 홍보와 브랜딩 설정 등을 수행할 수 있다.

제5조(홍보에의 동의)

① "크리에이터"는 "채널"에서 "회사"가 "회사"의 로고 또는 "회사"의 브랜딩 요소를 삽입할 수 있도록 "회사"로 하여금 "크리에이터"의 각 채널 내 편집이 가능한 영역에 "크리에이터"의 콘텐츠 내 중간 삽입영역, 최종 슬레이트 등을 사용할 수 있게 하여야 한다.
② "크리에이터"는 자신이 보유한 채널 및 SNS, 기타 홍보 수단 중 주석, 링크 및 수동 또는 자동화된 수단에 의해 구현될 수 있는 크로스 프로모션 영역에 회사의 로고와 홍보물을 함께 홍보할 수 있다. 이 경우 사용조건과 범위는 별도 협의할 수 있다.

제6조(콘텐츠 제공)

① "크리에이터"는 계약기간 동안 "크리에이터"의 각 "채널"에 정기적으로 콘텐츠를 올리는 등 합리적인 노력을 다하여야 한다. 이 경우 "크리에이터"는 회사와의 협의를 통해 정기적으로 올리는 콘텐츠 수를 정할 수 있다.
② "크리에이터"는 본 계약기간 동안 질병, 입대, 사고, 이민 등 전항의 의무를 이행할 수 없는 경우에 "회사"와 사전 협의하여야 하며, 이와 같은 협의 없이 일방적으로 자신의 의무 이행을 중지하여서는 안된다.
③ "크리에이터"는 유튜브 등 "채널"을 탑재한 각 플랫폼 사업자의 각종 가이드라인과 규정을 준수하여 "회사"의 채널 운영 및 수익 창출을 위한 활동에 지장을 주지 않도록 하여야 한다.
④ "크리에이터"는 "채널"에 업로드하는 "콘텐츠"가 타인의 저작권 등 권리를 침해하지 않도록 하여야 한다. "회사"의 귀책사유 없이 "크리에이터"의 "채널" 또는 "콘텐츠"로 인하여 제3자의 권한, 권리 등이 침해되는 등 법적 분쟁이 발생하였을 경우 "크리에이터"는 법적 분쟁의 해결을 위한 책임이 있으며 그로 인하여 "회사"에 손해가 발생하는 경우 "크리에이터"는 그 손해를 배상할 책임이 있다.
⑤ "크리에이터"는 "콘텐츠"를 제작하여 업로드함에 있어 법령에 위반되거나 사회상규에 반하는 부적절한 콘텐츠 또는 "회사"와 "회사"의 다른 "크리에이터" 및 "회사"의 광고주 등의 브랜드 가치, 신용, 명예, 이미지, 기타 정당한 이익 등을 훼손 또는 비방하는 콘텐츠를 제작하거나 업로드하여서는 안된다.

제7조(콘텐츠 수정삭제청구권)

① "크리에이터"는 "회사"가 법령위반, 사회상규 위반, 사회적 물의, 타인의 권리 침해 등을 이유로 문제되는 "콘텐츠"의 수정 또는 삭제를 요구할 경우 이에 대해 즉시 응하여야 한다.
② "크리에이터"는 "회사"가 제공하는 채널 운영 및 콘텐츠 기획, 제작에 대한 교육 및 자문 서비스에 성실하게 참여하고 건전한 "콘텐츠"를 제공하기 위하여 노력하여야 한다.

제8조(공동제작의 제한 등)

① "크리에이터"는 "회사"와의 사전 협의 없이 직접 또는 제3자를 통하여 "크리에이터"의 "채널" 또는 "콘텐츠"를 활용하여 영리활동 또는 부가 사업을 하거나 이를 위해 제3자와 계약을 체결하는 경우에는 회사에 대하여 그 손해를 배상할 책임이 있다.

② "크리에이터"는 타 채널에 콘텐츠를 업로드하거나 "회사"에 속하지 않은 타 "크리에이터"와 협업하여 "콘텐츠"를 공동제작 또는 컬래버레이션 활동을 하는 경우 "회사"와 사전 협의하여야 한다.

제9조(수익창출을 위한 협력의무)
① "크리에이터"는 "회사"가 제휴하여 제작 지원, 저작권관리, 홍보 등을 지원하고 수익을 내기 위하여 진행하는 사업에 적극적으로 참여하여야 한다.
② "크리에이터"는 "회사"가 회사 내 다른 크리에이터들과의 컬래버레이션 콘텐츠 제작의 기회를 제공하는 경우 적극적으로 참여하여야 한다.
③ "크리에이터"는 "회사"가 전항의 사업을 진행하기 위해 필요한 정보 및 자료를 요구하는 경우 성실하게 이에 응하여야 한다.

제10조(출연 등의 제한)
"크리에이터"는 "크리에이터"의 명예, 이미지, 신용, 이익을 저해하거나 훼손하는 것이 객관적으로 명백한 경우에는 회사가 "회사"의 "채널" 이미지 상승을 위한 것이거나 "콘텐츠" 홍보와 관련한 출연, 기타 광고 출연, 행사 및 사업참여 등을 요구하더라도 이를 거절할 수 있다.

제11조(지식재산권)
① "크리에이터"가 단독으로 기획, 제작한 콘텐츠에 대한 지식재산권은 "크리에이터"에게 귀속된다. 이 경우 회사가 제공한 프로모션(폰트, BGM 등)을 이용한 콘텐츠의 지식재산권은 크리에이터에게 있다.
② "회사"가 단독으로 기획, 제작한 콘텐츠에 "크리에이터"가 출연하여 채널에 업로드한 콘텐츠의 지식재산권은 "회사"에게 귀속된다.
③ "회사" 및 "크리에이터"가 공동으로 기획, 제작한 콘텐츠의 지식재산권은 공동으로 귀속된다. 이 경우 지식재산권의 지분 비율에 대한 별도의 협의가 없으면 균등한 것으로 본다.
④ 광고주 또는 제3자와의 용역 계약에 따라 "크리에이터"가 제작한 콘텐츠의 지식재산권 귀속은 해당 용역에서 정한 바에 따른다.
⑤ 회사가 "크리에이터"의 동의를 얻어 회사의 비용으로 초상, 성명, 이미지 등을 활용한 상표, 디자인 등의 소유권은 "회사"에게 귀속되고 크리에이터는 계약 기간 내 사용권을 가진다.
⑥ 회사는 계약 기간동안 본명, 예명, 애칭을 포함하여 크리에이터의 모든 성명, 사진, 초상, 필적, 음성, 기타 크리에이터의 동일성을 나타내는 일체의 것을 크리에이터의 명예나 인격권이 훼손되는 방식이 아닌 범위에서 회사의 업무와 관련하여 이용할 수 있는 권한을 가지며, 계약 기간이 종료되면 그 이용권은 즉시 소멸된다.
⑦ 지식재산권에 관하여 본조에서 정하지 않은 사항은 저작권법, 상표법, 디자인보호법 등 개별 법령에 따른다.

> 지식재산권의 귀속은 이 계약서에서 가장 중요한 조항 중 하나입니다. 제11조는 비교적 균형 잡힌 내용을 구성되어 있는 것 같아서 지금 이 상태로 그대로 이용해도 큰 문제는 없을 것입니다.
> 다만, 과연 해당 콘텐츠가 크리에이터가 단독으로 기획, 제작한 것인지, 회사가 단독으로 기획, 제작한 것인지 등 사실관계를 다툴 여지는 여전히 남아 있습니다. 그럴 여지를 없애기 위해서는, 아예 본 조항 자체에서 1항~4항 중 해당 항의 내용만 남기고 다른 조항을 삭제하는 식으로 구성하는 것이 좋을 수도 있습니다. 예컨대, "본 계약에 따라 기획, 제작된 콘텐츠에 대한 지식재산권은 "크레에이터"에게 있다."라는 식으로요. 5항~7항의 내용은 그대로 남겨두어도 되겠습니다.

제12조(수익배분)

① "회사"는 "크리에이터"에게 제4조 제1항에 근거한 채널에 대한 연결과 제13조 독점배타적 권한을 부여한 대가로 계약금을 지급할 수 있다.

② "크리에이터"는 "회사"에게 다음의 수익의 지불을 청구할 수 있다.
  1. "크리에이터"의 각 채널로 인해 회사로부터 지급받고 있는 광고 수익의 (   )%
  2. "크리에이터"의 각 채널과 관련하여 일체의 상업적 계약으로 "회사"가 상대방으로부터 수령하는 수익의 (   )%
  3. "회사"가 "크리에이터"를 광고모델, 방송 출연 등에 대한 대가로 발생하는 수익의 (   )%
  4. 기타 상호 별건 계약 관계에서 발생하는 수익의 (   )%

③ "크리에이터"는 "회사"에 대하여 수익의 정산서와 이를 증명할 증빙자료 등을 요구할 수 있다.

④ "크리에이터"는 "회사"에 대하여 당사자가 협의한 비율과 지급 시기에 따라 수익 지급을 요구할 수 있으며, 회사와 크리에이터가 사전에 협의하여 회사가 선지출한 비용은 크리에이터 수익에서 차감할 수 있다. 이 경우 크리에이터에게 지급할 비용이 10만원 미만의 경우 정산을 최대 3개월 내로 유보할 수 있다.

⑤ "크리에이터"에게 지급하는 금액은 원화를 기준으로 하며, 외화로 정산받고자 하는 경우 당월 말인 ○○은행 매매기준율을 기준으로 원화를 환전한다.

⑥ "크리에이터"는 세금계산서를 발행받을 수 있으며, "크리에이터"가 지정한 은행 계좌를 통해 수익을 정산받을 수 있고 연체 시에는 연 (   )%의 지연배상금을 요구할 수 있다.

⑦ "회사"는 "크리에이터"의 수익 정산과 관련하여 송금 관련 결제 처리 수수료를 크리에이터(또는 회사)의 수익에서 공제할 수 있다.

⑧ 각 채널의 플랫폼 정책의 변경 등으로 인하여 정산일과 정산방식의 변경이 있는 경우 "회사"는 상기 지급조건에 따라 "크리에이터"와 협의하여 서면(이메일 등 전자문서 포함)으로 그 변경 사실을 통지하여야 한다.

제3장 "회사"의 권리와 의무

제13조(독점배타적 권리)

① "회사"는 계약 기간 동안 "회사"에 연결된 "크리에이터" 채널의 콘텐츠를 독점배타적으로 수익 창출 관리, 소유권 주장 및 채널의 브랜딩 설정 등을 수행할 권한을 부여받는다.
② "크리에이터"는 "회사"에게 다음 각 호의 권리를 독점배타적으로 부여하고 "회사"는 그로 인하여 발생한 수익을 본 계약에 따라 "크리에이터"에게 분배하여야 한다.
  1. "크리에이터"의 채널의 콘텐츠 등의 관리를 통해 "회사"가 직접 광고형 콘텐츠를 제작, 판매하거나 이벤트, 프로모션 등 상업적 수익 활동을 할 수 있는 권리
  2. "크리에이터"의 채널의 콘텐츠 등을 통해 전부 또는 일부를 직접 이용하거나 수정하여 2차적 저작물로 작성하는 등 머천다이징, 커머스, 라이선스 계약 등 상업적으로 이용할 수 있는 권리
  3. 회사의 각 채널 또는 플랫폼 등을 통해 크리에이터가 제작한 채널의 콘텐츠 등을 홍보하기 위하여 콘텐츠를 수정, 편집하여 사용할 수 있는 권리
  4. "크리에이터"가 참여, 출연하는 오리지널 콘텐츠 및 브랜디드 콘텐츠 또는 광고 콘텐츠의 기획, 영업, 제작 등을 할 수 있는 권리 및 해당 콘텐츠를 활용하는 상업적 계약을 체결할 수 있는 권리
  5. "크리에이터"의 초상, 성명, 사진 등 "크리에이터"와 동일시할 수 있는 일체의 요소를 활용하여 캐릭터, 로고 등 2차적 저작물 작성, 지식재산권화, 머천다이징, 이용 허락 등을 상업적으로 할 수 있는 권리
  6. "크리에이터"의 방송 출연, 광고모델 출연, 행사 참여 등 계약체결을 대행할 수 있는 권리
  7. 그밖에 "크리에이터"가 별도의 약정으로 "회사"에게 부여한 권리

제14조(수정 및 삭제의 제한)
① "회사"는 콘텐츠를 이용함에 있어서 "크리에이터"의 저작인격권을 침해하지 아니한다. 다만, 콘텐츠를 수정하는 경우 크리에이터와의 협의를 통해 수정내용과 범위를 정하여야 한다.
② "회사"는 다음 각 호의 경우 임의적으로 "크리에이터"의 채널 및 콘텐츠를 수정, 삭제할 수 있다. 다만 이 경우에도 "크리에이터"의 권리에 중대한 침해가 발생할 우려가 있는 경우 크리에이터와 사전에 협의하여야 한다.
  1. 법령 또는 채널 운영사 정책 준수를 위하여 필요한 경우
  2. 콘텐츠 저작권 관리 등을 위하여 필요한 경우
  3. 기술적 오류 해결 등을 위하여 필요한 경우
  4. 그밖에 "크리에이터"가 의사표시를 할 수 없는 상태에 있는 경우로서 객관적으로 명백히 "크리에이터"의 이익을 위하여 필요하다고 인정되는 경우

제15조(수익을 위한 관리)
① "회사"는 "크리에이터"에게 채널 구독자 수, 시청지속기간, 조회 수, 전환율 등 채널의 수익 및 발전을 나타내는 지표의 성장을 촉진하기 위한 교육, 관리, 프로모션 기회를 제공할 수 있다.
② "회사"는 크리에이터에게 채널 운영관리 및 콘텐츠 기획, 제작, 홍보활동을 촉진시키기 위한 "회사" 보유 솔루션, 도구, 시설, 장비 및 기타 크리에이터가 요구하는 서비스를 제공할 수 있다.
③ "회사"는 크리에이터에게 "회사" 내 다른 "크리에이터"들과의 컬래버레이션 콘텐츠 제작 기회를 제공할 수 있다.

④ "회사"는 제12조 제2항 각호의 수익 등을 정산하여 관리하여야 한다.
⑤ "회사"는 채널 수익 외 제13조에 규정된 "회사"에 부여된 독점배타적 권리와 관련된 수익을 창출하도록 노력하여야 한다.

제16조(크리에이터의 보호)
① "회사"는 "크리에이터"의 신용, 명예, 이미지, 브랜드 가치, 이익 등을 저해하거나 훼손하는 사업을 진행하거나 이러한 내용의 콘텐츠 제작을 요구하여서는 안 된다.
② "회사"는 "크리에이터"의 출연 또는 참여가 필요하거나 "크리에이터"의 초상, 성명, 채널 브랜드, 상표 등을 이용한 사업 진행 시에는 사전에 "크리에이터"에게 사업의 내용과 조건을 공유하고 협의한 후 서면(이메일 등 전자문서 포함)으로 통지하여야 한다.
③ "회사"는 "크리에이터"의 이익과 상충될 우려가 있는 사업을 제3자와 진행함에 있어서 사전에 "크리에이터"와 사업의 내용과 조건을 협의한 후 서면(이메일 등 전자문서 포함)으로 통지하여야 한다.
④ "회사"는 제3항에 따른 사업을 진행함에 있어 제3자와의 계약 기간이 본 계약의 계약 기간을 도과할 경우 그 계약은 계약 기간 내에서만 유효하며 계약 기간 이후에도 사업을 진행하고자 하는 경우 별도의 계약서를 작성하여야 한다.
⑤ "회사"는 "크리에이터"가 독자적인 콘텐츠 개발 및 구독자 수 확보에 어려움을 겪고 있는 경우 채널 운영 및 콘텐츠 기획 및 제작에 대한 교육 및 자문 서비스를 제공할 수 있다.
⑥ "회사"는 "크리에이터"에게 채널의 매월 각종 수익 관련 지표 현황과 사업별 수익 정산 현황을 포함한 보고서를 작성하여 서면(이메일 등 전자문서 포함)으로 제공하여야 하며, "크리에이터"가 수익 정산에 대한 증빙 또는 근거 자료를 요청하는 경우 이를 즉시 제공하여야 한다.
⑦ 회사는 회사가 기획, 제작하거나 지시 또는 관여한 콘텐츠, 광고가 제3자의 권리를 침해한 경우 이에 대한 책임을 져야 하고 크리에이터에게 손해가 발생한 경우 손해를 배상하여야 한다.

제4장 분쟁의 예방 등

제17조(권리의 확인)
"크리에이터"는 제3자의 동의 없이 본 계약을 체결하고 이행할 수 있는 모든 권리를 가지고 있음을 확인한다. 만약 "크리에이터"가 계약 체결일 현재 만 19세 미만인 경우에는 법정 대리인의 동의를 거쳐 함께 서명하기로 한다.

제18조(비밀의 유지)
① "회사"와 "크리에이터"는 계약 기간, 계약 종료 이후에도 상대방이 제공한 서비스 및 계약 조건에 대하여 제3자에게 비밀을 유지할 의무가 있다.

② "회사"와 "크리에이터"는 본 계약에 따라 상대방으로부터 제공 받은 수단, 정보(개인정보를 포함한다), 자산 등을 비롯하여 업무상의 비밀에 대하여 상대방의 동의 없이 이용하거나 제3자에게 누설하지 않기로 하며 비밀유지의무 위반의 책임은 고의, 과실을 묻지 않는다.

제19조(계약의 해지)
① "회사" 또는 "크리에이터"는 상대방이 본 계약상의 의무를 이행하지 않거나 위반하는 경우 서면으로 의무 이행 또는 시정을 촉구하고 그럼에도 불구하고 (　　)일 이내에 이행 또는 시정이 없을 경우 본 계약을 서면으로 해지할 수 있다.
② "회사" 또는 "크리에이터"는 공개적으로 상대방의 명예, 신용, 이익을 훼손시키거나 중대한 법령위반 등 사회적 물의를 일으키는 행위를 (　　)회 이상 하는 경우, 상대방은 별도의 최고 없이 서면 통지로 본 계약을 즉시 해지할 수 있다.
③ "회사" 또는 "크리에이터"가 파산 또는 회생 신청, 어음부도, 강제집행 등 사유가 발생한 경우 별도의 최고 없이 서면 통지로 본 계약을 해지할 수 있다.

제20조(손해배상)
① "회사" 또는 "크리에이터"는 상대방의 책임 있는 사유로 인하여 계약의 해지로 손해가 발생한 경우 상대방에게 그 손해를 배상할 책임이 있다.
② 단순변심에 의한 경우와 같이 상대방의 책임 없는 사유로 계약을 해지하는 경우『해지일 직전 (　) 개월 평균 상대방 월 수익 × 계약 잔여개월수』에 상당하는 금원을 배상하기로 하되, "크리에이터"의 경우에는 "회사로부터 지급받은 계약금(선급금)을 가산하여 반환하기로 한다. 이 경우 계약의 해지일은 손해배상금 전부를 지급 완료한 시점으로 한다.

제21조(계약종료 후 지식재산권 등의 처리)
① "회사" 또는 "크리에이터"는 본 계약에 의해 상대방으로부터 제공받은 소프트웨어, 프로그램, 저작물, 브랜드, 상표, 로고, 디자인, 초상, 성명 등에 대한 이용 권한은 다른 약정이 없는 경우 계약의 종료 시점에 소멸된다. 다만 계약 기간 중 유효하게 체결된 제3자와의 계약은 제3자와의 계약 기간이 종료되는 시점까지 유효하며, "회사"의 정산 의무도 존속한다.
② "회사"는 본 계약이 종료된 경우 즉시 채널을 "MCN"에서 연결 해제하여야 하고 "회사"가 이를 지체하는 경우 "크리에이터"는 직접 채널 운영사에게 액세스 권한 삭제를 요구할 수 있다.
③ "크리에이터"는 다른 약정이 없는 한 채널 내 콘텐츠 중 "회사"나 제3자에게 단독 저작권이 있는 콘텐츠를 채널에서 삭제하고 원본을 "회사"에게 양도한 뒤 사본을 삭제하여야 한다.
④ "회사"와 "크리에이터"에게 공동저작권이 있는 콘텐츠의 이용 및 수익배분은 별도의 합의에 의하여 처리하되 합의가 이루어지지 않을 경우 저작권법의 규정에 따른다.
⑤ "크리에이터"의 초상, 성명, 콘텐츠 등을 활용하여 "회사" 또는 제3자의 기획과 비용으로 제작한 2차적 저작물 및 콘텐츠의 경우에는 다른 서면 합의가 없는 한 본 계약의 종료에도 불구하고 해당 2차적 저작물 및 콘텐츠로 인하여 "회사"에게 매출이 발생하는 동안 "크리에이터"에 대한 정산 의무가 존속한다.

⑥ "크리에이터"의 초상, 성명, 콘텐츠 등을 활용하여 "회사"의 기획과 비용으로 출원, 등록, 관리한 상표 또는 디자인권은 "크리에이터"가 "회사"에게 당시의 가치평가액을 대가로 지급하고 이전을 청구할 수 있으며, "회사"는 특별한 사정이 없는 한 상표권, 디자인권 등 권리이전에 적극 협조할 의무가 있다.

제22조(세금)
① "크리에이터"는 "회사"로부터 받은 수익에 대하여 대한민국 법령에 따른 납세의 의무가 있다.
② "회사"는 "크리에이터"에게 지급하는 수익에서 원천징수 후 이를 지급하여야 한다.

제23조(분쟁의 해결)
① "회사"와 "크리에이터"는 분쟁이 발생할 경우 상호 신의에 기초하여 합리적으로 해결하도록 노력하여야 한다.
② 전항에 따라 분쟁이 해결되지 않을 경우 "회사"와 "크리에이터"는 「콘텐츠산업진흥법」에 따른 콘텐츠분쟁조정위원회, 「저작권법」에 따른 한국저작권위원회 또는 「독점규제 및 공정거래에 관한 법률」에 따른 한국공정거래조정원 등에 분쟁조정을 신청할 수 있다.
③ 제2항에 따라 분쟁이 해결되지 않을 경우 쌍방의 합의로 「중재법」상 대한상사중재원의 중재 신청을 통해 해결하되, 일방이 합의에 의한 중재 신청을 거부할 경우 민사소송법상 관할에 따른 소송으로 해결한다.

"회사"와 "크리에이터"는 위 사실을 증명하기 위해 계약서를 2통 작성하여 기명, 날인한 후 각 1통씩 보관한다.

년   월   일

"회사"
상호 :
사업자등록번호 :
주소 :
대표자 :   (인)

"크리에이터"
성명 :
예명 :
주민등록번호 :
주소 :
성명 :   (인)

〈"크리에이터"의 법정대리인 : "크리에이터"가 만19세 미만의 미성년자인 경우〉
성명 :
주민등록번호 :
주소 :
성명 :   (인)

시나리오 집필 계약서[1, 2]

영상제작자 _____(이하 '갑')와(과) 작가 _____(이하 '을')은(는) 다음과 같이 영상물의 시나리오 집필에 관한 계약을 체결한다.

다 음

제1조 [목적]
본 계약은 '을'이 영상물에 필요한 시나리오를 집필하고 '갑'이 이를 이용하여 영상물을 제작하는 데 있어 필요한 사항을 정함을 목적으로 한다.

제2조 [계약의 목적물]
본 계약의 대상이 되는 시나리오(이하 '본건 시나리오') 및 이를 이용하여 만드는 영상물(이하 '본건 영상물')의 개요는 다음과 같다.
  (1) 제목(가제) :
  (2) 제작형식(예정) :
  (3) 제작 길이/편수:

제3조 [시나리오의 집필 및 인도]
(1) '을'은 '갑'에게 아래 일정에 따라 본건 시나리오를 집필 및 인도한다.
  - 시놉시스: _____년 ___월 ___일까지
  - 시나리오 초고: _____년 ___월 ___일까지
  - 시나리오 최종본: _____년 ___월 ___일까지
(2) '갑'과 '을'은 협의하여 제1항의 일정을 세분화하거나 정해진 일정을 조정할 수 있다. '갑'측의 사정으로 '을'의 작업이 많아지거나 작업기간이 연장되는 경우 일정을 조정하여야 한다.
(3) '을'은 '갑'에게 본건 시나리오를 디지털 파일 형태 또는 '갑'과 '을'이 합의하는 다른 방법으로 제공한다.
(4) '갑'은 인도된 시놉시스 또는 시나리오가 계약상 제작 의도 또는 내용에 맞지 않는 경우 '을'에게 수정을 요청할 수 있다. '을'은 성실하게 '갑'의 요청을 고려하여 수정한다.
(5) '갑'과 '을'이 본건 시나리오의 수정 작업 중 상호 의견 차이로 도저히 집필을 계속할 수 없다고 판단되는 경우, '갑'과 '을'은 상호 협의하여 아래 2가지 중 하나의 방법을 선택할 수 있다.
  - '을'은 해당 시점까지의 작업의 대가를 '갑'으로부터 수령한다. '갑'은 그때까지 진행된 작업 내용을 '을'로부터 인도받아 본 계약에 따라 이용할 수 있다.
  - '을'은 그때까지 '갑'으로부터 받은 대가를 모두 '갑'에게 돌려주고, '갑'은 '을'로부터 인도받은 모든 작업에 대한 권리 또는 본 계약에 따른 이용을 포기한다.

> 제5항의 '갑과 을은 상호 협의하여 아래 2가지 중 하나의 방법을 선택할 수 있다' 부분과 관련하여 상호 협의가 이루어지지 않으면 선택권 행사를 둘러싸고 또 다른 분쟁이 생길 수도 있으니, 계약서에 선택권을 가진 사람을 지정하는 것도 하나의 방법이다.
> 예) '을'은 아래 2가지 중 하나의 방법을 선택할 수 있다.

(6) '을'은 '갑'이 요청하는 본건 시나리오 및 본건 영상물 내의 협찬 또는 간접광고에 관하여 '갑'과 상호 협의하고 최대한 협조한다.

제4조 [대가의 지급]

(1) '갑'은 '을'에게 본건 시나리오의 개발 대가로 아래에 따라 대가를 지급한다. '갑'은 관련 법령에 따라 원천징수할 세금을 공제한 후 지급할 수 있다.
 - 계약금: _____년 ___월 ___일까지
 - 잔금: _____년 ___월 ___일까지

(2) '갑'측의 사정으로 '을'의 작업이 많아지거나 작업기간이 연장되는 경우 '갑'은 '을'에게 상호 협의하여 정한 대가를 지급한다.

(3) '갑'은 '을'이 지정한 은행계좌로 제1항의 대가를 지급한다.

제5조 [권리의 부여 또는 귀속 등]

(1안)
(1) '을'은 '갑'에게 본건 시나리오를 이용하여 본건 영상물을 제작하고 유통, 배급, 판매, 이용할 수 있는 저작권 등 제반 권리를 양도한다.

(2안)
(1) '을'은 '갑'에게 본건 시나리오를 이용하여 본건 영상물을 제작하고 유통, 배급, 판매, 이용할 수 있는 독점적인 권리를 부여한다.

> 1안과 2안 중 적당한 것을 선택하면 된다. 2안에서 '독점적인 권리'라고 정하는 것이 보통이지만, 상호 합의하여 '비독점적인 권리'로 정할 수도 있다. 이 경우 작가는 제3자와도 본건 시나리오로 영상물을 만들 수 있다.

(2) 본건 영상물의 저작권 등 제반 권리는 '갑'에게 있다.
(3) 본 계약으로 '갑'이 '을'로부터 부여받아 본건 영상물을 제작하여 이용하는 권리는 기간의 제한이 없는 것으로 한다.

제6조 [영상물의 제작]

(1) '을'은 본건 시나리오가 영상화 과정에서 제목, 스토리, 캐릭터 등 모든 요소가 변경되거나 각색될 수 있다는 것을 알고 있고, 이를 허락한다.
(2) '갑'은 본건 시나리오를 본건 영상물로 제작, 배급해야 할 의무가 없다. 본건 영상물에 관한 제작 전반에 관한 의사결정 권한은 '갑'에게 있다.

(3) '갑'은 본건 시나리오를 본건 영상물로 제작, 개발함에 있어 다른 작가의 투입이 필요하다고 생각되는 경우 다른 작가를 투입시켜 본건 시나리오를 수정하거나 개발하도록 시킬 수 있다.
(4) '갑'은 본건 영상물에 '을'을 본건 시나리오의 작가로서 명기하여야 한다. 다만, 전항의 경우에 따라 다른 작가를 병기해야 하는 경우 병기 여부나 순서는 '갑'과 '을'이 상호 협의하여 정하되, 본건 영상물에 대한 기여도를 고려한다.
(5) '갑'은 본건 시나리오의 배급, 홍보를 위해 '을'의 이름, 초상, 집필과 관련된 정보를 사용할 수 있다.

제7조 [영상물의 유통]

(1) '갑'은 본건 영상물을 1차적으로 유튜브(www.youtube.com) 및 이에 준하는 인터넷 매체를 통해 유통할 것을 예상하고 있다.
(2) '갑'은 전항에도 불구하고 본건 영상물을 TV, 인터넷, 전자적 매체, 극장 등 '갑'이 적정하다고 생각하는 다른 매체를 통해 유통할 수 있다.

제8조 [2차적저작물의 작성]

(1) '갑'은 본건 시나리오 및 본건 영상물의 등장인물 또는 캐릭터의 사용, 속편(Sequel), 전편(Prequel), 리메이크(Remake), 극장 상영용 영화화 등 타 매체 영상화, 뮤지컬/연극 등 공연화, 전시로 제작할 수 있는 권리, 게임화, 온·오프라인 출판 등 타 매체를 통한 이용, 캐릭터 등 상품화를 할 수 있는 2차적저작물 작성권을 행사할 수 있다.
(2) '을'은 '갑'의 전항의 2차적저작물 작성시 별도의 대가(인센티브)를 청구할 수 있고, '갑'은 '을'에게 상호 협의를 통하여 이를 지급하여야 한다. 대가의 정도나 지급방식은 '을'의 본건 시나리오의 기여도 등을 고려하여 쌍방이 협의하여 정한다.

제9조 [진술 및 보증]

(1) '을'은 본인이 본건 시나리오의 정당한 저작권자이며, 본건 시나리오가 타인의 저작권 기타 지적재산권, 명예, 프라이버시를 침해하지 않는 것을 포함하여 대한민국의 법령에 위배되지 않는다는 것을 확인하고 보증한다.
(2) '을'은 본 계약을 체결하기 전이나 본 계약 체결 이후 본건 시나리오에 관하여 저작권을 양도, 이용허락하거나 권리의 목적으로 제공하는 등 '갑'의 권리를 제한하는 어떤 행위도 하지 않았고 하지 않을 것임을 확인한다.

제10조 [권리 의무의 양도 제한]

'갑'과 '을'은 계약 상대방의 서면 동의 없이 본 계약상의 권리, 의무 또는 계약상 지위를 양도할 수 없다.

제11조 [계약의 적용지역]

본 계약의 적용범위는 대한민국을 포함한 전 세계 지역으로 한다.

제12조 [계약의 해지 등]

(1) '갑' 또는 '을'은 상대방이 본 계약의 조항을 위반한 경우, 상당 기간을 정해 최고하고 그 기간 내에 해당 위반이 시정되지 않을 시에는 본 계약을 해제 또는 해지할 수 있다.
(2) '갑' 또는 '을'은 상대방에게 다음 각 호에 해당하는 사유가 발생하여 본 계약의 정상적 이행을 기대하기 힘들 경우 최고 절차 없이 즉시 본 계약을 해제 또는 해지할 수 있다.
   1. 수표, 어음이 부도 처리를 받는 등 지불 정지 상태에 이르렀을 경우
   2. 압류, 가압류, 가처분, 경매 또는 강제집행 신청을 받아 계약의 정상적인 이행을 기대하기 어려운 경우
   3. 파산 또는 회생 등 절차 개시 신청을 받거나 또는 스스로 이와 같은 신청을 한 경우
   4. 기타 본 계약을 지속시키기 어려운 중대한 사유가 발생한 경우
(3) '갑'과 '을'은 계약을 위반하여 계약 상대방에게 손해가 발생시 이를 배상한다.
(4) 천재지변 등 불가항력적 재난이나 전쟁, 소요, 파업 등 사회적 혼란 또는 관련법령의 개폐로 인한 계약 불이행에 대해서는 '갑', '을' 모두 책임을 지지 아니한다.
(5) 본 계약 체결일로부터 ___년 이내에 '갑'이 정당한 이유 없이 본건 영상물의 제작을 시작하지 않는 경우 '을'은 '갑'로부터 받은 대가를 전부 반환하여 본 계약을 해지할 수 있다. '갑'은 이후 본 계약에 따라 '을'으로부터 받은 시나리오를 사용할 수 없다.

> 제5항은 옵션적 성격의 조항으로, 상호 협의하여 넣을 수도, 넣지 않을 수도 있다.

제13조 [비밀유지의무]

'갑'과 '을'은 본 계약의 내용 및 본 계약과 관련하여 알게 된 상대방에 관한 일체의 사항을 상대방의 서면 동의 없이 제3자에게 공개, 누설할 수 없고 비밀로 유지하여야 한다. 본 비밀유지의무는 계약기간 종료 후에도 유지된다.

제14조 [분쟁의 해결]

본 계약에 관련하여 '갑'과 '을' 간에 분쟁이 발생하는 경우, 쌍방은 상호 협의 하에 원만히 해결하도록 노력한다. 쌍방이 협의하여 해결하지 못하는 경우 민사소송법에 따른 법원을 제1심 법원으로 하여 소송으로 해결한다.

제15조 [기타]

(1) 본 계약은 '갑'과 '을' 쌍방의 서면 합의에 의하여 변경될 수 있다.
(2) 본 계약과 관련하여 본 계약상에 약정되지 아니한 사항에 대한 판단 등은 관련 법규 및 업계 관행에 따른다.

'갑'과 '을'은 본 계약의 내용을 신의성실의 원칙에 따라 이행할 것을 확약하며, 본 계약을 증명하기 위하여 계약서를 2부 작성하여 쌍방이 서명 또는 날인한 후 각 1부씩 보관한다.

년   월   일

갑(영상제작자)
대표자 : _____(인)
주 소 :
연락처 :

을(작가)
성 명 : _____(인)
주 소 :
연락처 :

영상물 제작 참여 계약서[3,4]

영상제작자 _____(이하 '갑')와(과) _____(이하 '을')은(는) 다음과 같이 영상물의 제작에 관한 계약을 체결한다.

다 음

제1조 [목적]
본 계약은 '을'이 '갑'의 영상물 제작에 참여하는 데 있어 필요한 사항을 정함을 목적으로 한다.

제2조 [계약의 대상]
(1) 본 계약의 대상이 되는 영상물(이하 '본건 영상물')의 개요는 다음과 같다.
  1. 제목(가제) :
  2. 제작형식(예정) :
  3. 제작 길이/편수 :
  4. 제작기간 :
  5. 주요 제작지역 :

(2) 전항의 3호 내지 5호가 변경되는 경우 '갑'은 '을'에게 사전에 고지하여야 한다.
(3) '갑'은 본건 영상물을 1차적으로 유튜브(www.youtube.com) 및 이에 준하는 인터넷 매체를 통해 유통할 것을 예상하고 있다. 다만, '갑'은 본건 영상물을 TV, 인터넷, 전자적 매체, 극장 등 '갑'이 적정하다고 생각하는 다른 매체를 통해 유통할 수 있다.

제3조 ['을'의 업무]
(1) '을'은 본건 영상물 제작에 있어서 다음의 업무를 수행한다.
  1.
  2.
  3.

(2) '을'의 업무 내용이 많거나 세부적인 사항을 정할 필요가 있을 때는 별지로 작성하여 첨부한다.

제4조 [계약기간]
(1) 본 계약의 기간은 ____년 __월 __일부터 ____년 __월 __일까지로 한다.
(2) '갑'의 계약 연장 또는 갱신의 통지가 없는 한 계약기간 만료로 본 계약에 기초한 계약관계는 종료된 것으로 본다.
(3) 계약기간의 연장 또는 변경이 필요한 경우 '갑'과 '을'은 상호 합의하여 이를 변경할 수 있다.

제5조 [대가의 지급]

(1) '갑'은 '을'에게 아래의 1, 2, 3 중 합의하는 방식으로 대가를 지급한다.
   1. 영상물 1회차당 _____ 원
   2. 일급 _____ 원
   3. 기타 방식:

(2) '갑'은 '을'에게 전항의 대가 중 공제해야 할 세금 등을 공제한 후 '을'이 지정한 은행계좌로 대가를 지급한다.

제6조 ['갑'의 의무]

(1) '갑'은 '을'에게 본건 영상물의 제작을 위하여 상호 합의에 따라 필요한 자원을 제공하여야 한다.
(2) '갑'은 작업 안전상 위해요소 발견이 예상되는 경우 '을'에 대한 안전 배려의 의무를 다하여야 하며, 기타 '을'의 생명, 신체, 건강에 대한 보호 의무를 다하여야 한다.
(3) '갑'이 계약기간 내에 영상물 제작을 완료하지 못하여 계약기간을 초과하여 추가 제작을 하여야 하는 경우, '갑'은 '을'의 다른 일정에 방해가 되지 않도록 추가 제작일정을 신속히 협의하여야 하며, 이로 인해 발생하는 제 비용을 지급하여야 한다.
(4) '갑'은 '을'의 인격을 손상시키는 강압적인 행위를 하여서는 아니 된다.

제7조 ['을'의 의무]

(1) '을'은 영상물 제작에 필요한 재능과 역량을 최대한 발휘하여야 한다.
(2) '을'은 영상물 제작 중 안전조치에 관한 '갑'의 제반 지시를 성실히 따라야 한다.
(3) '을'은 업무와 관련하여 '갑' 및 '갑'으로부터 위임받은 제3자의 업무지시에 성실히 따라야 한다.
(4) '을'은 자신이 제공하는 역무가 타인의 저작권 및 기타 지적재산권을 비롯한 권리를 침해하지 않는 것을 보증한다.
(5) '을'은 업무수행 중 습득한 모든 정보에 대해 기밀을 유지하여야 하며, 계약기간 만료 후에도 '갑'의 동의 없이 관련 정보를 유출해서는 안 된다.

제8조 [권리의 귀속]

(1) 본건 영상물과 관련하여 '을'이 제공한 업무 및 그 결과물의 권리는 '갑'에게 영구적으로 귀속된다.
(2) '갑'은 국내외를 막론하고 본건 영상물의 유튜브 등 인터넷 방송, 모바일 서비스, TV 방송(공중파, 케이블, 위성 포함), 극장 상영 및 재상영, 홈비디오, 비디오CD, DVD, OST 음반의 제작 및 배포, 게임, 도서 출판, 캐릭터 사용, 속편 제작, 리메이크권을 포함한 2차적저작물작성권 등 본건 영상물로부터 발생 및 파생 가능한 직간접적인 모든 지적재산권을 소유한다.

제9조 [크레딧 명기]

(1) '갑'은 본건 영상물에 '을'의 이름과 역할을 명기한 크레딧을 표시하여야 한다.
(2) 크레딧의 위치, 크기, 표기방법은 상호 협의와 업계 관행에 따른다.

제10조 [실비변상]
(1) '을'은 '갑'의 사전 동의 없이 임의로 장비, 물품 등을 구매, 임대 등의 명목으로 지출을 하여서는 아니 된다.
(2) '을'이 '갑'의 사전 동의를 얻어 지출한 물품 구매 비용 등은 '갑'의 부담으로 한다. '을'은 비용 청구 시 객관적으로 인정될 수 있는 영수증을 제출하여야 한다.
(3) 식비, 숙박비, 출장비, 관련 여비 등은 '갑'과 '을'이 상호 협의한 바에 따라 누가 부담할 것인지 결정한다.

제11조 [권리 의무의 양도 제한]
'갑'과 '을'은 계약 상대방의 서면 동의 없이 본 계약상의 권리, 의무 또는 계약상 지위를 양도할 수 없다.

제12조 [계약의 적용지역]
본 계약의 적용범위는 대한민국을 포함한 전 세계 지역으로 한다.

제13조 [계약의 해지 등]
(1) '갑' 또는 '을'은 상대방이 본 계약의 조항을 위반한 경우, 상당 기간을 정해 최고하고 그 기간 내에 해당 위반이 시정되지 않을 시에는 본 계약을 해제 또는 해지할 수 있다.
(2) '갑' 또는 '을'은 상대방에게 다음 각 호에 해당하는 사유가 발생하여 본 계약의 정상적 이행을 기대하기 힘들 경우 최고 절차 없이 즉시 본 계약을 해제 또는 해지할 수 있다.
  1. 수표, 어음이 부도 처리를 받는 등 지불 정지 상태에 이르렀을 경우
  2. 압류, 가압류, 가처분, 경매 또는 강제집행 신청을 받아 계약의 정상적인 이행을 기대하기 어려운 경우
  3. 파산 또는 회생 등 절차 개시 신청을 받거나 또는 스스로 이와 같은 신청을 한 경우
  4. 기타 본 계약을 지속시키기 어려운 중대한 사유가 발생한 경우
(3) '갑'과 '을'은 계약을 위반하여 계약 상대방에게 손해가 발생시 이를 배상한다.
(4) 천재지변 등 불가항력적 재난이나 전쟁, 소요, 파업 등 사회적 혼란 또는 관련법령의 개폐로 인한 계약 불이행에 대해서는 '갑', '을' 모두 책임을 지지 아니한다.

제14조 [비밀유지의무]
'갑'과 '을'은 본 계약의 내용 및 본 계약과 관련하여 알게 된 상대방에 관한 일체의 사항을 상대방의 서면 동의 없이 제3자에게 공개, 누설할 수 없고 비밀로 유지하여야 한다. 본 비밀유지의무는 계약기간 종료 후에도 유지된다.

제15조 [분쟁의 해결]
본 계약에 관련하여 '갑'과 '을' 간에 분쟁이 발생하는 경우, 쌍방은 상호 협의 하에 원만히 해결하도록 노력한다. 쌍방이 협의하여 해결하지 못하는 경우 민사소송법에 따른 법원을 제1심 법원으로 하여 소

송으로 해결한다.

제16조 [기타]
(1) 본 계약은 '갑'과 '을' 쌍방의 서면 합의에 의하여 변경될 수 있다.
(2) 본 계약과 관련하여 본 계약상에 약정되지 아니한 사항에 대한 판단 등은 관련 법규 및 업계 관행에 따른다.
(3) '갑'과 '을' 쌍방은 '을'이 제공하는 업무가 근로기준법상 사용종속관계의 노무에 해당하는 경우, 본 계약에도 불구하고 쌍방의 법률관계에 근로기준법 및 관련 법규가 적용되며 해당 법규에 따른 의무(근로시간, 휴게, 휴일, 휴가, 4대보험 가입 등)가 부과됨을 상호 이해한다.

'갑'과 '을'은 본 계약의 내용을 신의성실의 원칙에 따라 이행할 것을 확약하며, 본 계약을 증명하기 위하여 계약서를 2부 작성하여 쌍방이 서명 또는 날인한 후 각 1부씩 보관한다.

년   월   일

갑(영상제작자)
대표자 : _____(인)
주소 :
연락처 :

을
성명 : _____(인)
주소 :
연락처 :

영상물 출연 계약서[5]

영상제작자 _____(이하 '갑')와(과) _____(이하 '을')은(는) 다음과 같이 영상물의 제작에 관한 계약을 체결한다.

다 음

제1조 [목적]
본 계약은 '을'이 '갑'의 영상물에 출연함에 있어 필요한 사항을 정함을 목적으로 한다.

제2조 [계약의 대상]
(1) 본 계약의 대상이 되는 영상물(이하 '본건 영상물')의 개요는 다음과 같다.
   1. 제목(가제) :
   2. 제작형식(예정) :
   3. 제작 길이/편수 :
   4. 제작기간 :
   5. 주요 제작지역 :
(2) 전항의 3호 내지 5호가 변경되는 경우 '갑'은 '을'에게 사전에 고지하여야 한다.
(3) '갑'은 본건 영상물을 1차적으로 유튜브(www.youtube.com) 및 이에 준하는 인터넷 매체를 통해 유통할 것을 예상하고 있다. 다만, '갑'은 본건 영상물을 TV, 인터넷, 전자적 매체, 극장 등 '갑'이 적정하다고 생각하는 다른 매체를 통해 유통할 수 있다.

제3조 [계약기간]
(1) 본 계약의 기간은 ____년 __월 __일부터 ____년 __월 __일까지로 한다.
(2) '갑'의 계약 연장 또는 갱신의 통지가 없는 한 계약기간 만료로 본 계약에 기초한 계약관계는 종료된 것으로 본다.
(3) 계약기간의 연장 또는 변경이 필요한 경우 '갑'과 '을'은 상호 합의하여 이를 변경할 수 있다.

제4조 [대가의 지급]
(1) '갑'은 '을'에게 아래의 1, 2, 3 중 합의하는 방식으로 대가를 지급한다.
   1. 영상물 1회차당 _____원
   2. 일급 _____원
   3. 기타 방식:

(2) '갑'은 '을'에게 전항의 대가 중 공제해야 할 세금 등을 공제한 후 '을'이 지정한 은행계좌로 대가를 지급한다.

제5조 ['갑'의 권리와 의무]
(1) '갑'은 '을'의 능력을 발휘할 수 있는 환경을 제공하기 위해 최선을 다해야 한다. 이를 위해 '갑'은 '을'에게 프로그램 촬영에 필요한 대본을 충분한 시간을 두고 사전에 제공해야 한다. 또한 1일 촬영시간이 과도하지 않도록 한다.
(2) '갑'이 본 계약에 정해진 촬영 일정을 변경하는 경우는 부득이한 사정이 있는 경우로 한하며, 이로 인해 '을'의 다른 스케줄이나 업무가 방해되지 않도록 사전에 협의 및 조율하여야 한다.
(3) '갑'이 계약기간 내에 영상물 제작을 완료하지 못하여 계약기간을 초과하여 추가 제작을 하여야 하는 경우, '갑'은 '을'의 다른 일정에 방해가 되지 않도록 추가 제작일정을 신속히 협의하여야 하며, 이로 인해 발생하는 제 비용을 지급하여야 한다.
(4) '갑'은 촬영 안전상 위해요소 발견이 예상되는 경우 '을'에 대한 안전 배려의 의무를 다하여야 하며, 기타 '을'의 생명, 신체, 건강에 대한 보호 의무를 다하여야 하고, 필요한 조치를 적극적으로 취해야 한다.
(5) 동일한 장소에서 장기간에 걸쳐 고정적으로 촬영하는 경우, '갑'은 '을'이 촬영장에서 충분히 휴식을 취할 수 있는 시설(대기실, 화장실, 식사 공간 등의 편의시설)을 제공하여야 한다.
(6) '갑'은 '을'이 미성년자인 경우에 '을'의 신체적, 정신적 건강 및 학습권, 수면권 등이 침해되지 않도록 하여야 하며, '을'이 폭력적인 장면이나 선정적인 장면에 출연하거나 노출되지 않도록 최선을 다하여야 한다.
(7) '갑'은 '을'의 인격을 손상시키는 강압적인 행위를 하여서는 아니 된다.

제6조 ['을'의 권리와 의무]
(1) '을'은 예술인으로서 필요한 재능과 역량을 최대한 발휘하여 본건 영상물의 제작에 필요한 연기를 제공해야 한다.
(2) '을'은 촬영 전에 '갑'의 요청에 따라 본건 영상물의 작품 분석, 리허설, 워크숍, 홍보활동에 성실히 응한다.
(3) '을'은 촬영 중 영상물 촬영 및 안전조치에 관한 '갑'의 제반 지시를 성실히 따라야 한다. 또한 촬영 일정을 준수한다.
(4) '을'은 촬영 후 '갑'이 정당한 이유로 보충촬영, 재촬영, 사후녹음 등을 요청할 경우 성실히 응한다. 다만, 해당 요청이 과도한 경우 '갑'과 '을'은 협의하여 대가를 정하여 '갑'이 이를 지급해야 한다.
(5) '을'은 본건 영상물의 홍보와 관련된 '갑'의 요구에 성실히 응한다.
(6) '갑'은 본조의 '을'의 의무를 요청함에 있어 사전에 충분히 시간을 두고 '을'에게 일정을 통지하고, '을'에게 사정이 있을 경우 협의하여야 한다.
(7) '을'은 자신이 제공하는 연기가 타인의 저작권, 저작인적권 및 기타 지적재산권을 비롯한 권리를 침해하지 않는 것을 보증한다.

(8) '을'은 본건 영상물과 관련하여 사회적 물의(약물, 도박 등 법령위반과 이에 준하는 물의)를 일으키거나 예술인으로서의 품위를 손상시키는 행위를 하지 않아야 한다.

제7조 [권리의 귀속]
(1) 본건 영상물과 관련하여 '을'이 제공한 업무 및 그 결과물의 권리(저작인접권 포함)는 '갑'에게 영구적으로 귀속된다.
(2) '갑'은 국내외를 막론하고 본건 영상물의 유튜브 등 인터넷 방송, 모바일 서비스, TV 방송(공중파, 케이블, 위성 포함), 극장 상영 및 재상영, 홈비디오, 비디오CD, DVD, OST 음반의 제작 및 배포, 게임, 도서 출판, 캐릭터 사용, 속편 제작, 리메이크권을 포함한 2차적저작물작성권 등 본건 영상물로부터 발생 및 파생 가능한 직간접적인 모든 지적재산권을 소유한다.
(3) '을'이 신탁단체에 소속된 경우 본 계약에서 정한 사항 외의 사항은 해당 신탁단체의 규정에 따른다.

제8조 [계약 내용의 변경 등]
(1) '갑'이 본건 영상물의 횟수를 연장하거나 감축하는 등으로 '을'의 출연 횟수에 변경이 생기는 경우에는 사전에 '을'과 합의하고 출연료 등 계약 조건에 대하여 별도로 합의하여야 한다. 이때 출연료는 본 계약에서 정한 바에 준하여 정함을 원칙으로 한다.
(2) '갑'이 '을'의 실연을 본건 영상물 및 그의 2차적저작물 외의 용도로 이용하거나, 속편 제작 등 별개의 영상물(저작물)을 만드는 등으로 이용하는 경우 '갑'은 '을'에게 별도의 사용료를 지급하여야 한다.

제9조 [크레딧 명기]
(1) '갑'은 본건 영상물에 '을'의 이름과 역할을 명기한 크레딧을 표시하여야 한다.
(2) 크레딧의 위치, 크기, 표기방법은 상호 협의와 업계 관행에 따른다.

제10조 [권리 의무의 양도 제한]
'갑'과 '을'은 계약 상대방의 서면 동의 없이 본 계약상의 권리, 의무 또는 계약상 지위를 양도할 수 없다.

제11조 [계약의 적용지역]
본 계약의 적용범위는 대한민국을 포함한 전 세계 지역으로 한다.

제12조 [계약의 해지 등]
(1) '갑' 또는 '을'은 상대방이 본 계약의 조항을 위반한 경우, 상당 기간을 정해 최고하고 그 기간 내에 해당 위반이 시정되지 않을 시에는 본 계약을 해제 또는 해지할 수 있다.
(2) '갑' 또는 '을'은 상대방에게 다음 각 호에 해당하는 사유가 발생하여 본 계약의 정상적 이행을 기대하기 힘들 경우 최고 절차 없이 즉시 본 계약을 해제 또는 해지할 수 있다.

1. 수표, 어음이 부도 처리를 받는 등 지불 정지 상태에 이르렀을 경우
2. 압류, 가압류, 가처분, 경매 또는 강제집행 신청을 받아 계약의 정상적인 이행을 기대하기 어려운 경우
3. 파산 또는 회생 등 절차 개시 신청을 받거나 또는 스스로 이와 같은 신청을 한 경우
4. 기타 본 계약을 지속시키기 어려운 중대한 사유가 발생한 경우

(3) '갑'과 '을'은 계약을 위반하여 계약 상대방에게 손해가 발생시 이를 배상한다.
(4) 천재지변 등 불가항력적 재난이나 전쟁, 소요, 파업 등 사회적 혼란 또는 관련법령의 개폐로 인한 계약 불이행에 대해서는 '갑', '을' 모두 책임을 지지 아니한다.

제13조 [비밀유지의무]

'갑'과 '을'은 본 계약의 내용 및 본 계약과 관련하여 알게 된 상대방에 관한 일체의 사항을 상대방의 서면 동의 없이 제3자에게 공개, 누설할 수 없고 비밀로 유지하여야 한다. 본 비밀유지의무는 계약기간 종료 후에도 유지된다.

제14조 [분쟁의 해결]

본 계약에 관련하여 '갑'과 '을' 간에 분쟁이 발생하는 경우, 쌍방은 상호 협의 하에 원만히 해결하도록 노력한다. 쌍방이 협의하여 해결하지 못하는 경우 민사소송법에 따른 법원을 제1심 법원으로 하여 소송으로 해결한다.

제15조 [기타]

(1) 본 계약은 '갑'과 '을' 쌍방의 서면 합의에 의하여 변경될 수 있다.
(2) 본 계약과 관련하여 본 계약상에 약정되지 아니한 사항에 대한 판단 등은 관련 법규 및 업계 관행에 따른다.
(3) '갑'과 '을' 쌍방은 '을'이 제공하는 업무가 근로기준법상 사용종속관계의 노무에 해당하는 경우, 본 계약에도 불구하고 쌍방의 법률관계에 근로기준법 및 관련 법규가 적용되며 해당 법규에 따른 의무(근로시간, 휴게, 휴일, 휴가, 4대보험 가입 등)가 부과됨을 상호 이해한다.

'갑'과 '을'은 본 계약의 내용을 신의성실의 원칙에 따라 이행할 것을 확약하며, 본 계약을 증명하기 위하여 계약서를 2부 작성하여 쌍방이 서명 또는 날인한 후 각 1부씩 보관한다.

년   월   일

갑(영상제작자)
대표자 : _____(인)
주소 :
연락처 :

을
성명 : _____(인)
주소 :
연락처 :

저작재산권 전부에 대한 양도 계약서[6]

저작자 및 저작권 양도인 _____(이하 "양도인"이라 함)과 저작권 양수인 _____(이하 "양수인"이라 함)은 아래 저작물 _____에 관한 저작재산권(이하 "저작재산권"이라 함)과 관련하여 다음과 같이 계약을 체결한다.

다 음

제1조 [계약의 목적]
본 계약은 저작재산권 이전과 관련하여 양도인과 양수인 사이의 권리관계를 명확히 하는 것을 목적으로 한다.

제2조 [계약의 대상]
본 계약의 대상이 되는 권리는 아래의 저작물(이하 "대상저작물")에 대한 저작재산권으로 한다.

```
제목(제호) :
저작자 :
종별 :    □ 어문저작물, □ 음악저작물, □ 연극저작물, □ 미술저작물,
          □ 건축저작물, □ 사진저작물, □ 영상저작물, □ 도형저작물,
          □ 컴퓨터프로그램저작물, □ 기타(              )
권리 : 저작재산권 전부
          □ 복제권, 공연권, 공중송신권(방송권, 전송권, 디지털음성송신권), 전시권, 배포권,
            대여권
```

제3조 [저작재산권 양도범위]
(1) 본 계약에 의한 저작재산권 양도 범위는 제2조에서 정한 복제권 등 저작재산권 일체를 의미한다.
(2) 제1항에도 불구하고, 저작재산권 중 2차적저작물작성권은 양도되지 않은 것으로 본다. 다만, 2차적저작물작성권을 양도할 경우 양도인과 양수인은 제14조에 따라 별도로 정한다.

제4조 [양도 기간]
대상저작물에 대한 권리 양도 기간은 _____년 ___월 ___일부터 _____년 ___월 ___일까지로 한다.

> ↖ 양도 기간은 무제한으로 해도 된다. 사실 저작권 양도 계약은 저작권을 영구히 양도하는 경우가 보통일 것이다.

제5조 [양도인의 의무]

(1) 양도인은 양수인에게 제3조에 의한 대상저작물의 저작재산권을 양도한다.
(2) 양도인은 양수인에게 _____년 ___월 ___일까지 저작재산권 이전에 필요한 일체의 서류를 제공한다. 만일, 대상저작물이 한국저작권위원회에 등록되어 있지 않은 경우, 양수인이 요청하면 양도인은 대상저작물의 저작재산권을 등록한 후 위 의무를 이행한다.
(3) 양도인은 대상 저작물의 저작재산권 양도 이후, 대상저작물의 제호 및 내용의 전부 또는 일부와 동일한 저작물을 제3자에게 양도하거나 질권을 설정, 대상저작물의 이용 허락을 위한 설정계약 등을 하여서는 아니 된다.

제6조 [양수인의 의무]
(1) 양도 비용은 다음 중 적합한 방식으로 상호 협의하여 결정할 수 있다.

지급방식	□ 정액	□ 일시금 □ 분할	_____원
		□ 정기지급	(예 : 월) _____원
	□ 정률	□ 매출액 □ 매출이익	_____%
	□ 기타		
지급시기	□ 일시금	_____년 ___월 ___일	
	□ 분할	- 1차 : - 2차 : - 3차 :	
	□ 정기지급	□ 월 : □ 분기 : □ 년 :	
	□ 기타		

(2) 양수인은 저작자의 저작인격권을 침해하지 아니한다. 다만, 대상저작물의 본질적인 내용을 변경하지 않는 범위 내에서의 사소한 수정 및 편집은 가능하다.

제7조 [확인 및 보증]
양도인은 양수인에게 다음 각 호의 사항을 확인하고 보증한다.
1. 대상저작물의 저작권 양도 계약 체결에 필요한 권리와 권한을 적법하게 보유하고 있다는 것
2. 대상저작물의 내용이 제3자의 저작권, 인격권, 상표권을 비롯한 일체의 사적 권리를 침해하지 아니한다는 것
3. 본 계약을 체결하기 전 대상저작물의 제호 및 내용의 전부 또는 일부와 동일 또는 유사한 저작물을 제3자에게 양도하거나, 질권·출판권 또는 배타적발행권을 설정했다는 사실이 없다는 것

4. 제3자와 대상저작물의 이용 허락을 위한 계약을 체결한 사실이 없다는 것

제8조 [계약내용의 변경]

본 계약 체결 후 내용 일부를 변경할 필요가 있는 경우에는 양도인과 양수인의 서면합의에 의하여 변경할 수 있으며, 서면합의에서 달리 정함이 없는 한, 변경된 사항은 그 다음날부터 효력을 가진다.

제9조 [계약의 해제]

(1) 당사자는 천재지변 또는 기타 불가항력으로 계약을 유지할 수 없는 경우 본 계약을 해제할 수 있다.
(2) 당사자는 상대방이 정당한 이유 없이 본 계약을 위반하는 경우에 상당한 기간을 정하여 상대방에게 그 시정을 촉구하고, 상대방이 그 기간이 지나도록 이행하지 아니하는 경우에는 계약을 해제할 수 있다. 다만, 상대방이 명백한 시정 거부 의사를 표시하였거나 위반 사항의 성격상 시정이 불가능하다는 것이 명백히 인정되는 경우에는 위와 같은 촉구 없이 계약을 해제할 수 있다.
(3) 본 계약에 대한 해제권의 행사는 상대방에 대한 손해배상청구권 행사에 영향을 미치지 아니한다.

제10조 [손해배상]

당사자가 정당한 이유 없이 본 계약을 위반하는 경우, 그로 인하여 상대방에게 발생한 모든 손해를 배상할 책임이 있다. 다만, 제9조 제1항의 사유로 본 계약을 이행하지 못한 경우에는 손해배상책임을 면한다.

제11조 [비용의 부담]

계약 체결에 따른 비용은 당사자가 동등하게 부담한다.

제12조 [분쟁해결]

(1) 본 계약에서 발생하는 모든 분쟁은 양도인과 양수인이 상호 원만한 합의에 이르도록 노력하여야 하며, 분쟁이 원만히 해결되지 않는 경우에는 소제기에 앞서 한국저작권위원회에 조정을 신청할 수 있다.
(2) 제1항에 따라 해결되지 아니할 때에는 대한민국의 민사소송법 등에 따른 관할법원에서의 소송에 의해 해결토록 한다.

제13조 [비밀유지]

양 당사자는 본 계약의 체결 및 이행 과정에서 알게 된 상대방에 관한 정보, 본 계약의 내용 및 대상저작물의 내용을, 상대방의 서면에 의한 승낙 없이 제3자에게 공개하여서는 아니 된다.

제14조 [기타부속합의]

(1) 양도인과 양수인은 본 계약의 내용을 보충하거나, 이 계약에서 정하지 아니한 사항을 규정하기 위하여 부속합의서를 작성할 수 있다.

(2) 제1항에 따른 부속 합의는 본 계약의 내용과 배치되거나 위반하지 않는 범위 내에서 유효하다.

제15조 [계약의 해석 및 보완]
본 계약서에서 명시되어 있지 아니하거나 해석상 이견이 있을 경우에는 저작권법, 민법 등을 준용하고 사회 통념과 조리에 맞게 해결한다.

제16조 [계약 효력 발생일]
본 계약의 효력은 계약 체결일로부터 발생한다.

양도인과 양수인은 본 계약의 내용을 신의성실의 원칙에 따라 이행할 것을 확약하며, 본 계약을 증명하기 위하여 계약서를 2부 작성하여 쌍방이 서명 또는 날인한 후 각 1부씩 보관한다.

년   월   일

양도인 :
성명 :   (인)
생년월일 :
주소 :

양수인 :
성명 :   (인)
생년월일 :
주소 :

저작재산권 독점적 이용허락 계약서[7]

저작자 및 저작권 이용허락자 _____(이하 "권리자"라 함)와(과) 저작권 이용자 _____(이하 "이용자"라 함)은(는) 아래 저작물 _____에 관한 저작재산권 이용허락과 관련하여 다음과 같이 계약을 체결한다.

다 음

제1조 [계약의 목적]
본 계약은 저작재산권 이용허락과 관련하여 권리자와 이용자 사이의 권리관계를 명확히 하는 것을 목적으로 한다.

제2조 [계약의 대상]
본 계약의 대상이 되는 권리는 아래의 저작물(이하 "대상저작물")에 대한 저작재산권 중 당사자가 합의한 권리로 한다.

```
제목(제호) :
저작자 :
종별 :    □ 어문저작물,  □ 음악저작물,  □ 연극저작물,  □ 미술저작물,
          □ 건축저작물,  □ 사진저작물,  □ 영상저작물,  □ 도형저작물,
          □ 컴퓨터프로그램저작물,  □ 기타(              )
권리 :    □ 복제권,  □ 공연권
          □ 공중송신권(□ 방송권, □ 전송권, □디지털음성송신권)
          □ 전시권,  □ 배포권,  □ 대여권,  □ 2차적저작물작성권
```

제3조 [이용허락 기간]
대상저작물의 이용허락 기간은 _____년 ___월 ___일부터 _____년 ___월 ___일까지로 한다. 다만, 이용자가 권리자에게 제5조 제2항에 따른 이용료를 이용허락기간의 시작점인 _____년 ___월 ___일 이후에 지급한 경우, 대상저작물의 이용허락 기간은 이용료를 지급한 일자의 다음날부터 기산한다.

제4조 [권리자의 의무]
(1) 권리자는 이용자에게 대상저작물에 대하여 제2조에서 규정한 범위 내에서 독점적으로 이용하는 것을 허락한다.
(2) 권리자는 이용자에게 _____년 ___월 ___일까지 대상저작물의 이용을 위해 필요한 상당한 자료를 인도하여야 한다. 만일, 대상저작물이 한국저작권위원회에 등록되어 있지 않은 경우, 이용자가 요청하면 권리자는 대상저작물의 저작재산권을 등록한 후 위 의무를 이행한다.

제5조 [이용자의 의무]

(1) 이용료는 저작물의 이용 형태에 따라 다음 중 적합한 방식으로 상호 협의하여 결정할 수 있다.

지급방식	☐ 정액	☐ 일시금 ☐ 분할	_____원
		☐ 정기지급	(예 : 월) _____원
	☐ 정률	☐ 매출액 ☐ 매출이익	_____%
	☐ 기타		

지급시기	☐ 일시금	_____년 ___월 ___일
	☐ 분할	- 1차 : - 2차 : - 3차 :
	☐ 정기지급	☐ 월 : ☐ 분기 : ☐ 년 :
	☐ 기타	

(2) 이용자는 권리자에게 _____년 ___월 ___일까지 이용료 _____원을 지급한다. 지급 방법에 관하여 당사자는 합의에 의하여 일시금으로 혹은 분할하여 지급하는 방법을 선택할 수 있다.

(3) 이용자는 관례적으로 저작자 및 저작재산권자의 성명 등 표시를 허용하는 대상저작물을 이용하는 경우, 그 저작자 및 저작재산권자의 성명 등을 표시하여야 한다.

(4) 이용자는 대상저작물의 이용함에 있어서 저작인격권을 침해하지 아니한다. 다만, 대상저작물의 본질적인 내용을 변경하지 않는 범위 내에서 권리자에게 그 사실을 사전에 고지한 후 사소한 수정 및 편집을 할 수 있다.

제6조 [확인 및 보증]

(1) 권리자는 이용자에게 다음 각 호의 사항을 확인하고 보증한다.

1. 대상저작물의 저작권이용허락을 체결하는 데 필요한 권리 및 권한을 적법하게 보유하고 있다는 것
2. 대상저작물의 내용이 제3자의 저작권, 인격권, 상표권을 비롯한 일체의 사적 권리를 침해하지 아니한다는 것
3. 본 계약을 체결하기 전 대상저작물이 제3자에게 저작재산권이 양도되거나, 이용허락되었거나, 질권이 설정되는 등 이용자의 독점적 이용권을 제한하는 어떠한 부담도 존재하지 아니한다는 것
4. 본 계약에 따른 이용허락 기간 동안 제3자에게 대상저작물에 대한 저작재산권의 양도, 이용허락, 질권의 설정 등 이용자의 독점적 이용권을 침해하는 어떠한 행위도 하지 아니한다는 것

(2) 이용자는 권리자에게 다음 각호의 사항을 확인하고 보증한다.
  1. 대상저작물 이용허락권을 권리자의 동의 없이 제3자에게 양도하거나 재이용을 허락하지 아니한다는 것
  2. 대상저작물을 제3자의 명예권을 비롯한 인격적 권리를 침해하는 방식으로 이용하지 아니할 것

제7조 [계약내용의 변경]
본 계약 내용 중 일부를 변경할 필요가 있는 경우에는 권리자와 이용자의 서면합의에 의하여 변경할 수 있으며, 그 서면합의에서 달리 정함이 없는 한, 변경된 사항은 그 다음날부터 효력을 가진다.

제8조 [계약의 해지]
(1) 당사자는 천재지변 또는 기타 불가항력으로 계약을 유지할 수 없는 경우 본 계약을 해지할 수 있다.
(2) 당사자는 상대방이 정당한 이유 없이 본 계약을 위반하는 경우에 상당한 기간을 정하여 상대방에게 그 시정을 최고하고, 상대방이 그 기간이 지나도록 이행하지 아니하는 경우에는 계약을 해지할 수 있다. 다만, 상대방이 명백한 시정 거부 의사를 표시하였거나 위반 사항의 성격상 시정이 불가능하다는 것이 명백히 인정되는 경우에는 위와 같은 촉구 없이 계약을 해지할 수 있다.
(3) 본 계약에 대한 해지권의 행사는 상대방에 대한 손해배상청구권 행사에 영향을 미치지 아니한다.

제9조 [손해배상]
당사자가 정당한 이유 없이 본 계약을 위반하는 경우, 그로 인하여 상대방에게 발생한 모든 손해를 배상할 책임이 있다. 다만, 제8조 제1항의 사유로 본 계약을 이행하지 못한 경우에는 손해배상책임을 면한다.

제10조 [비용의 부담]
계약 체결에 따른 비용은 당사자가 동등하게 부담한다.

제11조 [분쟁해결]
(1) 본 계약에서 발생하는 모든 분쟁은 권리자와 이용자가 상호 원만한 합의에 이르도록 노력하여야 하며, 분쟁이 원만히 해결되지 않는 경우에는 소제기에 앞서 한국저작권위원회에 조정을 신청할 수 있다.
(2) 제1항에 따라 해결되지 아니할 때에는 대한민국의 민사소송법 등에 따른 관할법원에서의 소송에 의해 해결토록 한다.

제12조 [비밀유지]
양 당사자는 본 계약의 체결 및 이행 과정에서 알게 된 상대방에 관한 정보, 본 계약의 내용 및 대상저작물의 내용을, 상대방의 서면에 의한 승낙 없이 제3자에게 공개하여서는 아니 된다.

제13조 [기타부속합의]

(1) 권리자와 이용자는 본 계약의 내용을 보충하거나, 이 계약에서 정하지 아니한 사항을 규정하기 위하여 부속합의서를 작성할 수 있다.
(2) 제1항에 따른 부속 합의는 본 계약의 내용과 배치되거나 위반하지 않는 범위 내에서 유효하다.

제14조 [계약의 해석 및 보완]

본 계약서에서 명시되어 있지 아니하거나 해석상 이견이 있을 경우에는 저작권법, 민법 등을 준용하고 사회 통념과 조리에 맞게 해결한다.

제15조 [계약 효력 발생일]

본 계약의 효력은 계약 체결일로부터 발생한다.

권리자와 이용자는 본 계약의 내용을 신의성실의 원칙에 따라 이행할 것을 확약하며, 본 계약을 증명하기 위하여 계약서를 2부 작성하여 쌍방이 서명 또는 날인한 후 각 1부씩 보관한다.

년   월   일

권 리 자 :
성   명 :   (인)
생년월일 :
주   소 :

이 용 자 :
성   명 :   (인)
생년월일 :
주   소 :

광고 콘텐츠 제작 계약서

> 기초적인 내용을 기입한 계약서 샘플이다. 콘텐츠의 내용이나 계약대금에 따라서 매우 복잡한 계약을 체결하는 경우도 많고, 권리관계와 사용 조건, 위약금이나 위약벌 조항 등이 추가되기도 한다. 그런 경우 반드시 법률 전문가의 자문을 받는 것이 안전하다.

이 계약은 갑(회사명 _____)이 을(유튜버의 성명 _____)에게 의뢰하는 광고제작 등에 관하여 양 당사자간 권리와 의무를 정하는 것을 목적으로 한다.

제1조 [목적]
본 계약은 "갑"이 의뢰한 "콘텐츠"를 "을"이 기획 및 제작하고 "콘텐츠"를 "을"이 운영하는 유튜브 채널("http://주소")에 게재함에 있어 갑과 을의 권리와 의무를 규정하는 것에 그 목적이 있다.

제2조 [서비스의 범위]
1. "을"이 수행할 "서비스"의 범위는 다음과 같으며, 을은 "서비스"의 수행 시 "서비스"의 구체적인 방안에 관하여 사전에 "갑"의 승인을 받아야 한다.
   1. 유튜브 채널에 게시될 광고 콘텐츠의 기획 및 제작
   2. 위 광고 콘텐츠의 업로드
   3. 기타 양 당사자가 합의한 업무
2. "을"은 전항에 따라 기획 및 제작한 콘텐츠를 _____년 __월 __일까지 업로드하여야 한다. 단, 양 당사자간 달리 정한 경우에는 양 당사자가 별도로 합의한 날까지 업로드 한다.

제3조 [계약 기간]
본 계약의 유효 기간은 _____년 __월 __일부터 _____년 __월 __일까지로 한다. 단, 본 계약에서 명시적으로 또는 그 성질상 계약 종료 이후에도 존속하는 것으로 예정된 조항은 본 계약의 종료에도 불구하고 계속 그 효력을 유지한다.

제4조 [콘텐츠 업로드 유지 기간]
본 계약에 따라 제작 및 업로드한 콘텐츠는 업로드일로부터 최소 3개월 간 업로드 상태를 유지하여야 한다. 단, 양 당사자간 달리 정하거나 기타 합리적인 사유가 있는 경우에는 그러하지 아니한다.

> 업로드 유지 기간 조항의 경우 필요에 따라 삭제하거나 최소 기간을 달리 정하여 기입하면 된다. 초기에는 이런 조항을 많이 활용하지 않았으나, 유튜브 채널을 통한 광고가 활성화되면서 '언제까지 이 영상을 계속 올려두어야 하는가?', '채널을 닫고 싶어도 계속 유지 해야하는가?' 등의 실무상 문제가 있었고 최근에는 많이 기재하는 조항이다.

제5조 [광고대금]

1. "갑"은 "을"에게 본 계약에 대한 대가로 금 000,000,000원(부가가치세 별도)를 지급하기로 한다.
2. "갑"은 위 광고대금을 _____년 ___월 ___일까지 지급하여야 하며, "을"은 위 지급일 이전에 "갑"에게 세금계산서를 발행하여야 한다.

> 광고대금은 광고 업로드가 된 이후에 지급받는 것이 통상적이지만, 경우에 따라 기획 및 제작에 비용이 많이 소요되는 경우 / 해당 광고주와 신뢰관계가 많이 쌓이지 않은 경우 등에는 업로드 이전에 먼저 대금을 지급받거나 또는 선금과 잔금 형태로 나누어 지급받을 수도 있다. 자신에게 유리한 형태로 계약을 체결하면 된다.

제6조 [콘텐츠의 귀속 및 책임]

1. 본 계약에 따라 기획 및 제작된 영상물 등 기타 모든 결과물 및 그에 속한 모든 권리는 "을"에게 있다.
2. "을"은 본 계약상 목적 달성에 필요한 범위 내에서 "갑" 또는 "갑"이 제공한 광고주의 상표(사명, 브랜드, CI, 로고 등) 및 저작물을 통상 사용할 수 있다.
3. "을"은 "갑"이 본 계약의 계약기간 종료 이후에도 본 계약에 따른 영상물을 기업 홍보의 일환으로 소개하거나, 기록편집물에 사용하는 등 상품 광고를 위한 목적이 아닌 범위 내에서 사용하고, "갑" 또는 "갑"이 지정한 기업의 홈페이지 등에 상품 광고 목적 외로 사용하는 것을 허락한다.

> 유튜브에 올라가는 광고 영상의 경우 대부분 기획 및 제작을 유튜버가 진행하며 유튜버가 보유한 채널 내에 올라가는 것이 일반적이다. 따라서 그 저작물의 재산적 사용 또한 유튜버가 계속 하여야 하므로 저작권은 "을" 즉 유튜버에게 있다고 정하는 것이 일반적이다. 일반적인 영상 제작과는 다소 다른 점이므로 주의하기 바란다.

제7조 [콘텐츠의 상업적 활용]

"갑"이 "을"의 위 콘텐츠의 전부 또는 일부를 이용하여 상업적 또는 비상업적으로 2차 활용(명확히 하자면, "을"의 영상물을 일부 편집하여 온라인 광고를 진행하거나 오픈마켓의 상세 페이지에 활용하는 등의 활용을 포함하되 이에 한정되지 아니한다)을 하고자 하는 경우 "갑"과 "을"은 활용 기간, 활용에 대한 대가 등을 별도 서면으로 협의한다.

> 유튜브 채널에 영상을 올리는 것 외에, 만들어진 광고 영상을 광고주가 임의로 편집하거나 일부 캡처 장면 등을 사용하는 것과 관련된 내용이다. 실무상 '2차 활용' '2차 라이선스' 등으로 언급되기도 한다. 계약에서 정확히 정리하지 않는 경우 유튜브 영상 기획 및 제작 대가만을 받고 캡처된 영상이나 유튜버의 이름이 각종 오픈마켓 광고 페이지에 사용되는 등 마치 제품 모델처럼 오인되어 사용 될 가능성도 있으니 사전에 잘 논의하여야 한다.

제8조 [계약의 양도]

양 당사자는 다른 당사자의 서면 승인 없이 본 계약상 권리 및 의무의 일부 또는 전부를 제3자에게 양도, 이전하거나 담보물로 제공할 수 없다.

제9조 [불가항력]
천재지변 등의 불가항력에 의한 재난으로 인하여 본 계약의 이행이 지체 또는 불능하게 된 경우에는 '갑'과 '을'이 협의하여 공평하게 처리하기로 한다.

제10조 [계약 해제 또는 해지]
1. "갑" 또는 "을"은 상대방에게 다음 각 호에 해당하는 사유가 발생한 경우 즉시 그 사유를 통지하고 본 계약을 해지할 수 있다.
   가. 상대방에게 파산, 회사정리, 워크아웃 기타 이와 유사한 절차의 신청이 있는 경우
   나. 상대방의 주요 자산이 압류, 가압류 되거나 이에 준하는 사유가 발생하여 계약의 정상적인 이행을 기대하기 어려운 경우
   다. 상대방의 사전 서면 승인 없이 본 계약상 권리 의무 등을 제3자에게 양도, 이전하거나 담보물로 제공한 경우
2. "갑" 또는 "을"은 상대방이 이 계약에서 정한 의무를 이행하지 아니하는 때에는 서면으로 7일 이상의 상당한 기간을 정하여 그 이행을 최고하고, 그 기간 내에 이행하지 아니한 때에는 이 계약의 전부 또는 일부를 해제(해지)할 수 있다.
3. 당사자 일방이 전항에 따라 계약을 해제(해지)하는 경우, 그 계약의 해제(해지)는 손해배상 청구에 영향을 미치지 아니한다.
4. 본 계약이 해제(해지)되거나 당사자 일방이 본 계약을 위반하는 경우, 귀책사유 있는 당사자는 그로 인하여 상대방에게 발생하는 모든 손해를 배상하여야 한다.

제11조 [보증 및 면책]
1. "갑"은 자료 제공 및 광고 방향 제안에 있어, "을"은 콘텐츠 기획 및 제작에 있어, 각 저작권법, 상표법, 정보통신망 이용촉진 및 정보보호 등에 관한 법률, 표시 및 광고의 공정화에 관한 법률, 인터넷 광고 심사 지침 등 관련 법률 및 가이드라인을 준수하여야 한다.
2. "을"은 본 계약에 규정된 업무를 수행하는 과정에서 타인의 지식재산권, 초상권 등 제3자의 권리를 침해하는 바가 없음을 보증한다.

제12조 [비밀유지]
계약 당사자는 본 계약과 관련된 내용을 포함하여 계약을 통해 얻게 된 상대방의 영업비밀이나 보호가치 있는 경영상 정보 등을 제3자에게 누설, 공개하여서는 아니된다.

제13조 [계약의 변경]
본 계약서의 내용은 계약 당사자들의 서면 합의로 변경 또는 수정할 수 있으며, 그 변경 또는 수정은 계

약당사자들이 서명함과 동시에 그 효력이 발생한다.

제14조 [분쟁의 해결]
1. 본 계약의 해석에 이견이 있거나 규정되지 아니한 사항에 대해서는 일반 상관례에 따라 상호 협의 하에 해결한다.
2. 본 계약의 내용에 관한 해석 또는 본 계약의 이행에 관하여 분쟁이 발생하는 경우 그 소송 관할은 "을"의 소재지 관할 법원으로 한다.

위 계약내용을 증명하기 위하여 계약서 2통을 작성하여 '갑'과 '을'이 서명, 날인하고 각 1통씩 보관하기로 한다.

년   월   일

"갑"
상호 :
사업자등록번호 :
주소 :
대표자 :   (인)

"을"
성명 :
예명 :
주소 :
성명 :   (인)

미주

1. 본 시나리오 집필 계약서는 '방송작가 집필 표준계약서', '표준 영화화 권리 이용허락 계약서', '표준 영화화 권리 양도 계약서', '애니메이션 시나리오 개발 표준계약서'를 참조하여 작성하였다.
2. 본 시나리오 집필 계약서는 유튜브 콘텐츠를 위해 새로운 시나리오를 개발, 집필하는 내용의 계약임을 전제로 한다.
3. 본 계약서는 '영화산업 스태프 표준계약서', '방송영상프로그램 제작스태프 표준근로계약서'를 참조하여 작성하였다.
4. '영화산업 스태프 표준계약서' 및 '방송영상프로그램 제작스태프 표준근로계약서' 모두 근로기준법에 준한 내용을 규정하고 있다. 다만, 본 계약서에서는 유튜브 영상물 제작의 경우 단기간/소규모로 제작이 이루어질 수 있고, 독립적인 지위에서 업무 등 다양한 형태로 업무가 제공될 수 있는 점을 감안하여 근로계약보다는 프리랜서에 준한 계약서 내용이다.
그러나 실질적인 사용종속 관계 하에서 근로를 제공한다면 본 계약이 아닌 근로계약 체결을 하거나 본 계약의 상당 부분이 수정되어야 할 것이다. 또한 사용종속 관계 하에서의 노무 제공의 경우, 계약의 형식에 관계 없이 근로시간, 휴게, 휴일, 휴가, 4대 보험 가입 등 근로기준법 등이 적용됨에 주의해야 한다(본 계약서 제15조 제3항에 명기).
5. 본 계약서는 '대중문화예술인 방송출연표준계약서(배우)'를 참조하여 작성하였다.
6. 문화예술분야 표준계약서이다. 한국예술인복지재단 사이트(www.kawf.kr)에서 다운로드한 것으로, 해당 사이트에서 '저작재산권 일부에 대한 양도 계약서'도 다운로드받을 수 있다.
7. 문화예술분야 표준계약서이다. 한국예술인복지재단 사이트(www.kawf.kr)에서 다운로드한 것으로, 해당 사이트에서 '저작재산권 비독점 이용허락 계약서'도 다운로드받을 수 있다.

계약서 다운로드 ▶ⓒ

휴대폰의 카메라 앱 또는 QR코드 스캔 앱으로 위 QR코드를 스캔하면
부록에 수록된 참고용 계약서를 다운로드할 수 있는
웹 페이지가 나타납니다.

참조

국내도서

과학기술정보통신부 한국인터넷진흥원 '온라인광고 법제도 가이드북', 2018
김아영, '세금이 잘못 됐습니다', 옥당북스, 2018
김윤명, '1인 미디어 시대의 저작권 100문 100답', 지앤선, 2016
김인철, '미국 저작권청 Fair Use Index', 한국저작권위원회, 2019
김혜주, '된다! 김메주의 유튜브 영상 만들기', 이지스퍼블리싱, 2018
김희연, '절세미녀의 세금지우개', 한스미디어, 2018
대도서관, '유튜브의 신', 비즈니스북스, 2018
문화체육관광부 한국저작권위원회, '글꼴 파일 저작권 바로알기', 2019
박성호, '문화산업법', 한양대학교 출판부, 2012
박성호, '저작권법', 제2판, 박영사, 2017
오승종, '저작권법', 전면개정판, 박영사, 2016
이소영, '게임과 저작권', 문화체육관광부 한국저작권위원회, 2010
이해완, '저작권법', 제4판, 박영사, 2019
이혜강·국동원, '유튜브로 돈벌기', 길벗, 2016
정연덕, '디지털환경에서의 실연자의 법적 보호', 한국저작권위원회, 2010
조연하, 미디어저작권, 박영사, 2014
지원림, 민법강의, 10판, 홍문사, 2012
토이푸딩(김세진, 박종한), '나의 첫 유튜브 프로젝트', 다산북스, 2019
한국저작권위원회 저작권상담팀, 'Q&A로 알아보는 저작권 상담사례', 한국저작권위원회, 2016
허팝·강전희·안정기, '허팝과 함께하는 유튜브 크리에이터 되기', 한빛미디어, 2017

외국서적

Neil Weinstock Netanel, 'Copyright's Paradox', Oxford University Press, 2008
桑野雄一郎 赤松 健, '출판 망가비즈니스의 저작권', 2판, 공익사단법인 저작권정보센터, 2018

논문

김민정, '클래식 연주자의 연주 영상을 업로드 하는 경우, 누구에게 이용허락을 받아야 할까?', 저작권문화 301호, 한국저작권위원회, 2019
김윤명, '1인 방송이 갖는 의미와 저작권 문제', 저작권문화 297호, 한국저작권위원회, 2019
박정난, '퍼블리시티권과 표현의 자유에 관한 논의', 인권과 정의 Vol. 446 대한변호사협회, 2014
이용민, '콘텐츠 라이선싱– 포맷 라이선싱을 중심으로', 한국사내변호사회/한국엔터테인먼트법학회 발표자료, 2019

유용한 사이트

유튜브 고객센터(support.google.com) - 유튜브의 방침에 관한 가장 정확하고도 방대한 정보를 얻을 수 있다.
유튜브 채널 '유튜브랩' - 저작권을 비롯한 법적 문제 등 여러 유튜브 제작에 대한 좋은 가이드. 세련되고 깔끔한 구성을 하고 있고, 이 책의 감수자 허PD님과 커피캣님이 강의를 한다.
유튜브 채널 '법알못 가이드' - 유튜브와 관련된 법적 쟁점에 대해서 풍성한 사례와 재미있고 깔끔한 구성. 자료들을 열심히 찾는 노력이 돋보인다.
유튜브 채널 '한광수 저작권교실' - 저작권 강사 강의로서 주로 저작권에 관해 다양한 사례를 들고 있으며 법규정과 판례를 잘 설명해주고 있다.

만화로 보는
유튜버를 위한 저작권 100문100답 - 개정판

2020년 4월 30일 초판 1쇄 발행
2024년 12월 5일 개정판 1쇄 발행

저　자	이영욱, 이혜윤
편　집	이열치매
디 자 인	김애린
마 케 팅	이수빈
발 행 인	원종우
발　행	㈜블루픽
주　소	(13814)경기도 과천시 뒷골로 26, 2층
전　화	02-6447-9000
팩　스	02-6447-9009
이 메 일	edit@bluepic.kr
가　격	18,000원
I S B N	979-11-6769-349-5 13360

이 책과 부속 문서의 저작권은 저자에게 있습니다.
저작권법이 한국 내에서 보호하는 저작물이므로 무단 전재와 무단 복제를 금합니다.